ヘーゲル
現代思想の起点

滝口清栄
合澤 清
【編】

社会評論社

ヘーゲル　現代思想の起点＊目次

第二部　『精神現象学』の問題圏

まえがき

若きヘーゲルの思索が結晶した『精神現象学』(一八〇七年)、その刊行から本年で二〇〇年になる。ヘーゲル哲学はさまざまな相貌をそなえている。『精神現象学』は、そのなかでも哲学の体系的思索に入る以前(ベルン期、フランクフルト期)の相貌とも、また『エンチュクロペディ』的な体系的哲学者(ハイデルベルク期、ベルリン期)のそれともちがって、体系的思索とそれが扱う素材とがせめぎあうみずみずしい思索の跡を伝えている。哲学史のなかできわめて難解な書物と言われながらも、そのことが独特の魅力をかもしだしている。しかも、ひとつの古典でありながら、現代思想の源泉となっている。この点と関連して、おおまかな回顧をして、本書のねらいについて述べておこう。

ヘーゲル哲学は時代の動きのなかで、いくつか浮沈を繰り返してきた。構想が壮大なだけに、ヘーゲル哲学には弱みも強みもある。ときに目的論的な有機的全体性を重んじて近代のさまざまな成果を軽んじるものと見られたりしもすれば、逆に近代がもたらした問題群に対してラディカルな批判の視点をもつものと見られもする。あるいは、壮大な構想をもつヘーゲルの「イデアリスムス(観念論)」は、一面では近代哲学の頂点という位置を与えられもすれば、他方で論理的「理念」の自己規定につきまとう〝思弁〟性を批判されもする。ヘーゲル哲学は、ヘーゲル存命中に学派としての影響力をもち始めながら、とくに一八四八年革命以降、実証主義や自然科学が台頭する思想的状況のなかで、あるいは新カント派の隆盛のなかで、十九世紀後半にはあたかも「死せる犬」という扱いをうけた。あるいは、フランスに発したポストモダンの思潮のなかで、他者、差異、特殊性をその外部にもたない論理至上主義として、きびしい批判の的となったことは、記憶に新しいであろう。

もっとも、今日ではヘーゲル哲学の成立過程について、そしてベルリン時代の体系期の思想像についても、新たな研究が積み重ねられてきて、これまでの思想像が大きく書き換えられてきている。その点では、これまでの議論の背景にあった既成のヘーゲル哲学像が変わるなかで、これまで論難されてきた点について、新たな光があてられるであろう。

さて、『精神現象学』は、ヘーゲル哲学がこのような浮沈のなかにありながらも、ヘーゲル哲学の読み直しをせまる書でありつづけてきた。ヘーゲル没後、学派が分解していくなかで、ヘーゲル左派の立役者、『ヘーゲル宗教哲学講義』(マールハイネッケ編、第二版、一八四〇年)の実質的編者B・バウアーの愛読書は『精神現象学』であった。彼は『最後の審判ラッパ』(一八四一年)を著して、表向きのヘーゲル哲学像に対して、自己意識の哲学、無神論をヘーゲル本来の姿として描きだして見せた。バウアーと近い関係にあったK・マルクスが『精神現象学』を「ヘーゲル哲学の真の誕生地」(『経哲草稿』一八四四年執筆、一九三二年公表)と呼んだことはよく知られている。そこに見られるヘーゲル読解はおくとして、ヘーゲル哲学の核心が『精神現象学』にあると目されていたことはうかがえよう。あるいは、十九世紀後半の新カント派の運動をうけて、二十世紀に入り、ヘーゲル哲学を見直す機運が高まったときも、『精神現象学』(そして「客観的精神の学」)にスポットがあてられた。そこには、文化、「客観的精神」、歴史の視野に立って、その統一的理念を問うヘーゲル哲学を見直して、精神科学の方法、それを基礎づける論理を手にしようとする志向があった。

『精神現象学』は単に理念の歴史というだけでなく、それは、哲学の諸作品にと同様、風俗や経済構造、司法制度にも住みついている精神のあらゆる顕現の歴史なのだ。…いずれにしても確かなことは、『精神現象学』は歴史的全体をあらかじめ確立された論理の枠に当てはめるのはなく、各教説、各時代を改めて生き直そうと努め、そして以前には体系的関心のうちに置き忘れられていたのではないかと思えるほどの公平さで、それらの教説や時代の内的論理の導きに身をまかせようとしていることである。」(「ヘーゲルにおける実存主義」滝浦静雄訳、『意味と無意味』みすず書房、一九八三年、所収、九三‐四頁)

M・メルロ＝ポンティは、イポリットへの私信で「『精神現象学』は小説と同じくらいおもしろい」と述べたという。少々長めのこの引用は、メルロ＝ポンティのものであり、この論文は一九四六年のイポリットの講演に触発されたものという。よく知られているようにイポリットは『精神現象学』の仏訳者であり、『精神現象学の生成と構造』の著者であり、二人は同じ世代に属していて、ロシアから亡命してきた哲学者アレクサンドル・コジェーヴの『精神現象学』講義(高等研究院にて、一九三三年から三九年まで)で席を並べたなかであった。フランスでのヘーゲルの再発見は、この講義とイポリットの翻訳によるところが大きいと言われる。それらが新鮮であったことは、このようななかから戦後フランスの思想界を彩る思想家たちが輩出したことからもうかがい知られよう。

ひるがえって、『精神現象学』をめぐり、形成史的あるいは哲学史的アプローチがなされ、成立事情はもとより、方法、論理、構成、そしてさまざまな関心からのテーマがとりあげられてきている。その成果の蓄積も大きなものとなっている。それらは『精神現象学』を読み解く上で資するところ大きいであろう。ここでは少なくとも、『精神現象学』という書物がつねに整合的体系の枠をはみだすかのように、知的刺激を発信しつづけてきたということを思い起こしていただきたい。

さて、本書は、『精神現象学』刊行二〇〇年にあたり、こうした知的刺激にかかわる面をできるだけクローズアップするとともに、『精神現象学』の国際的影響に留意して、フランス、イタリアにもスポットをあてている(フランスでの最初のヘーゲル受容も扱った)。また現代思想とヘーゲル哲学とのかかわりという点で、『精神現象学』の範囲を越えるテーマも取り上げてみた。そして『精神現象学』は、今どのように読まれようとしているのか。国際的な研究動向もさぐってみた（ドイツ、フランス、イタリア、アメリカ、日本）。本書が『精神現象学』刊行二〇〇年に確かなかたちで彩を添えることを、編者として願っている。執筆者の方々には、趣旨に賛同の上で、惜しみない協力をいただいた。お礼申し上げる。

なお、本書は、民間アカデミー「アソシエ21」でヘーゲル講座を企画された合澤清さんと滝口が編者の役回りをつとめたが、本書の企画はまず合澤さんと長年親交のある社会評論社松田健二社長の友情から生まれたものである。それぞれの熱意が実を結んでいることを願う。

二〇〇七年九月三日

滝口清栄

プロローグ
ヘーゲル紀行

合澤　清

一　生誕と学生時代

ドイツ国内に限ってであるが、ヘーゲルに関連する街などの情景を写真を交えて、大まかにたどり、彼の生涯を追ってみたいと思う。

G・W・F・ヘーゲルは一七七〇年八月二七日に南ドイツのシュトゥットガルト（Stuttgart）で生まれた。シュトゥットガルトは現在ではバーデン・ヴュルテンベルグ州の州都であり、電機メーカーのボッシュや自動車のメルセデス・ベンツの工場、また証券取引所などがある一大商工業都市である。しかし、かつてヴュルテンベルグ大公国の首都として栄えていた所為か、広場や広大な庭園、宮殿などがあり、街全体がなんとなく雅で、しかも落ち着いた雰囲気を持っている。

ヘーゲルの家はシュトゥットガルト駅から徒歩で一五分ぐらいの所にある三階建ての民家で、今はヘーゲル博物館（無料）になっている。しかし、実際に彼が生まれたのはここではなく、この近くではあるが少しはなれたところ（エーベルハルト街53）である。ここにはその後移ってきて幼少時を過ごしたようだ。

ヘーゲルは三人兄弟妹の長男（他に妹と弟がいた）で、父親（ゲオルク・ルートヴィッヒ）は国主カール・オイゲン公の財務局書記という官吏であった。母はマリーア・マグダレナといい、その生家はこの地方では君主に対抗するほどの力を持つ民会の役員で、敬虔なプロテスタントであった。ヘーゲルの生涯にわたる政治への興味はこのころから、自然に植えつけられていたとも考えられる。彼はここでギムナジウム卒業まで過ごし、一八歳のときに同じヴュルテンベルグ大公国のテューービンゲン大学神学科に入学した。同級に詩人のヘルダーリンが、またその後には哲学者シェリング（五歳年少だが、一五歳で入学する）がいた。

テューービンゲン（Tübingen）はシュトゥットガルトに比べればかなり田舎の都市である。今ではシュトゥットガルトからテューービンゲン方向へ行く電車はかなりの本数で出ていて、各駅の電車で一時間程で着く。しかし、ヘーゲルの時代にはそれでもかなりきつい旅程だったのではないだろうか。電車から見る周辺の景色はのどかな田園風景である。南ドイツは景色も人情も実に温かだ。テューービンゲンの旧市街地は駅から徒歩で一〇分ほどのところにある。途中ネッカー川の橋を渡るときに、左手に小さな黄色い塔が見える。これが精神を病んだヘルダーリンが四〇年間に亘ってその余生を送った住処であり、ヘルダーリンの塔（Hölderlinturm）と呼ばれている。橋を渡り、旧市街の中心部へと通じる狭い坂道を登るとすぐ道が二つに分かれている。下の道はヘルダーリンの塔の前を通って、ヘーゲルたちの通っていたテューービンゲン大学神学科へと続く道であり、上っていく方の道はこの街のシンボルであるシュティフト・キルヒェという教会の前を通り、旧市庁舎前広場、更には小高い丘の上の小さなお城にまで続いている。教会の前にある古本屋は、かつてヘルマン・ヘッセがギムナジウム入試に失敗してここで働いていたという曰く付きの店である。

テューービンゲン大学神学科はこれがあの有名な大学なのか、と疑わせるほどみすぼらしく小さな佇まいである。片側はネッカー川に面し、別の側は狭い階段を上るとお城へと続く上り道に出る。ここの建物は今でも使われて

▲テュービンゲンのネッカー川沿いに建つヘルダーリンの塔。

▲テュービンゲン大学神学科（ヘーゲルの当時）の入口。

いるようだし、鉄製の門の横に一応守衛所らしきものがあるが、なにやら記念の絵葉書みたいなものを売っていた。構内には全く自由に出入りできるようで、実際に入り込んで写真をとり、教室も覗いて見た。校舎はなるほど古めかしい感じで、蔦などが絡んでいた。ヘーゲルはここの学生のときに、フランス革命の報に接し、「自由の樹」を植えて学友たちとその周囲を欣喜乱舞したという。門の脇に小さなプレートが掲げられていた。ヘルダーリン、シェリング、ヘーゲルなどの著名な卒業生の名前が書かれた中に、ケプラーの名前もあった。

一七九三年の秋から九六年にかけて、つまり大学卒業とともに彼はスイスのベルン国の貴族、シュタイガー家の家庭教師になる。この間、シュタイガー家の蔵書やベルンの図書館などを利用して、当時のドイツでは入手が困難なフランス革命に関する書や、イギリスの経済学書（ジェームス・スチュアートやアダム・スミスなど）、哲学書、政治思想書などをノートを取りながら丁寧に研究したといわれる。

二　フランクフルトからイエナへ

一七九六年に一旦故郷に帰った後、ヘルダーリンの仲介により、フランクフルトの銀行家ゴーゲル家で一八〇〇年まで再び家庭教師として働く。

フランクフルトはマイン川沿いの大商業都市で、現在はドイツの表玄関、国際空港があることでも知られているが、かつては一四世紀から神聖ローマ帝国の直轄地、自由市であり、ゲーテが生まれ育ったところである。市街にはゲーテの生家など多くの史跡が残っている。

このフランクフルト時代はヘーゲルのロマンティシズム時代（「愛」や「生」による統一を模索した時代）と

いわれている。（伊坂青司『ヘーゲルとドイツロマン主義』御茶の水書房刊など参照）
その頃、かつての学友だったシェリングは既に一七九八年以来イエナ大学の助教授の職についていた。一八〇〇年一一月二日付シェリング宛の手紙は、いよいよ学問で生きようとするヘーゲルの決意と不安とをよく表しているとともに、彼自身の思索の小括としても読める興味深いものである。

「……僕はバンベルク宛のいくつかの連絡先が欲しい、……ついにこれまでの環境を去ることができるようになったので、しばらく煩わされない状況で暮らして、やりかけの研究と仕事をしたいと決心した次第です。イエナの学芸的喧騒の中に思い切って入っていく前に、どこか第三の土地に滞在して元気をつけたいと思います。……（しかし）聞くところによると君はまたイエナに帰った由ですね（注：シェリングはこの年、数か月間バンベルクに滞在していたことがあった）。……あの地方への君の知識でどこか他の土地、エアフルト、アイゼナハその他の方が良いとなれば、君の考えに従います。僕の欲しいのは低廉な食料品、体の具合に良いビール、数人の知り合いです。……カトリックの町の方がどちらかといえばプロテスタントの町よりいい、僕はいっぺんこの宗教を間近に見ておきたいのです。……君の社会的な巨歩を僕は驚嘆と喜びを持って傍観してきた。……僕の学問的教養は、人間の下部の欲求から出発したが、その中にあって僕は必然的に学問へと追い立てられた。そして青年時代の理想は、反省の形式に変じ、同時に一つの体系へと変わっていかなければならなかった。一方において相変わらず学問的体系に頭を突っ込みながら、僕は今再び人間の生活へ足を踏み込むにはどの帰路が発見されねばならないかと自問している。……」（『ヘーゲル書簡集』小島貞介訳　日清堂書店　ただし訳文は多少変えた）。

一八〇一年一月、ヘーゲルはシェリングの誘いもあってイエナにやってくる。その年の一〇月から一八〇七年にバンベルグへ移るまでの間、イエナ大学の私講師、後に員外教授を務めている。そして、この間に彼の主著の一つである『精神現象学』の大半を仕上げるのである。

この時代のヘーゲルはいろんな意味で大変な辛酸をなめている。先ず金銭的なことでは、極度の貧困生活を送っていた。そして戦乱。一八〇六年のプロイセン軍とナポレオン軍との会戦、プロイセンの敗北、ナポレオン軍のイエナ侵攻。イエナ大学の閉鎖。また私生活では、ある寡婦との間で庶子を生ませている。しかし、それらの事情にも拘らず、彼はこの時代に実に精力的に活躍している。その一大成果が『精神現象学』である。カール・マルクスがこの書を「ヘーゲル哲学の真の誕生地」(『経済学・哲学草稿』)と呼んだことは普く知られている。

彼がイエナ滞在中に遭遇した最大の事件は、なんと言ってもナポレオン軍のイエナ進駐である。一八〇六年一〇月一三日月曜、ナポレオン率いるフランス軍はイエナ城に入城した。ちょうどその日の朝、ヘーゲルは『精神現象学』の前半を完成している。一三日の日付で友人(先輩)のニートハンマーにあてた手紙が残っている。

「……銃声は一二時過ぎまでも続きました。今日八時と九時にフランス軍の散兵が姿を見せ、更に一時間後には正規の軍隊が侵入しました。この間こそ不安の一時間でした。……皇帝が―此の世界の魂が―検閲のため馬上ゆたかに街を出て行くところを見ました。このような個人を目の当たりに見ることは実にえもいわれぬ気持ちです。此の個人こそ、此の一点に集結して馬上に跨っていながら、しかも世界を鷲摑みにして、これを支配しています。……」(『ヘーゲル書簡集』小島貞介訳　日清堂書店)

少しイエナの街について触れておきたい。

▶イエナ大学のヘーゲル像

▼シュトウットガルトのヘーゲル博物館。
かつてのヘーゲルの住居。

▲イエナにあるヘーゲルが住んでいたアパート。
この最上階（屋根裏）にいた。

イエナは旧東ドイツに属した小さな町である。イエナ大学のほか、かつてゲーテが植物学の研究などに利用したゲーテ植物園、フィヒテ、シェリング、シュレーゲル兄弟などに所縁の「ロマンティカー博物館」、一四世紀頃の建造物である市民会館や教会、かつてのイエナ城の残骸である塔と城壁の一部などが往時を留めている。最初に訪れたとき（東西ドイツの統一直後）は、まだかなり荒れた印象で、すぐ近くのワイマール（同じく旧東ドイツ領であった）がゲーテ、シラーなど多くの文人・芸術家が住み、活躍したところ、またワイマール憲法でも有名な文化・芸術都市として、いち早く大規模な復興へと歩み始めたのと対照的に、寂れた田舎町という雰囲気であった。一般には光学器械メーカーとして世界的に有名なカール・ツァイス社があることでのみ知られていた。

今日、街は、一応以前よりは整備されてきたとはいえ、それは、アメリカ的なスーパーやデパートなどの入った巨大ビルが旧市街の中心部に傍若無人に建てられ、周囲の景観との違和感を際立たせているにすぎない。その意味で、街の復興が成功裏に進んでいるとは思えない。アイヒプラッツ（オーク広場）はいつの間にか駐車場になっているし、第一オーク（欅や樫など）の木々はほとんど伐採されてしまっていて見当たらない。ヘーゲルの時代の静かな思考環境はもうとっくに失われている。少なくとも二〇世紀の初めごろまでは、かつてのすばらしい環境が残っていたようなのだが。というのは、この町の一角に、パリの芸術家たち（カンディンスキーやルノアールなど）が避暑に来て屯していたという、しゃれたパリの裏町風の路地が今も残っているからだ。

フィヒテはヘーゲルが行く少し前（一七九九年）に「無神論論争」でこの大学を追われている。ヘーゲルと同時期に大学に属していたのは、シェリングのほかには、シュライアーマッハやフリース（ヘーゲルによって俗流哲学者として槍玉に挙げられている）などである。

三　バンベルクからハイデルベルクへ

大学閉鎖の後、彼は一八〇七年三月からニートハンマーの斡旋により「バンベルク新聞」に編集者として勤めることになる。バンベルクへ移住するのは生活のためということと同時にフランス軍の占領下を逃れての疎開という意味があったのではないかという見方もある。また、この職に就いたことの理由としては、経済的理由とともに、元々の彼の政治への関心も挙げられる。そして、その年の四月上旬に『精神現象学』は完成した。

バンベルクは第二次大戦の戦禍を免れ、中世以来の佇まいを残す小さいが美しいカトリックの街である。「小ベニス」とも称されるのであるが、旧市街地へと行くには大きくはないが急流で、水量の豊富なレグニッツ川にかかるケッテン橋（「ネックレス橋」とでも訳すのであろうか）を渡る。ここにはヘーゲルの住んでいたアパートも残っている（「あとがき」参照）。

一八〇八年五月、再びニートハンマーからギムナジウの校長にならないかという打診が入り、同年一一月ニュールンベルクのギムナジウムの校長兼哲学教授に就任した。ここにはハイデルベルク大学へ移るまでの八年半在職し、その間に二一歳年下のマリーアと結婚している。また、『論理学』（いわゆる『大論理学』）の第一巻と第二巻の第一部とを書いている。

ニュールンベルクはナチス犯罪を裁く国際軍事裁判（いわゆるニュールンベルク裁判）で名高く、なんとなく暗いイメージが付きまとう。しかし、城壁（Mauer）に囲まれた旧市街地には、一一世紀以来の古城やゴシック様式の教会、市庁舎など多くの文化遺産があり、中々見ごたえのある良い街である。画家のデューラーはこの地の出身だ。

▲バンベルクのヘーゲルが居住していたアパートのメモリアル。
『精神現象学』がここで完成したと刻まれている。

▲バンベルクの象徴であるドーム。

一八一六年一〇月、ヘーゲルは招聘されてハイデルベルク大学哲学教授に就任した。翌一七年、『エンチクロペディー』を発刊。ヴィクトール・クーザンがパリからやってきて、ヘーゲルを訪れたのもこの年七月である。ハイデルベルクは大学と古城（ハイデルベルク城）の町である。マイヤー・フェルスターの戯曲『アルト・ハイデルベルク』で描き出されたようなロマンチックな雰囲気の街は、ネッカー川沿いに在り、旧市内には一八世紀の学生牢や一六世紀の騎士の家や一五世紀の聖霊教会など、また学生酒場などがあちこちにある。有名な「哲学者の道」はその対岸にあるが、ぼんやり思索しながら上るにはかなりきつい急勾配である。しかし、そこからネッカー川をはさんでみる古城の景色は素晴しいの一言。

四　ベルリン大学へ赴任

一八一八年には、プロイセンの初代文部大臣アルテンシュタインの要請を受けていよいよベルリン大学に赴任することになる。時にヘーゲル四八歳、因みに、カール・マルクスはこの年に生まれている。ヘーゲルは一八三一年に六一歳でなくなるまで、ベルリンで多くの講義をしているが、出版されたのは一八二〇年の『法の哲学』だけである。つまりヘーゲルが生前に公にすることができた哲学書は、『精神現象学』、『大論理学』、『エンチクロペディー』、『法の哲学』の四点だけであり、それ以外は『講義録』の形で、その死後発表されたものである。

かつてヘーゲルは「プロイセンの御用学者」のように言われてきた時代があった。しかし、最近ではかなり綿密にヘーゲルの事跡・足跡が探査され、それどころか彼はフランス革命左派からの系譜に係累していたのではないかと推測する説や、たとえばフランスの哲学者ジャック・ドントのようにフリーメイソンに関係していたのではないかとする説などもある。

▲ベルリン大学のヘーゲル広場に立つヘーゲル像。

▲ベルリンにあるヘーゲルの墓。左は妻（マリーア）の墓。その左側にはフィヒテの墓がある。

今、ベルリン大学（フンボルト大学）の構内にはヘーゲルプラッツ（ヘーゲル広場）と名付けられた小さな空き地があり、そこにヘーゲルの像が据えられている。そして大学から車で二〇分ほどの距離だと思うが、旧東ベルリンのとある墓地にヘーゲル夫妻は眠っている。ヘーゲルの墓は彼の奥さんの墓に隣り合い、その隣には彼自身の遺言どおりにフィヒテが眠っているのである。フィヒテの墓に比べてもヘーゲルの墓は実に簡素である。同じ墓所に作家のハインリッヒ・マンやベルトルト・ブレヒトの墓もあり、特に二〇〇六年はブレヒトの死後五〇年目に当たり、墓参の人たちでにぎわっていた。

以上でひとまずヘーゲルの事蹟を概観した。次に、『精神現象学』刊行二〇〇年記念という本書の目的に鑑み、少しくその基本性格の一端に触れたいと思う。もとより諸家の研究成果をベースにしたきわめて簡略な素描でしかないが、ヘーゲルの問題意識を身近に感じ取ってもらえれば幸甚である。

五　前提を吟味し脱構築する知――『精神現象学』の基本性格

正義（真理）でもって悪（虚偽）を裁くというのが世の習いであるが、しかしそう簡単に正義（真理）や悪（虚偽）を確定することは可能であろうか。数学の公式のように外部に基準を設けて、それに適っているかどうかで判定するならともかくも、実際の社会現象ともなるとそう単純に割り切れるものではないように思われる。以前に正しかったことがあるときから間違いに、またそれまで間違いとされていたことが正しいことに転換することは、今次大戦前後で社会的な価値観がまったく逆転してしまったことや、ソ連崩壊後の左翼陣営の混迷や、身近な逆転総選挙結果などの例を引くまでもなくよく見聞するところであろう。

それに対して、それは客観的な事実を考慮しないせいであり、客観的事実を冷静に模写し、分析さえすればそのような初歩的ミスは犯しようがない、という失礼ながら極めて楽観的に思える批判がよく投げ返される。しかし、そのような主張をする方は、客観的な事実、客観的な真理（仮にそういうものがあったとして）をあまた多くの事象の中からどのように分離して取捨選択していくのであろうか。それらを多くの事象の中から抽象し、ひとつの理論にまとめるためには、前もってひとつの仮説や理論が前提されていなければならないのではないだろうか。つまり、何を、どのような根拠で、またいかなるやり方で抽象し、いかにしてひとつの理論に纏め上げるかという理論的前提が必要なのではないだろうか。

すなわち、「客観的な事実」なるものの成立根拠、既存の理論的枠組みをその前提そのものに立ち返って問い返し、それによって新たな包括的な理論的枠組みを構築することが肝要なテーマになるであろう。そしてその際、いわゆる懐疑的精神（スゲプシス）が重要な意味をもつ。単なる断定や断言でもって真理基準を決めることは、神の啓示による宗教的な権威ではありえても、学問的な方法の正当化にはつながらないからである。

しかし、フランス革命が一七八九年に起こったこと、ナポレオン・ボナパルトが一七六九年に生まれたこと、これらのことは歴史的事実であり、何人といえども否定できないではないか、それと同様に客観的事実というものも厳然として存在しているのであると、なおも食い下がられるかもしれない。しかし、一八世紀に限ってみても、「歴史的事件」として取り上げられない事件（事件たりえない「事件」、社会要因たりえない「社会要因」）は数多くあるであろうし、また、ナポレオンと同世代に多くの人が生まれているのに、なぜナポレオンが取り上げられたのか。このような選択はすでに単なる客観性を超え出た、ある種の関心や研究目的に大いに関係しているようだ。実際には、この種の選択には、ある理論的前提がこっそり滑り込まされていて、それによって事実が取捨選択されているのである。だからこそ政治史、経済史、女性史、文学史、犯罪史……など、多くの異なった素材がそれぞれ別個に取り扱われることになるのだ。

ヘーゲルは、ドイツ語の二つの言葉を使い分けて歴史という概念を語っている。ヒストーリエ（Historie）とゲシヒテ（Geschichite）である。前者は事柄（事実）の単なる羅列という意味での記述的歴史であり、後者は事柄の内部を貫く内容の展開（ドイツ語では「物語」という意味もある）を考えた歴史哲学の概念である。

卑俗な喩えでいえば、紙にかかれた文字を見るときに、それを単に奇妙な形の印としかみないのと一定のまとまりや形を持った「文字」としてみることとの違いである。「文字」としてそれをみるためには、当然一定の理論的な知識（枠組み）が前提されていなければならない。

それでは理論的前提たる学問的知（真理）、あるいは学知の端緒はどのようにして自己を定立しうるのであろうか。真理がのっけから自己の真理性を主張するわけにはいかないとして、いかなる出発点が可能であろうか。それには真理が一度普通の知（現象知）の立場へその身を沈めて、自らの力でその実を示す以外にないだろうと思われる。つまり普通の知の地平（自然的意識、現象知）を内部から批判的に吟味・経験しつくして自己を学知へと高めること、そしてその全過程が知の必然的な歩みとして辿られるところに学知への「架け橋」としての『精神現象学』の役割があるのである。

ここで知の必然的な歩みといわれるのは、知の内面化された歩みのことであるが、知はあらゆる偶然性、外面性をそぎ落とされて内面化され、自己の内面の経験（Erfahrung）という形で辿られることになるのである。また、必然性として辿られることの背後にはヘーゲルの歴史哲学的な発想があるといわれる（たとえば、金子武蔵）。

それはヘーゲルの概念規定がすべてヘーゲルにとっての現在から行われていること、現在の地平が立脚点になって精神の概念体系が構想されていること、などに現れているようだ。そしてこのことは決してヘーゲル哲学にとってマイナスなのではなく、むしろ積極的な意味を持っているように思う。ヘーゲルはもちろんこのことを熟知していた。そのことは次の言葉に端的に表現されている。

「存在するものを概念把握することが哲学の課題である。というのは、存在するものとは理性だからである。個人に関していえば、いずれにせよ誰もがその時代の息子であるように、哲学もその時代を思想において捉えている。何らかの哲学が現在の世界を超え出たと妄想することは、個人がその時代を跳び越え、ロドス島を跳び越えると妄想するのと同様にばかげている。」（『法の哲学』序文S・26ズーアカンプ版ヘーゲル著作集7．からの拙訳）

つまり、ヘーゲルは、哲学というものは超時代的（超歴史的）なものではなく、あくまで歴史的な産物、「各時代精神の体現態」（廣松渉）であると考えているのである。また彼が、己の哲学を時代の要請と考えていることも注目されてよいと思う。

ではこの意識の経験を推し進める原動力となっているものは何であろうか。その際の判定基準はどこにあるのだろうか。もちろん外部から持ってくるわけにはいかない。

実は意識自身に自己を否定的に吟味する力があるのである。そうでなければ「意識の経験の学」（『精神現象学』の別名）は成立しない。意識自身が自己の私念（Meinung）、思い込みあるいは自然意識ともいわれる、を越えて進むのである。

「意識はあるものを己から区別すると同時にこれに関係しもするが、この『関係すること』をよく知られる表現で、あるものが意識に対してあるといってもよく、そうしてこの関係ないしあるものの意識に対する存在のひとつの特定の側面が知というものである。しかしながらわれわれはこの対他存在から自体存在を区別する。知に関係づけられるものは関係づけられると同時にまた知から区別もせられてこの関係の外にも存在するものとして定立せられるのであるが、この自体という側面が真と呼ばれるところのものである。」（金子武蔵訳『精神の現象学』八五頁、岩波書店）

つまり、意識は自己を二重化している。一方には「あるものが意識に対してある」という側面、いわゆる対他的存在（für Anderessein）の面がある。それと同時に、あるものがそれ自体で在るという面、即自存在（Ansichsein）という面もある。この両方ともが意識に帰属しているのである。だからこそ、意識は自分で自分を批判的に吟味しながら経験を重ねることができるのである。

ヘーゲルがここで言いたいことは、あるものの自体性と対他性とは相関関係にあるということ、一方の否定においてのみ他方は成立するが、しかも否定されるほうの存在を前提しなければ他方も成立しない、そういう切り離しえない関係のことである。たとえば、コップの自体性はそれをわれわれが意識しようとしまいと関係なく厳然としてそれが存在するというところにある。これは対他性の否定である。しかし、対他性の否定がコップの自体性を規定している（否定的なものを内に含んでいる）のである。

このように即自性も対他性もともに意識に帰属するものであるがゆえに、意識自身が自己の意識（対象の対他性）を即自性（真）を持って吟味することができるようになるのである。しかし、意識の変化が同時に対象の変化でもあるならば、真理の基準も絶えず変化する相対的なものとなりえないのだろうかという不安が残る。ヘーゲルは次のようにその不安を一蹴する。

「もしわれわれが知をもって概念と呼び、これに対して実在あるいは真なるものをもって存在するものあるいは対象と呼ぶとすれば、吟味とは概念が果たして対象に一致するかどうかを観望することになる。それともしわれわれが実在ないし対象の自体をもって概念と呼び、これに対して『対象』という語のもとに対象としての対象、すなわち他者に対してある限りの対象を解するとすれば、吟味とは対象がその概念に果たして一致するかどうかを観望することとなる。（これら二つは同一である。）……概念と対象、対他的に存在することと自ら自体的に存在することということこれら両契機がわれわれの探求する知ること自身のうちに属しており、したがっていろんな尺度をわれわれが持ち込んだり、探求に際してわれわれのいろんな思い付きやわれわれの思想を適用する必要はないということである。これらを捨て去ることによって、事柄を即自かつ対自的にあるがままの姿において考察することにわれわれは達するのである。」（同前八七頁）

つまり、概念と対象との差異を吟味するのに外部から尺度（判定基準）を持ち込む必要はなく、ただ観望すればよいというわけである。因みに、観望というドイツ語（zusehen、zuschauen）は、ギリシア語のteoria、つまりTheorie（理論）と同じ語源に由来している。

六　経験＝批判を通しての自由の実現——ヘーゲルのスタンス

だが、なるほど意識が自己を批判・吟味しながら進むということはわかるが、これがどこまでも続いていくということになれば、それは所詮、相対的な知の連鎖に過ぎないのではないかというもうひとつの疑問が出されうる。それはどこで絶対知に転換するのか。

まず絶対知は『精神現象学』の中でどのように定式化されているかを見てみたい。

「絶対の他的存在のうちにおいて純粋に自己を認識すること（das reine Selbsterkennen im absoluten Anderssein）、こういう透明の気そのものが学の土台であり地盤であり、言い換えると知ること一般である。」（同前二四頁）

これはどういう意味なのだろうか。ヘーゲルの議論に沿ってそのアウトラインをなぞってみよう。

今、多様な現象とその内面的本質、たとえば法則ということを考えてみる。法則とは、雑多な現象を統合する単一な説明原理と考えられるのであるが、それは現象の彼岸（超感覚的世界）にあるから現象を離れて成立するかといえば、決してそうではない。逆にそのような法則は現象を媒介にして始めて捉えられうるのであるから、現象こそが本質（法則）の内容（本質の本質）をなすともいえる。

しかし、法則はまだそのうちに対立を含み、それを固定化させている（たとえば、プラス電気とマイナス電気、引力と斥力など。）また、法則にもいろいろな法則が考えられる。そこで、諸法則に対して、統一的な法則としての「法則の概念」が、純粋な力（力そのもの）として導き出される。これによって両者の一であることが「説明」されるのであるが、その際、その説明はトートロジー（同義反復）ではないのか、という批判が出されうる。（このことは、たとえば電気現象を説明するのに、それは電気（力）が発現するものだと言う一方で、電気（力）を説明するのに、それはしかじかの電気現象である、というようなものである。）

だが、このような事態が起きるのは、実際には流動し、生成消滅する諸現象を、法則が自己の中に含みながら固定化しているからに他ならない。現象界と法則界とのこのトートロジー的関係、つまり「説明」こそが、実は両者を対立させながらまた相互転換させて統一へともたらす無限の運動に他ならないのである。つまり、自己を分裂、対立させながら再び統一する無限の生命的活動、これが「説明」といわれるものに他ならない。しかも、「説明」は主観的なものに過ぎないように見えながら、実際には対象の内なるものにかかわるものであるので、逆に客観（実在）そのものの運動ということになる。そして、この「説明」こそがヘーゲルのいう無限性というわけである。

今、この無限性の立場から、先の現象と法則の関係を捉え返せばどうなるだろうか。「現象と超感覚的なものというような諸対立」はここにはもはやなく、「この『内的世界』は最初の世界とまったく同様に感覚的世界であるが、ただ表象のうちにある世界である」（同前一五八、一五九頁）ことになり、これによって、感覚的な現象界は超感覚的な英知の世界に取り込まれることになる。

つまり、対象のうちに自己を見るという自己意識がここから成立する。固定した主観とそれに対する客観というフレームワークを突き崩すというこのスタンスは、意識の経験を一貫して通底するものであって、それはついに絶対知をもたらすであろう。絶対知とは、対象（存在）と概念（思惟）が一致するところに成立する知である。それは「自己を知る精神」（同前一〇一八頁）とも言い換えられる。そして認識論的な知が対象意識において現れるものだとすれば、このような知は単なる認識論的な領域に収まらないのではないだろうか。あるもの（Etwas）が、「あるもの」（一定の意味を付与されたもの）として在るといわれうるためには、そこに共同主観的な構造が存立しているはずで、その共同主観的精神として知る（自己のうちに対象世界をみる）ことができるというのである。この自覚において、相対的な知の連鎖は終わることになる。と同時に学問の体系化が、Sein（存在）を起点とする学知の体系的展開（『大論理学』の始元につながるもの）として始まるのである。

このような知の地平に立ったとき、実際の学問的な展開はどのようなものとして考えられうるのであろうか。

知が決して単なる個人の恣意的な意見などではなく、現象界を取り込んだ超感覚的な英知の世界だとすれば、それは端的にはさまざまな学説として在るといえる。つまり、現象界はさまざまな学説として定在しているといえるだろう。絶対精神の自己展開としての学問の体系化とは、これらの諸学説を自己の内的必然性における展開という形で辿る経験＝批判として構想されうるものではないだろうか。

マルクスが『資本論』の方法として「経済学批判」という手法をとったことはよく知られているが、ヘーゲルが述べていることは、その「経済学批判」を近年の「ドクソグラフィー」と呼ばれている学問領域と結ぶ、経験＝批判という考え方への礎を与えているように思われる。

ところで、『精神現象学』のはじまりは「このもの」の認識というような「認識論的序論」に過ぎなかったはずである。それがなぜ世界史や宗教、芸術、教養、法、社会制度、国家など現実世界の森羅万象を扱うようになり、また学知の展開が壮大な規模の哲学体系という形をとるようになったのだろうか。

このなぞを解く鍵は、上で略述したようなヘーゲルの独自な思考の中にあると思われるが、ここでは、哲学＝Wissenschaftという考え方を手掛かりとして、このことに迫ってみたいと思う。

周知のようにヘーゲルは哲学（学）を従来のようにPhilosophie（つまり、知を愛する）とは解しない。

「哲学を学の形式に近づけること、―哲学をして愛知という自分の名を捨て去るをえさせて現実的な知であらしめるという目標に近づけること―このことに協力するということこそ、私が企てたところである。知Wissenが学Wissenschaftでなくてはならぬという内的必然性は知の本性に基づく……」（同前七頁）

Wissenschaft、すなわち「知の体系」こそが学であり哲学であるというのだ。ここにきて世界がわれわれの意識と断絶的に、その外部に、絶対的に自存していると考えることはできない。そう考えることは再びもとの素朴な（一部分的、一面的な知にとどまる一）「主観・客観図式」へと逆戻りすることに他ならないからだ。ヘーゲルは「対象（存在）と概念（思惟）が一致する」境地から体系的学の展開を構想する。世界は今やこうした知のうちで提示される。つまり、世界はさまざまな知により成る「精神的な実在」（das geistige Wesen）であり、それが「人倫的実体」（die sittliche Substanz）と呼ばれる。このことを知る知は精神であり、この精神が自己の定在を批判的に吟味しながら、精神の本性である自由の実現に向かって歴史的な歩みを進めるところに彼の壮大な体系が生み出されたという訳である。それを知の内部から内的必然性として叙述したものが「知の体系」としての哲学に他ならない。

ヘーゲルにとっての実体とは、「人倫的実体」（同前四二五頁）のことであり、それはわれわれの生活基盤としての共同社会に他ならない。このような「人倫的実体」についての知が主体となるのである。そのような主体は世界を受動的・消極的に受け取るだけではすまない。むしろ世界を自己の自由な発展のために作り変えようとする。そこに「われわれであるわれと、われであるわれわれ」（同前一八二頁）としての自由なる個人の自由なる共同関係への自覚的志向、つまり自由なる個人と共同体的存在との統一としての「人倫の国」が考えられる。世界史を自由の実現過程と見るヘーゲルは、単なる世界史の傍観者なのではない。むしろ、主体的、積極的にそれにかかわろうとして悪戦苦闘する一人の実践者（革命家）だったのではなかったのか。

＊参考文献としてはいちいちその出典は明示しなかったが、主に次のものなどに拠った。
ヘーゲル『精神現象学』上、下　金子武蔵訳（岩波書店）
金子武蔵著『ヘーゲルの精神現象学』（以文社）

金子武蔵著『精神の現象学への道』（岩波書店）
加藤尚武著『ヘーゲル哲学の形成と原理』（未来社）
加藤尚武編『ヘーゲル「精神現象学」入門』（有斐閣選書）
竹村喜一郎著『ヘーゲル哲学の方位』（五月書房）
廣松渉編『ヘーゲル』（世界の思想家12　平凡社）
加藤尚武ほか編『ヘーゲル事典』（弘文堂）
『廣松渉著作集』全16巻（岩波書店）

第一部　『精神現象学』の影響史——フランス、イタリアを中心に

コジェーヴからヘーゲルへ

宇波 彰

一 コジェーヴとはどういう人か

二〇〇五年はフランスの哲学者サルトルの生誕一〇〇年にあたり、フランスでも日本でも彼の仕事の再評価の試みがなされた。サルトルの思想が一時忘れられた状態になったのは、一九六〇年代後半からの、いわゆる「フランス現代思想」の異様なほどの高まりの中で、構造・関係を重視するあまり、「人間存在」を中心とする実存哲学が退潮したためであるといわれている。しかし、フーコー、ドゥルーズ、ラカン、デリダといった「スター」たちが去ってみると、サルトル、そしてその背後にあるハイデッガー、さらにその背後に存在するヘーゲルの力が改めて認識されるようになった。フロイトの「事後性」（Nachträglichkeit）という概念が、ここでも有効であるとすれば、現代思想という有力な思想が生きている今日こそ、ヘーゲルの仕事を新しく見直すことができるときである。そしていまや『精神現象学』の刊行二〇〇年を記念するところに来ているのである。こうした現代の思想状況のなかで、ヘーゲルについて再考しようとするとき、一九三〇年代にフランスでヘーゲルの『精神現象学』を講じていたアレクサンドル・コジェーヴの姿が徐々に浮かび上がり、彼の講義の重要性が改めて確認されつつある。もちろんコジェーヴの仕事を批判する見方もかなり目立つ。しかし、コジェーヴの存在がなければ、現代思想に対するヘーゲルの影響力がこれほど大きくなることはなかったであろうというのが、今日の一般的な認識である。フーコーにも、ラカンにもコジェーヴの大きな影響があることがしだいに明らかになりつつある。他方、ドイツの思想家で、ユダヤ人であったために、ナチス政権が成立した一九三三年にフランスに亡命し、一九四〇年にスペインとの国境で自殺したヴァルター・ベンヤミン（一八九二～一九四〇）の仕事が再評価・再検討されてある。そのベンヤミンも、ミシェル・レリス、ジョルジュ・バタイユ（ベンヤミンの『パッサージュ論』の草稿を保存していたひとである）たちが組織した「社会学研究室」（コレージュ・ド・ソシオロジー）でのコジェーヴの講義にアドルノとともに出ていたらしい。いまのところ証拠はないが、ベンヤミンはあるいはそこで、これもまた今日その重要性がしだいに大きくなりつつあるジャック・ラカン（一九〇一～一九八一）と出会っていたのかもしれないのである。いまやラカンは精神医学者としてのみならず、哲学者としての役割の大きさが確認されつつあるが、そのラカンに対するコジェーヴの影響は意外なほど大きい。ベンヤミンにコジェーヴの影響を見ることはいまのところはまだ無理である。しかし、ベンヤミン、コジェーヴ、ラカンの「星座的な」つながりもやがて見えてくるであろう。

また、一九二〇年代から政治学者・法学者として注目され、日本でも若い時代の丸山眞男が熱中していたばかりか、その論文の翻訳もしていたというカール・シュミット（一八八八～一九八五）への関心も高まりつつあるが、このシュミットもコジェーヴと深い関係がある。シュミットは一九二〇年代からベンヤミンにも影響を与えていたとされ、特にそのころに示されていた「主権者とは例外状態において決断する者である」というテーゼで示される「例外状態」の概念は、ベンヤミンが死の数ヶ月前に書いたとされる「歴史の概念について」にも色濃くその影を落としている。また「敵と味方の存在が政治的な状況を作る」というシュミットのテーゼは、さまざまな場所で言及され、使われている。このいわゆる「敵・友理論」はシュミットの『パルチザンの理論』(新田邦夫訳、福村出版、一九七〇)で述べられている。「政治的なものの核心は、敵対関係そのものではなく、友と敵を区別することであり、また両者を、すなわち友と敵とを前提とするのである。」(p.173)ベンヤミンの「歴史の概念について」は、シュミットの考えを把握しない限り理解できないとされている。シュミットの仕事については、そのナチスとの密接な関係から彼の思想が否定されることもあり、その意味ではハイデガーやポール・ド・マンのケースと共通の問題点もある。ベンヤミンがシュミットに送った書簡は、ユダヤ系のベンヤミン研究者のあいだでは一種のタブー扱いである。しかし、イタリアでベンヤミンの研究・翻訳をしてきたアガンベンも、またデリダも『法の力』(法政大学出版局)のなかでシュミットについて高い評価をしている。ドミニック・ジャニコーの『フランスにおけるハイデガー』の第二巻には、次のようなデリダの発言が収められている。「シュミットとハイデガーに戻らなくてはなりません。それは政治的な問題に関してではなく、決断・敵・戦争・国家・国民国家・主権の問題に関してです。」(Dominique Janicaud, Heidegger en France, vol.2, Hachette, 2001, p.123)ここで言及されている「決断」「敵」がシュミットの概念であるのはいうまでもないことである。アガンベンはシュミットの重要な概念のひとつである「例外状態」についての論文も書いている。

すでに触れたように、コジェーヴとともにハイデルベルク大学でヤスパースに学んだレオ・シュトラウスにも注目しておくべきであろう。コジェーヴのヘーゲル解釈は部分的にせよレオ・シュトラウスを経由してアメリカに伝えられたのであり、その影響は『歴史の終焉』の著者フランシス・フクヤマにも及んでいるとされる。(デリダはフクヤマの考えに きわめて批判的であり、それは『マルクスの亡霊たち』のなかで強調されているが、それはコジェーヴともかかわる問題である。またリチャード・ローティもコジェーヴに批判的である。)そうすると、ベンヤミン、デリダ、アガンベン、コジェーヴ、シュミットなどをつなぐことが可能であり、そこにもべンヤミンのいう「星座」的な関係を作ることができる。

いままでも、一九三三年から三九年まで行われたコジェーヴによるヘーゲル講義が、その後のフランス思想に大きな影響を与えたということはしばしば語られてきた。たとえば、イギリスの若手のドイツ文化研究者であるジャン・ワーナー・ミュラーによって書かれたシュミット論『危険な精神』に次のような一節がある。「コジェーヴは、ヘーゲル『精神現象学』のセミネールによって、ほとんどただひとりで、フランスの哲学史を書き換え始めた。」（Jan-Werner Müller, A dangerous mind, Carl Schmitt in post-war European thought, Yale University Press, 2003, p.91）コジェーヴの影響がアメリカにも及んでいることについて、ミュラーは「フランシス・フクヤマはコジェーヴの遙かな弟子（distant student）」だと書いている（p.221）。また、ジャック・ラカンに対するコジェーヴの影響について、マーティン・ジェイは次のように書いている。「コジェーヴは、ヘーゲルの『精神現象学』を、欲望・暴力、相互主体的な承認の弁証法として人類学的に読んだのであるが、この影響力のある読解は、フランス知識人の一世代全体に対しても、またラカンに対しても、強力な影響を与えたのである。」（Martin Jay, Downcast eyes, University of California Press, 2001, p.345）ジェイは、ラカンの鏡像段階理論に対するヘーゲル＝コジェーヴの大きな影響力について論じているのであるが、この論点はのちに考察することにして、とにかくここではジェイがコジェーヴの影響はフランス知識人の一世代全体に及んでいるとしていることに注目しておきたい。ただしデリダは『マルクスの亡霊たち』のなかでその影響が、戦前戦後の短い時代の知識人に限定されるとしている。（J. Derrida, Spectres de Marx, Galilée, 1993）しかし、その「影響」がどういう意味においてであるかはいままで明確ではなかった。本稿は、その間隙を埋めようと試みるものである。

ここでコジェーヴがどういう人であったのかを、簡単に説明しておきたい。アレクサンドル・コジェーヴ（一九〇二〜一九六八）は、モスクワ生まれのロシア人であり、本名はアレクサンデル・コジェヴニコフである。彼の著作がいずれも分厚いものであるのは、彼がロシア人であるためでもあると思われる。そこにはドストエフスキー的な、重くて長いもの、執拗な反復表現がある。ロシア人ではあるが、一九一九年にモスクワ大学に進学しようとしたところ、ロシア革命の直後であったため、家が裕福であることを理由として入学を拒否されたという。（この小論では、コジェーヴの主著『ヘーゲル読解入門』上妻精、今野雅方訳、国文社、一九八七を使い、略記号 HD で表すが、この翻訳は全部の訳ではないので、必要なばあいには原書 Alexandre Kojève, Introduction â la lecture de Hegel. Gallimard, 1947 から、略記号 LH によって引用する。この小論で、邦訳と原書の両方を用いていることを了承していただきたい。）この『ヘーゲル読解入門』のドイツ語訳の訳者イルヴィンク・フェチャーは、コジェーヴがロシア革命に際して祖国を去らなければならなかった経験が、「マルクスとその弁証法の偉大な師であるヘーゲルに関心を抱いた理由である」と述べている。それはコジェーヴから直接に聞いたことであると、フェチャーはこのドイツ語訳の序文で書いている。（A. Kojève, Hegel, Eine Vergegenwartigung seines Denkens, Kommentar zur Phänomenologie des Geistes, verausgegeben von Irving Fetcher, W. Kohlhammer Verlag, 1958, S.7、この独訳は最近になって新しい版が刊行された。）コジェーヴがマルクスにも深い関心を持っていたことがここで示唆されている。ソ連を去ったコジェーヴは、ハイデルベルク大学でヘーゲルを研究したが、ロシアの神秘的思想家ソロビエフに傾倒した時期もあったという。ハイデルベルク大学での学友のひとりに、のちにアメリカに亡命した政治学者レオ・シュトラウスがいた。コジェーヴとレオ・シュトラウスの関係について、シャディア・B・ドルリーは、次のように述べている。「コジェーヴは一九二〇年代にベルリンでレオ・シュトラウスに会った。そのころ二人とも宗教思想の研究をしていた。一九二九年にコジェーヴはパリに移り、レオ・シュトラウスも一九三二年にロックフェラー財団の奨学金を得てパリに行く。一九三二年に二人はパリでコイレによるヘーゲルの初期宗教論についての講義を聴いた。レオ・シュトラウスは一九三四年にイギリスに行くが、それまで二人はひんぱんに会っていた。」（Shadia. B.Drury, Alexandre Kojève, the roots of postmodern politics, MacMillan, 1994, p.143）このコジェーヴ研究によると、二人の往復書簡集も刊行されている（ドルリーには『レオ・シュトラウスの政治思想』という著作もある。）

また、表現主義の画家カンディンスキーは、彼の叔父であり、コジェーヴにはカンディンスキー論もあるという。しかしコジェーヴはフランスではチーズ製造の会社への投機に失敗して無一文になり、ヘーゲルについての講義などで生活した。コジェーヴの講義にはブルトン、バタイユ、メルロ＝ポンティ、ラカン、それに岡本太郎も出席していたという（サルトルが出席していたとされることが多いが、それは事実と異なる）。彼らはコジェーヴの講義に「呪縛」（bound）されていたとドルリーは書いている。コジェーヴは一種の魔術師のようなひとだったらしい。直接にコジェーヴの講義を聴くことができないわれわれでさえ、『ヘーゲル読解入門』を読むとき、「呪縛」に近いものを感じないわけにはいかない。ヘーゲルがコジェーヴに乗り移り、コジェーヴを巫女のようにして語っているように思えることもある。『精神現象学』をフランス語に訳し、『精神現象学の生成と構造』の著者としてわが国にも知られているジャン・イッポリートは、この呪縛を逃れるため、あえてコジェーヴの講義には出なかったと、ドルリーは伝えている（p.221）。（イッポリートは『精神現象学』をフランス語に訳した人として知られているが、一説によるとドイツ語があまりできなかったという。）またスピノザの研究者でもあるピエール・マシュレの「先導者コジェーヴ」（「現代思想」一九九三年七月臨時増刊号、「ヘーゲルの思想」に所収）によると、「（コジェーヴの）セミネールが終わると茫然自失の態で聴衆は出てきた」という。いわば「カリスマ的」な教師であったということであろう。戦後、コジェーヴはフランス政府のために働くが、ソ連のスパイだったという説もある。その真偽は不明であるが、コジェーヴはソ連という国を愛していたのであり、フランスでは誰よりもマルクスを読んでいて、終生スターリンを崇拝していたと伝えられる。また、ミュラーによると、先に触れたシュミットと交流があり、彼の招きによってドイツでシンポジウムに参加したこともある。(このシンポジウムには、参加はしなかったが、ハンナ・アーレントも招かれていた。)また日本にも来たが、すっかり日本文化に惚れ込んだらしい。それにしてもコジェーヴが『精神現象学』についての講義を始めたのは一九三三年、つまり彼が三一歳のときであり、おそるべき若い魔力というほかはない。ヘーゲルが『精神現象学』を書いたのも三〇代のことであり、そこには若さのぶつかり合いのようなものがある。

コジェーヴは「マルクス主義者」として規定されることがある。それがどういう意味においてであるかはかならずしも明確ではないが、彼がつねにマルクスを意識していたことは『ヘーゲル読解入門』のいたるところに認めることができる。たとえばコジェーヴは「市民(ブルジョワ)の世界は富裕な市民による労働者、貧しい市民に対する抑圧で成り立つものではなく、資本による両者の抑圧で成り立つ」のであり、それがヘーゲルとマルクスに共通の認識だと書いている(LH.191)。また、「市民は主人でも奴隷でもなく、資本の奴隷であり、したがって自分自身の奴隷である」(LH.191)という見解も見出すことができる。「宗教はつねにイデオロギーであり、観念的な〈上部構造〉であって、実在、能動的な歴史という〈下部構造〉を基礎にしている」とか、「下部構造である実在するプロセス」といったマルクス主義的な見方はいたるところに見られる(LH.217, 218)。コジェーヴがヘーゲルとマルクスをつねに一体化しようとしていることがわかる。

しかし、コジェーヴはけっして突如として登場したのではない。それには何らかの意味での「前史」がある。浩瀚なラカン伝の著者であり、『来たるべき未来のために』(岩波書店、二〇〇三)においてデリダと熱のこもった討議をしているエリザベト・ルディネスコは、『フランス精神分析一〇〇年史』(Elizabeth Roudinesco, L'histoire de la psychanalyse en France, Seuil. 1986)のなかで、その「前史」について次のように書いている。フランスにおけるヘーゲルの導入は一九世紀のフランス哲学のアカデミズムを代表するヴィクトール・クザンによってなされた。彼はドイツ語を解さなかったが、ドイツでゲーテ、シェリング、ヘーゲルに会っている。またプロイセン政府から反政府勢力との接触をした容疑で逮捕されるが、シェリング、ヘーゲルの尽力で釈放されたこともある。しかし、「一八五〇年以降の一〇〇年のあいだ、ヘーゲルの思想はフランスのアカデミズムから消えていた」（p.151）のである。ところがアカデミズムではないフランスの地下の領域でヘーゲルの思想は生きていたというのがルディネスコの見解である。それはシュルレアリスム、社会主義思想などにおいてであり、特にヴィリエ・ド・リラダン、マラルメ、ブルトンたちがひそかにヘーゲルを読んでいた。「コジェーヴの思想はこのような傾向に属している。」（p.151）コジェーヴのヘーゲル講義によって「隠れたヘーゲル思想と公式のヘーゲル思想との結合が始まった」（p.151）。この動きを決定的にしたのは、メルロ＝ポンティが一九六八年にヘーゲルをニーチエ、マルクス、フロイトの原点としたことであった。つまり、コジェーヴはけっして孤立した存在ではなかったことがこのルディネスコの記述から窺える。

二　弁証法を捨てたヘーゲル

コジェーヴの『ヘーゲル読解入門』は、『精神現象学』を読むための「入門」（introduction）である。『ヘーゲル読解入門』に、「もしも私が『精神現象学』の問題の部分の〈カバラ的な〉ことばを〈普通の〉ことばに訳そうとするならば……」というくだりがある（LH.415）。つまり、ヘーゲルの思想はときには「カバラ的な」（cabalistique）、つまり極度に難解な表現で示される。それをコジェーヴは「普通の」（normal）なことばに転換しようとした。したがって「入門」といっても、コジェーヴのこの著作は、いわゆる「入門書」ではない。そのことはのちに言及する彼の『古代哲学史』を読むとわかる。この『古代哲学史』は三巻から成るが、その第一巻のほとんどが「introduction」である。そこではコジェーヴが「哲学史」をどう理解しているかがたっぷりと語られている。「入門」もしくは「序論」そのものが、コジェーヴによる「普通の」ことばによるヘーゲル解釈である。それと同じように、『ヘーゲル読解入門』も通常の意味での「入門」ではない。コジェーヴのヘーゲル論を読み、そしてヘーゲルに戻って『精神現象学』を読むとき、この二つの著作の違いを痛感させられる。コジェーヴを読む前とあとでは、ヘーゲルが異なって見えてくる。そこには「ヘーゲルのコジェーヴ化」がある。あえていえば、ヘーゲルがコジェーヴに乗り移ったというような感想が幻覚にすぎないことがしだいにわかってくる。コジェーヴのへーゲル読解と、コジェーヴの解読するヘーゲルはもはや本来のヘーゲルではない。ルディネスコは、このようなコジェーヴのへーゲル読解と、ラカンによるフロイト読解とを重ね合わせて次のように述べる。「コジェーヴのそばにいたラカンは、フロイトのテクストに、フロイトが語ってはいないことを語らせることを学んだ。」（p.152）ラカンの伝記の著者のこの見解には説得力がある。コジェーヴはヘーゲルが述べていないことを述べているということである。

つまり、コジェーヴのヘーゲル論の特徴は、ヘーゲルとコジェーヴの一体化であるといわれてきたが、そうではない。ヘーゲルがコジェーヴに乗り移っているというが、乗り移られたコジェーヴは、ヘーゲルとは違う方向に向かった。コジェーヴのヘーゲルへの「傾倒」は「祖述」とはまったく異なる。そこには「呪縛」あるが、コジェーヴを読む者は、この呪縛にかかることをあらかじめ覚悟しなくてはならない。そうでなければ、イッポリートのように、最初からコジェーヴには近づかないことである。いずれにしても、ヘーゲルに対するコジェーヴの熱情のようなものを感じない限り、コジェーヴのヘーゲル論を読むことは不可能である。すでに引用したように、マーティン・ジェイは、コジェーヴが『精神現象学』を「欲望、暴力、相互主体的な認知の弁証法」として読んだと解釈した。とりあえずジェイの先導に従うとして、ここでは特に「欲望」の概念に注目しておきたい。コジェーヴは『ヘーゲル読解入門』の最初のところで、まず第一に「欲望」を重視する立場を明らかにする。このヘーゲル論を原書で読むとき、最初に目に付くのは大文字で書き始められた Desir（欲望）ということばである。この Desir ということばが、具体的な文字という像として、ロラン・バルトのいう「プンクトゥム」として読む者の目に刺さってくる。コジェーヴのヘーゲル解釈によれば、「自己を意識する存在である人間の存在そのものは、欲望を含み、欲望を前提としている」のであり、欲望が人間存在の原理であることが確認されている（LH.11）。「人間的実在は、本質的に欲望であり、この欲望を媒介とする行動である。」（LH.15）（ここでコジェーヴが使っている「人間的実在」（realité humaine はハイデッガーの「現存在」Dasein である）と「欲望」という概念とを道しるべにして『精神現象学』を読み直すと、「自己意識とはそもそも欲望なのだ」（PG.139）というヘーゲルの考え方が浮かび上がってくる。（ヘーゲル『精神現象学』からの引用は Hegel, Phänomenologie des Geistes, Suhrkamp, 1986 により、PG と略記する）。「欲望が人間を不安にし、行動へと駆り立てる」（LH.11）のである。

ヘーゲルにおいては、意識は「病人にまだ意識がある」というような意味での意識ではなかった。「意識は、欲望・労働・享楽」（PG.172）である。コジェーヴはヘーゲルの思想の原動力として「欲望」（Begierde）を考えているように見える。『ヘーゲル読解入門』の最初のページでコジェーヴは次のように書いている。「或る存在者をして〈我……〉といわしめ、それによってこの存在者を〈自我〉として構成し、自我として開示するものは、この存在者の（意識された）欲望である。」（HD.11）コジェーヴは、最初から「欲望」を最も重視している。コジェーヴの「欲望」重視の態度は、『法の現象学』（根田隆平他訳、法政大学出版局、HG と略記する）においても見ることができる。たとえば、裁判官はけっして「無私」ではなく、「正義を実現したいという欲望」によって介入する（HG.72）。このヘーゲルの考えがコジェーヴを経由してやがてラカンに到達する。そのことについてマラー、リチャードソンは、『ラカンと言語』のなかで、フロイトとラカンの違いは、フロイトがリビドーを人間の行動の原理としたのに対して、ラカンは欲望を重視した点にあるとする。そこにはラカンに対するヘーゲルの影響があるが、「ラカンが知るようになったヘーゲルは、マルクス主義者コジェーヴが解釈するヘーゲルである」と彼らは指摘している（Muller, Richardson, Lacan and language, International University Press, 1982, p.19）。そのことはコジェーヴによるヘーゲルの弁証法の解釈においても明確に現れる。ヘーゲルの「弁証法」をどう理解するかは、ヘーゲル読解において、もっとも重要な論点である。コジェーヴは、ヘーゲルの思想と言説においては（言説の問題はのちに考察する）、思想・言説それ自体は、けっして「弁証法的」ではないとする。思考・言説の対象である実在そのものが弁証法的である。コジェーヴは次のように説く。「ヘーゲルの言説それ自体は何ら弁証法的なものを有していない。それは……実在するものの実在する弁証法及びこの弁証法を時間のなかで反映してきた言葉の上での議論を純粋単純に〈現象学的に〉記述したものにすぎない。」（HD.271）コジェーヴのこのような弁証法理解は、当然のものとして受け取られていたようにも思える。例えばポール・リクールは、「アルチュセールのイデオロギー論」のなかで、「ヘーゲルは弁証法が事物そのものの運動であると、繰り返し述べていた」と書いている。（Paul Ricoeur, Althusser's theory of ideology, in Althusser, a critical reader, Blackwell, 1974, p.45）弁証法は思考の側にあるのではなく、対象・事物の側にある。それを現象学的に記述するのが、哲学の仕事である。

実在そのものに弁証法が存在するという、コジェーヴが解釈する限りでのヘーゲルの考え方は、サルトルへと直接に受け継がれている。コジェーヴは、ヘーゲルの次ぎのような実在の定義を引用する。つまり、実在とは「それで在るところのものであらず、それで在らぬところのものである。」（das nicht zu sein, was es ist, und das zu sein, was es nicht ist)（HD.282）これは『存在と無』におけるサルトルによる「対自存在」（pour -soi）の定義そのものである。サルトルはヘーゲルを「丸写し」にしているとさえいえよう。ヘーゲルは、実在の側にある「否定性」を確認する（HD.281）。

そして「実在するものが精神である」（HD.297）ということが理解されれば、ヘーゲルのいう弁証法が実在の側にあるということの意味が明らかになる。実在そのものが弁証法的に存在しているのであり、哲学者はそれを「現象学的に」記述するだけである。ただし、実在において存在する弁証法を記述しようとするのが、哲学者の「欲望」である（HD.273）。実在を言説化しようとする哲学者の「欲望」を重視するのがコジェーヴのヘーゲル解釈である。そのときに注目したいのは、コジェーヴがあえて「ヘーゲルの思考は弁証法的ではない」と主張したことである。「ヘーゲルの方法は何ら弁証法的ではない」（HD.251）とコジェーヴは明言している。ヘーゲルの学的方法は「受動的・観想的・記述的」（HD.251）である。「ヘーゲルの方法はまったく弁証法的ではなく、弁証法は、彼においては、思惟や叙述の方法とはまったく異なったものとなっている。」（HD.258）このようなヘーゲル解釈は、コジェーヴの思考に慣れていない者にとっては、きわめて意外なものである。ヘーゲルの思考が弁証法的ではないなどということがありうるであろうか。誰でもそう思うであろう。しかしコジェーヴは追い打ちをかけて次のように宣告する。「ヘーゲルは哲学的方法としての弁証法を放棄した最初の人間である。」（HD.258）ここには、コジェーヴのいう「真に革命的な転換」（HD.267）がある。ソクラテス、プラトンの時代からの弁証法は、単なる「哲学的方法」にすぎなかった。ヘーゲルはそれを実在の側に発見し、それを記述するのが哲学の仕事であるとした。それが「真に革命的な転換」である。コジェーヴのヘーゲル講義は呪術的であったという。ラカンもアルチュセールもバタイユも、コジェーヴの講義に魅せられたらしいが、それはこのような一見すると意外な断定をコジェーヴが示したからではなかったであろうか。

三　「私」としてのヘーゲルの言説

すでに言及したドルリーのコジェーヴ研究によると、『ヘーゲル読解入門』を「『存在と時間』についての最高の注解だとする学者たちがいる」ということである（P.65）。デリダも「ラカンへの愛のために」のなかで、「コジェーヴは『精神現象学』を人間学的にしただけではなく、ハイデガー的にもした」と述べている（Derrida, Pour l'amour de Lacan, in Resistances, Galilée, 1996, p.75）。ハイデガーの「現存在」（Dasein）はコジェーヴによって「経験的実存」（l'existence empirique）という訳語を与えられているし、「世界内存在」は、そのまま「世界のなかで生きている人間」（l'homme -qui-vit-dans-le-monde）になる（LH.211）。また、すでに言及したいるピエール・マシュレは、スピノザの研究者としても知られているが、『ラカンと哲学者たち』に収められた「ラカンとコジェーヴ」において、コジェーヴの主要な考え方がハイデガーに依拠していることを指摘している。マシュレによると、コジェーヴの「無化する主体としての歴史的人間」という主要概念はハイデガーから借りてきたものであり、それがラカンの「斜線を引かれた主体」という考えの先駆になる。（Pierre Macherey, Lacan avec Kojève, in Lacan avec les philosophes, Albin Michel, 1991, p.131）「斜線を引かれた主体」とは、主体が実は他者であるということであるが、たしかにコジェーヴにはハイデガーと共通する問題意識がある。たとえば、デカルトの「私は考える、だから私は存在する」というテーゼについて、ハイデガーは『存在と時間』序説第二章で、次のように書いている。「〈私は考える、だから私は存在する〉によってデカルトは、哲学にひとつの新しい確固としたとした基礎を与えることを求める。しかし、この〈根本的な〉出発点において、デカルトは〈考えるもの〉のありかた、正確には、〈私は存在する〉というときの〈存在する〉ということの意味を規定しなかった。」（桑木務訳『存

在と時間　上』岩波文庫、p.55　ただし訳文は変えてある。）

コジェーヴはこのようなハイデガーのデカルト批判に対応するかのように、ヘーゲルにおいてもデカルトのいう「私」が不明瞭だと指摘する。「私は誰なのかという問いに対するデカルトの答えは、最初から不十分、不完全であり、したがって彼の哲学は不十分である。」（LH.163）　そして「私とは誰か」という問いに対してコジェーヴが提示した答えは、ここでもまた意表をつくものである。というのは、コジェーヴは「我は絶対知の担い手である」（HD.47）というところから出発するからである。コジェーヴは、デカルトの「私は考える、したがって私は存在する」というテーゼについて、「私とは誰か」という問いに対して、「私は考える存在である」という答えではヘーゲルが満足しないと考える。ヘーゲルの求める答えは「私とは哲学者である」である。「そのことに私は何よりも関心がある」とコジェーヴは述べている（LH.163）。私は哲学者であり、その哲学者とはヘーゲルにほかならない。つまり、コジェーヴのいう「私」はすでにデカルトを超えている。絶対知とは「哲学的なエンチクロペディ」であり、ヘーゲルはこのエンチクロペディーのただひとりの哲学者である（LH.165）。コジェーヴはまた次のようにも書いている。「知は普遍的である。しかしこの知はヘーゲルの知であり、ヘーゲル以外にこの知を実現できる者はいない。そしてこのことは絶対知においてのみ可能である。」（LH.327）「絶対知」の担い手だけが、世界精神の登場を見ることができる者であり、哲学の歴史を書くことができる者である。それはヘーゲルその人である。つまり、ヘーゲルだけがナポレオンという世界精神を理解できた。「ヘーゲルの意識のなかにイエナの戦闘が存在していることがきわめて重要」（LH.172）なことである。なぜなら、ナポレオン戦争は主人と奴隷の弁証法的統合を実現しているからであり、歴史はこの統合の瞬間に完成されるからである。そういうヘーゲルであればこそ、「世界精神が馬に乗ってやってくるのを見ることができた」のである。

ヘーゲルにとってナポレオンは神であった。「もっと正確にいうならば、ナポレオンはその充実した現実性において、人間に向かって〈啓示された神〉である」とコジェーヴは書いている（LH.230）。それも単純な神ではない。「ナポレオンは、歴史を通して人間に啓示されてきたすべての神の統合である。」（LH.230）もちろんこれは「ナポレオン万歳」の立場であり、反対の側からは、たとえばスタール夫人が、ナポレオンを「馬に乗ったロベスピエール」と批判したことも想起されよう。しかし、ヘーゲル＝コジェーヴにとってナポレオンは神にほかならなかった。ただしナポレオンには自己意識が欠けていたのであり、「ナポレオンの自己意識であるのは『精神現象学』の著者であるヘーゲルなのだ」（LH.195）という結論に達する。「キリスト教の時代はナポレオンにおいて頂点に到達するが、この時代は歴史の第三の時期によって完成されなければならない。それはきわめて短い時期、つまりドイツ哲学の時期であるが、この時期は『精神現象学』の著者ヘーゲルにおいて頂点に達する。」（LH.195）つまり、ナポレオンがすべての神を統合した神であるのと同じように、コジェーヴにとってヘーゲルはすべての哲学者を統合する「最後の哲学者」である。人間の目標は「ヘーゲルになること、ヘーゲル的人間になることである。」（LH.228）「ヘーゲルになる」（devenir Hegel）というコジェーヴのことばはきわめて重要である。そこから、「我はヘーゲルである」（HD.47）という驚くべき結論がでてくる。この「我」を登場させるものは、ここでも「欲望」（Begierde）にほかならない（HD.51）。コジェーヴによる「我」の提示の仕方は、「我はヘーゲルである」から始まり、この「我」はヘーゲルの「欲望」によって成立する、というきわめてコジェーヴ的な思考による。コジェーヴは「欲望」をヘーゲルの思想の中核と考える。

それでは、「我はヘーゲルである」というテーゼは具体的にはどういうことであろうか。それは、ヘーゲルが「哲学史」を書くということである。なぜ哲学史は必要なのか。「ヘーゲルにとって、人類の歴史は最終的には哲学史に還元される」（LH.397）からである。哲学者であるヘーゲルは「絶対知」を持つ者である。「たまたまヘーゲルという名を持つ個人が絶対知を持っていることに気付く」（LH.163）のである。その意味で、コジェーヴが「言説」(discours) をどう理解していたかを考えてみたい。コジェーヴはヘーゲルが「記述する」「批判する」という行為を重視していたことを指摘する。「人間は単に物質的ではなく、歴史という建築を建てる建築家であるだけではない。人間はその建築で生活し、それを見ているし、理解する。人間はそれを記述し、批判する。」(LH.162) 記述し、批判することが「言説」を構成する。コジェーヴは『概念・時間・言説』(根田隆平他訳、法政大学出版局、以下、GJGと略記する) のなかで次のように書いている。「哲学は概念それ自体が、歴史的時間のなかに、……歴史において展開される人間的言説のなかに徐々に浸透していくこととして定義できる。」(GJG.82) つまり、概念の言説化が哲学の仕事として規定されている。ここでの概念は、ヘーゲルのいう精神と同義であり、その概念が時間のなかで展開されるのが「実在」となる。哲学者は弁証法を内在させているこの実在を「欲望」によって記述し、言説にする。「欲望による弁証法的実在の言説化!」、これこそがコジェーヴによるヘーゲルの思想の解読である。コジェーヴが「言説」にこだわるのは、ヘーゲルが「概念」を重視したからである。『精神現象学』で、ヘーゲルは次のように書いている。「理性的でないものに真理はない。つまり、概念で捉えられないものは存在しない。」(PG.404) コジェーヴが見る限り、「歴史は結局のところ、言説による存在の開示のプロセス」(LH.392) である。「コジェーヴのヘーゲル解釈はあくまでも「言説化」にこだわる。「概念もしくは言説 (ロゴス) によって開示される存在は、純粋で単純な存在であるだけではなく、精神的存在、実在的精神である」(LH.413) というのが基本的な考えである。このように言説つまりロゴス (ことば) によってでなければ存在が開示されないことをコジェーヴは反復して強調する。

このような言説化はコジェーヴのいう「再生産」と関連する。「再生産」はマルクスの概念であり、またそれを継承したアルチュセールの概念でもあって、アルチュセールには『再生産について』という著作がある。コジェーヴが説く「再生産」も、マルクス、アルチュセールの再生産と不可分である。コジェーヴのいう「再生産」

は、三巻から成る彼の西洋古代哲学史の序論で説かれている。(A. Kojève, Essai de l'histoire raisonée de la philosophie paiënne , Gallimard, 以下 EH と略記し、そのあとに巻数、引用のページ数を示す。)完全に「ヘーゲルの傘の下で」書かれているこの序論で、コジェーヴは次のように説く。「ヘーゲルの知の体系は、ヘーゲル以前の哲学の全体を再生産している。」(EHI.15)また、「ヘーゲルのいう知の体系は、歴史の長いプロセスの終末においてのみ構成されうる。」(EHI.17)『ヘーゲル読解入門』には「哲学者たちのなかの最後の哲学者であるヘーゲルということばを見出すことができる(LH.229)。歴史の最終目標である自由の実現は哲学によって構想され、またコジェーヴは「ヘーゲルが哲学なしでは歴史はないと説いたことが正しい」(LH.404)と主張する。その哲学とは「ドイツ哲学であり、最終的にはヘーゲル」(LH.183)なのである。さらに、「ヘーゲルにとって歴史は結局は哲学史に還元される」(LH.405)のであって、哲学史が最高の位置に置かれる。コジェーヴが『古代哲学史』を構想したのもこのコンテクストにおいてである。

ところで、哲学史の全体を再生産するというのは、過去の哲学の歴史を、もう一度「言説」に変えるということである。『古代哲学史』においてヘーゲルのいう「知の体系」が「定義によって言説の全体」であることが明確に示されている(EHI.15)。このようなコジェーヴの「言説」重視は、ヘーゲルから直接に導入したものである。ヘーゲルは『精神現象学』の序論で、「知は学として、あるいは体系としてのみ、叙述されることができる」(PG.27)と書いているが、ここで使われている「叙述する」(darstellen)という動詞が重要である。それは単なる「叙述」よりも、「言説として提示する」という意味を持つからである。(この概念はベンヤミンにおいても重要である。)またコジェーヴの『ヘーゲル読解入門』でも、「人間は、はじめて〈我〉というときに自己を意識する」(HD.11)と書かれているが、「我という」というときの「いう」(dire)という動詞が肝心である。「言葉によって開示された私」は、原文では Moi revelé par la paroleであるが、ここで使われている parole に重みがある（ドイツ語訳ではWortという単語が用いられている）。要するに「言説」が最初から重んじられていることがわかる。ヘーゲルの思想においては、「具体的な実在するものは、言説により開示される実在するもの」（HD.258）だからである。

ここで「言説」にかかわるコジェーヴの『古代哲学史』が「再生産」を重視していたことを想起したい。この『古代哲学史』のもとのタイトルは L'histoire raisonée de la philosophie antique である。これに関連して、デリダが『デリダのモスクワ』が récit raisonné であると書いていることに注目したい。デリダはこのばあいの raisonner という動詞は、ふるいにかけたり、検閲するという意味のほかに、「合理化する」（rationaliser）という意味を含むと説明する。（Jacques Derrida, Moscou, aller-retour, Editions de l'Aube, 2005, p.16）実はここに「再生産」についての重要な問題がある。それは、経験もしくは素材を言説化するときに生ずる「ずれ」の問題である。これはパースの概念を使えば対象 o である。最初に与えられた対象 o は、記号で把握しようとしても、なかなか到達できない。それで、記号による解釈を重ねていくのであるが、対象 o が理解できるとは限らない。それと同じことがデリダにおいても存在する。デリダはそれを「あとから」（après-coup）という概念で説明する。デリダは次のように書いている。「精神分析の考え方に従うならば、合理化する（raisonner）ということばは、能動的で重層的な解釈（surinterpretation）を意味している。それは最初にはなかった秩序をあとから（après-coup）置くことである。」（p.16）合理化する言説はつねに「あとから」なされるのであり、それが哲学史であろうと、紀行であろうと同じである。

デリダは、『デリダのモスクワ』のなかで récit raisonné というときの raisonner とは、rationaliser（合理化する）、filtrer（濾過する）、cribler（ふるいにかける、選別する）という意味であると説明している（p.16）この

filtrer,criblerという動詞はデリダの『マルクスの亡霊たち』にも見出すことができる。デリダは、「受け継がれたもの・遺産」が、多重的なものであり、それを受け継ぐためには濾過したり、ふるいにかけたりしなければならないと述べている（p.40）。これはコジェーヴと共通の思考である。「遺産を濾過する」（filtrer l'héritage）という表現はほかにも見出すことができる（p.97）。また『テレビのエコグラフィー』においても、「わたしたちは相続するときに、選別し、篩いにかけ、活用し、再活性化している」と述べている（原宏之訳『テレビのエコグラフィー』ＮＴＴ出版、二〇〇五、p.45）。ところで、デリダが『デリダのモスクワ』で「合理化」という概念の根拠として使っているのは、フロイトの「事後性」（Nachträglichkeit、フランス語では après-coup、英語では deffered action であり、デリダがすでに『エクリチュールと差異』においてきわめて重視していた概念）である。分厚いラカン伝の著者としても知られるエリザベト・ルディネスコとミシェル・プロンの『精神分析事典』によると、この概念は一八九六年にフロイトによって提示され、一九五三年にラカンが拡大したものである。「トラウマ的なできごとをあとから再構成・再解釈すること」であり、それによってそのできごとが主体にとって意味を持つようになる」（Elisabeth Roudinesco, Michel Plon, Dictionnaire de la psychanalyse, Fayard, 1999）。一八九六年に提示されたとされるが、具体的な論文のかたちで示されているのではなく、おそらくフリース宛の手紙の中で示されている考え方であろうとされている。つまり、récit resonné とは「合理的な物語」ではなく「合理化された物語」であり、「事後性」の作用によって再構成・再解釈された物語である。このデリダの考え方には、コジェーヴの「合理化された歴史」と共通のものがある。

実在が言説によって実在として存在するようになるというヘーゲル＝コジェーヴの考え方は、ラカンの「ル・サンボリック」の概念とつながるであろう。またデリダの助けを借りて明らかになった「合理化された再生産」、つまり再構成・再解釈された再生産の概念によって、ル・サンボリックそのものの構造が見えてくることにもなる。のちにも述べるように、ラカンの思想はヘーゲル＝コジェーヴから大きな影響を受けている。ラカンの有名なテーゼ「無意識は他者の言説である」もコジェーヴに由来するといえる。コジェーヴの言説論は、『概念・時間・言説』においても展開されている。コジェーヴはそのなかで次のように書いている。「言説の外で、また言説より以前に認識できるものとは、（人間の生きる世界の接続・延長において経験的に現存在している）事物か、あるいは（空間・時間的〈世界〉の外に位置する）プラトン的なイデアか、これらのうちのいずれかである」（GJG.89）。ここでいわれている「事物」もしくは「イデア」はおそらくラカンのいう「ル・レエル」であろう。それは、きわめて不確定で、はっきりわからない概念であり、ジジェクはそれを「不可能なものとしてのル・レエル」（the impossible-real）として規定する。ラカンの「ル・レエル」は、きわめてわかりにくい概念であり、いままで「現実界」と訳されてきたために誤解されてきた面がある。ル・レエルは通常の意味での現実世界ではない。このラカンのル・レエルの概念もコジェーヴのヘーゲル読解に起源がある可能性がある。つまり「ル・レエル」ということばが『ヘーゲル読解入門』に出てくる。「このル・レエルの本質的な実在性、つまり本質」（la Realité-essentielle de ce Réel, son Wesen）であり、この本質的実在性とは「空間・時間のなかで捉えられた人類」、ヘーゲルが「客観的精神」と呼ぶ世界精神・民族精神・歴史のことである。コジェーヴはそれがもっと具体的には「国家」のことであると結論する（LH.198）。したがってヘーゲル＝コジェーヴのばあい、ル・レエルは究極的には「国家」になる。これは重要な論点となるであろう。

四　ラカンの「享受」の概念

コジェーヴは『ヘーゲル読解入門』の第一章「序にかえる」において、「享受」の概念を提示する。これは主人と奴隷の関係のなかから現れてくる概念である。享受（Genuss, jouissnce）は、快楽（Lust, plasir）とは異なる。「われわれが努力しないで得る享受が快楽である」（LH.174）と規定されている。主人と奴隷の対立は、人間の欲望にからむ。「人間は主人か奴隷かのいずれかであるということが必然的で本質的である。」（LH.15）これがコジェーヴの解読するヘーゲルの主人と奴隷の関係の根本である。「主にとってはこの媒介により〔すなわち（主による）費消のために自然の物、すなわち〈素材〉を変貌せしめる奴の労働により〕対象の純粋な否定として、すなわち享受として、［物への］無媒介な関係が構成される。」（HD.29）奴の労働によって費消の対象へと変わる対象（物）を主が享受する。この構図がそのままラカンに受け継がれる。ダイラン・エヴァンスの『ラカン精神分析事典』（Dylan Evans, An introductory dictionary of Lacanian psychanalysis, Routledge, 1996, ちなみにこの事典は、キャサリン・ベルシーの『文化と現実界』でもショーン・ホーマーのラカン論でも参考文献に挙げられている）によれば、ラカンが「享受」（juissance）という概念を使い始めたのは一九五三年である。一九五七年以降は、性的享受、自慰行為による享受も意味させたが、エヴァンスはラカンが「享受」と「快楽」とを区別したとし、それがヘーゲル＝コジェーヴによる享楽（Genuss）と「快楽」（Lust）の区別に対応すると述べている（p.92）。この「対応」もしくは転換のプロセスを考える必要がある。「自己意識は、他の一つの自己意識においてのみ満足する」（PG.144）のであるが、これは欲望に関しても同じである。「他者は自己自身である」（Andere ist es selbst）のであるから、自己と他者は同一であり、私の欲望は他者の欲望である。「私は他者の囚人である」というラカンのテーゼの起源はここにある。

ただしここで、コジェーヴとラカンの差異も見えてくる。コジェーヴにもラカンにも「動物から人間へ」という問題意識があり、それはアルチュセールにも継承されたが、コジェーヴはその移行の契機として「労働」を重視する。ラカンはシンボルにこだわるように見える。「動物から始まった人間を形成もしくは教育するのは労働である」（LH.30）というのがコジェーヴの基本的な立場である。「労働が実在的・客観的な世界を創る。それは自然的ではない世界、文化的・歴史的・人間的な世界である。そしてこの世界でのみ、人間は動物とは本質的に異なった生活を営む。」（LH.31）ここには「マルクス主義者」としてのコジェーヴがいる。ルディネスコの見解に従うならば、「コジェーヴの教説は、ラカンに文字通りの意味で影響を与えたのであり、ラカンがヘーゲルについて述べていることでコジェーヴから得られたものでないものは何ひとつ存在しない」（p.155）のである。ルディネスコがどこから引用してきたかは明らかではないが、コジェーヴとラカンは「双子の兄弟」であった（p.155）。一九六八年にコジェーヴが亡くなったとき、弔問に駆けつけたラカンは、コジェーヴの書斎から、コジェーヴの書き込みのある『精神現象学』を持ち去ったという（p.156）。

すでに述べたように、ラカンの三領域論においてもヘーゲル＝コジェーヴの大きな影響を認めることができるが、「私は他者性の囚人である」というテーゼの基礎であるラカンの鏡像段階理論は、一九三六年のベルリン・オリンピックと関連する。フィリップ・ジュリアンの『ラカンのフロイトへの回帰』によると、ラカンは一九三六年にチェコのマリエンバートで、鏡像段階理論について口頭発表をしたのであるが、時間切れで司会のアーネスト・ジョーンズ（フロイトの伝記を書いたことでも有名）によって中断させられた。そのあとラカンはベルリンに行き、オリンピックを観戦した。「鏡像段階理論を提示することによって、ラカンは人種差別主義の根源そのものを示した。そしてベルリンでラカンは、人種差別主義のあまりにもあからさまな表現を目撃した。人種差別主義の力は、自分の同類がいるという喜び、鏡となる他者の身体のかたちの魅力が根である。」（Philippe Julian, Racan's reteurn to Freud, New York University Press, 1994, p.28）（ついでながら、二〇〇六年一一月に暗殺されたレバノンの政治家ジュマイエルの祖父も一九三六年のベルリン・オリンピックを見て、右翼政党を設立したと、田中宇はインターネットで伝えている。ナチスのこの行事の影響力の大きさがわかる情報である。）

ラカンが人間の精神の領域を、ル・レエル、リマジネール、ル・サンボリックの三つに分けたことはよく知られている。動物としての人間から人間としての人間へという問題は、レヴィ＝ストロースからラカン、アルチュセールへと継承され、展開された。その原型はコジェーヴのヘーゲル解釈にある。「人間が真に人間的であるためには、また人間が本質的に、そして本当に動物と違ったものであるためには、人間のうちにある人間的欲望が動物的欲望に勝たなくてはならない。」（LH.14）「人間の欲望は他者の欲望である」というのはラカンの重要なテーゼのひとつである。その原型もコジェーヴのヘーゲル論にある。「一人の他者の欲望を欲望するというのは、私という価値、私が表象している価値が、この他者によって欲望されている価値だということである。」（LH.14）

ここにラカン解釈の鍵があるといっても過言ではないであろう。クリストファー・ノリスは、ポール・ド・マンのロマン主義論に関連して、次のように述べている。「（精神の）旅の始まりは、原初的な感覚的確信であり、その段階で精神はまだ主体と対象、経験の内部と外部を区別できず、したがって、自然との豊かではあるが、混然とした調和のなかに存在している。」（Christopher Norris, Paul de Man, Routledge, 1988, p.30）これはいうまでもなく『精神現象学』の最初の部分の要約である。そしてノリスは、ヘーゲルのこの思想をフロイト、ラカンと結びつける。「（ヘーゲルの）この考えと似たものは、フロイトにある。フロイトは幼児が〈多型的〉であり、未分化の本能と欲望の段階を経過するとした。またラカンは、このフロイトの考えを、前記号的な〈像的〉段階（pre-symbolic, imaginary stage）という概念へと展開した。この段階では、欲望はまだオィディプスの掟に束縛されていない。この掟は、自我に限界を設定し、無秩序な自我の満足を禁止するものである。」（p.30）

このリマジネールの領域と不可分につながっているル・サンボリックの領域は、言説の世界であり、正確には現実世界である。シンボルが支配する世界であり、われわれはそこから逃れることはできない。コジェーヴが強調する他者の問題はル・サンボリックの問題と切り離すことはできない。コジェーヴは次のように書いている。

「人間がまだ他者によって承認されていない限りにおいて、他者こそこの人間の目標である。他者によるこの承認に、その人の価値、人間的実在が依存している。この他者のなかに、人間の生の意味が凝縮されている。」（LH.19）　ラカンのいうル・サンボリックは、大文字の他者が支配する領域である。ラカンのいう「他者」の起源がコジェーヴ＝ヘーゲルにあると考えられるのは当然である。「人間は自己の外側に存在する」（LH.19）のであり、「自己」を消失させたラカンの思想の根源にはコジェーヴがある。逆にいうと、ラカンのル・サンボリックは、コジェーヴのヘーゲル論を媒介にして考え直すとよくわかる。「私」にとって他者の世界は「異質」（étranger）であるが、「この世界がなければ、またこの世界の外側では、人間は何ものでもない」のである（LH.20）。ラカンのいう他者の起源はコジェーヴのヘーゲル論の冒頭の部分にある。

コジェーヴは他者を「死を賭した闘いの相手」と規定する。それでは他者の支配するル・サンボリックに対する闘いとは何か。それは自らが位置するル・サンボリックそのものを批判することでなければならない。それは「記述すること」「批判すること」を言説の根本としたヘーゲルに帰ることでもある。しかしコジェーヴはヘーゲルの単なる祖述者ではない。ヘーゲルはコジェーヴに乗り移ったが、乗り移られたコジェーヴの記述したヘーゲルはコジェーヴ的ヘーゲルである。そのヘーゲルがいまもなお現代思想に大きな影響を与えつつある。

ヘーゲルと仏人哲学者の友人ヴィクトール・クーザン（一七九二―一八六七）

槻木克彦

クーザンの略歴に関しては日本語、フランス語の哲学事典に詳細な解説があるので、そちらの方を見て頂く方が手っ取り早いであろう。ここでは大きな骨組みを述べた後、拡げられる部分に関する解説を述べていきたいと思う。

一　ヴィクトール・クーザン略歴（一七九二―一八六七）

ヘーゲルはクーザンに一八一七年、ハイデルベルクでヘーゲル四七歳、クーザン二五歳の時。二度目は一八二四年ドレスデンであるが、この時クーザンが逮捕されヘーゲルがその解放に尽力している。三度目はクーザンがヘーゲルをパリに招待。帰り道ケルン迄同道。

手紙も一八二五年―一八三一年の間に交わされた一六通がヘーゲル書簡集に収録され、全てフランス語で書かれている。また、クーザンの一八六六年版「哲学断片」第五巻に一七五頁にわたってヘーゲル、ゲーテ、ヤコービなどドイツ知識人と意見交換した記録がある。ここでヘーゲルの政治や宗教に対する態度、エンツィクロペディーの一部解説などが読むことが出来る。

クーザンは帝政、王政復古、七月革命、二月革命等の政治的動揺を通してフランスの大学制度を確立し、哲学に於いては哲学史をフランスに於いて確立した人間である。その一生は中国の鄧小平のごとく浮沈の繰り返しを余儀なくされている。

一一歳の時、いじめられている少年を救ったことでギリシャ語教授に評価され教授の母の援助でリセーに通学、一年に二学年ずつ進級し、コンクールの賞を軒並みさらうことで兵役が免除され国務院行政官僚になる道が開けたが、師範学校の学生となることを選ぶ。そこでの教授との出会いが学問の道が開かれる結果となる。

当初はコンディヤック、メーヌ・ド・ヴィラン、そして「理性に内在する（個人から独立した）普遍的原理の存在」を主張したスコットランドの哲学者リード等を評価し彼らに関する講義をした。

一八一七年、カント以後の哲学を知るためにドイツへ旅行。ヘーゲル、テンネマン、シュライエルマッハー、ゲーテなどに会い、翌年ヤコービ、とシェリングを訪ねる。ハイデルベルグ大学教授クロイツァーにより新プラトン派のプロチノス、プロクロスへの興味に火をつけられ、後にプロクロスの全集を出版することになる。

一六年―二〇年はクーザンに取って豊穣なときで、「カント哲学講義」、後に二八版を重ねた「真、美、善」などの講義が行われ、非常に多くの学内外からの聴講者を集めた。二〇年に王位継承者暗殺事件以後、自由主義者に対する警戒心が高まり、彼の人を多く集める講義も政治的に危険だとされ禁止され、彼の師範学校も閉鎖となった。以後資産家侯爵家の家庭教師になり、この間イタリア、ギリシャに数度旅行してミラノでプロクロスの手稿を発見。以後、デカルト著作集七巻、プラトン全集一三巻を翻訳出版。

二四年にこの侯爵とドイツを旅行中、フランス当局が彼を自由主義者として通報したためプロシア警察に六ヶ月近く拘束される。この時ヘーゲルが危険を冒して嘆願書（一八二四年一一月四日、ヘーゲル書簡集番号四八六）を当局に書くなどしたこともあって解放された。これにはクーザンはヘーゲルに大変感謝した。ベルリンに拘束中に後にヘーゲルの美学講義をフランス語で要約翻訳したと推定されるヘニングが彼に哲学の講義を毎日しに行ったようである。

二六年、後に多くの版を重ねることになる「哲学断片」を出版。前期の講義「真、美、善」と共に現在Slatokinのリプリント版で読むことが出来る。他に通常の単行本で読める物に「新弁神論」などがある。

二七年、プロクロス作品集を翻訳、出版。

二八年、政権の交代により、クーザンとギゾーが大学に呼び戻される。「哲学史序論」を講義、毎回二、三千人の聴講生を集める盛況ぶり。以後、講義と共に大いに教育行政にかかわり、自由主義者たちが歓迎することになる。

三五年、クーザンの主催する学士院のコンクールで「習慣について」（一八三八）を書いたラヴェッソン（後にベルグソンに繋がる哲学者で、岩波文庫でも抄訳が出ていた）やミシュレなどが受賞者となった。またクーザンの敵にも「人間性について」（一八四〇）を書いたピエール・ルルーなどがいた。この二著作共に今読んでも価値がある物である。　以後、上院議員、師範学校校長、四〇年にティエール内閣の文部大臣などを勤める。学校教育の非宗教化に努めたため教会勢力を敵に回すことになった。

二　エクレクティスム（折衷主義）

クーザンの中心的な考えにエクレクティスムというものがある。いきなりこの言葉を我々が聞くと、妥協に妥協を重ねて自己のないようなイメージを持つのであるが、これは古来懐疑主義に批判的なものとして反対定立されている。懐疑主義は根本的に事象を見直すという意味（デカルト、ヒューム）ではいいが、その基準を見失うと、その批判に際限がなくなり一般に通用する感覚（常識や共通観念）をそれが未だ証明されていないとして否定することによって過激な少数派になり、一般大多数を無視する結果になってしまう。本来ならばヘーゲルのごとく「現実的な物は理性的であり、理性的な物は現実的」だとして、先ずは存在する現実を先行させないと、多数派の現実を無視して調和を失い悲惨な現実を呼び込んでしまうことになる。クーザンはこの考えをフランス革命とそれに続いた恐怖政治の反省から得ているようだ。同じことはヘーゲルにも言うことが出来よう。

ルネッサンスの哲学者ピコ・デッラ・ミランドラは「あらゆる哲学者は言葉は違ってもみな同じことをいっているのだ」と言っているのもこれで、各学派なり哲学者は特定の観点から考察しており、そのよって来たるところは各々が現実性があり否定できないものではあるのだが、その特定の観点と言うことでその偏りを避けることが出来ず、他の観点に対し排他的とならざるを得なくなる。このようにして争いが起こるのだが、その中で段階的に共通性を見抜いていくと多数派の現実が見えて来るであろう。またより真理に近づくと言うことになる。一挙にこれを見抜くことは誰にでも不可能であろうし、もしそうすれば単なる理念先行で使い物にはならないであろう。二つの思想の共通性を見抜くことだけでも多数派の現実に到達することも出来るであろうし、多くの思想の部分的共通性を見通すことでもこれはなされるであろう。言葉自体が立場の表現である以上不完全性は避けて通ることは出来ないので、当初の衝突も避けることは出来ない。

本来哲学は合理主義（Rationalism=理性主義）であり、様々な意見や立場があるように見えるが、実は理解の共通性を探っているものであり、普遍的な論理の探求である。近年産業革命以降、世界が急速に拡大していき、それ故に二度の世界大戦を経験し、その間人々は社会的、実存的苦しみを味わってきた。これが故にマルクス主義思想、実存主義思想が若い人に限らず知識人にも共鳴をもたらしてきた。またポストモダンと言われる物もこの連続と考えていいであろう。これらは時代の懊悩の表現であり、それまで大勢を占めてきたと思われる合理主義に反旗を翻したとしてもそれ程不思議ではない。苦しみの現実を訴える必要性が先ずあったからである。しかしながらこれらも時代の作り出した特定の観点であることには変わりがないであろう。合理主義の観点からもこれらを出来るだけ取り込むには、経済的余裕を拡大することで一定程度緩和することが出来るであろう。先進国の過剰を減らし、後進国を底上げし平準化を進める必要があるであろうが、今度は地球のキャパシィティーの問題やエコロジーの問題から来る限界と折り合わなければならなくなってきている。

哲学はドイツ観念論まで様々な合理主義的観点を獲得してきたが、上記のごとく時代の大波によって中断しているように見える。合理主義の総合的視点である哲学から科学、経済などの各分野に分散していった合理主義を再度哲学に取り戻し総合する必要があるであろう。

クーザンのエクレクティスムをこの観点から見直してみるのも面白いであろう。従ってクーザンは哲学を鳥瞰するために哲学史に力を入れ、ヘーゲルがドイツでそうであるようにフランスでの哲学史の設立者となった。

クーザンは古典哲学を評価していることをヘーゲルに表明したとき、ヘーゲルにはドイツ観念論の成果の重要性を主張している手紙（ヘーゲル書簡集、五七五番）も残っている。ヘーゲル曰く「カントがプラトンよりずっと下で現代の哲学者が古典哲学者よりも下なのか?様々な関係に於いてはそう言うことは出来るかも知れないが、その原理の深さや広がりに於いては我々はより高い一線に並んでいるように思われる。」。ここではまたヘーゲルの今までやってきたことの意識をここに見ることも出来よう。

一方、哲学の重要性は「哲学はある人たちの夢想であるのではなく、人間性の必要に従った進展を示している。人間性が歴史の材料となるように、歴史はいわば人間性の判断者であり、歴史的分析は心理的分析の逆証、つまり結果からたどった事実の証明となっている。」（一八二八年、講義録）と言うことにあり、また「歴史は断固とした幾何学である。」（同上）。そして理性は意志的で自由な自我との関係に於いては主観的に見えるが、理性そのものは非個人的なものであり「人間理性の法則は普遍的理性の法則そのものである。」（哲学的断片、序文）。それが故に、赤の他人がその思想を知って同意したり、自分の単に感じていたことを体系的に顕在化して表現されたことに感銘を受けたりする。その表現された内容は誰もが感じている普遍的なことである。思想を運ぶ言葉自体が既に普遍的な体系であり、言葉に載せることで共有することが出来る。思想は言葉の中でより広く共有できるようにする作業である。言葉や理性に自分を繋げることは差違《サイ》の争いの中で和解をもたらす作業でもある。普遍的とは差違を一つに調和することである。偏りも一つの普遍性に乗った言葉ではあるし、偏りによって初めて普遍性を意識することが出来る面がある。全ての偏りをまとめたものが意識化された普遍性であると言うことが出来るかも知れない。そして言葉で表現している限り暴力的な争いは少ない。言葉は唇を動かすだけなので簡単にどうにでもなるような錯覚を持つが、発語には脳髄の変化がなければならないし、脳髄の変化は経験や情報の積み重ねが必要で人間の行動の中で一番手間暇かかった物である。それだけに世の中にあれだけの本があるし、哲学がそれだけやっかいな物となってくる。哲学が何のために役立っているのかも見にくいのも、宗教の起源や存在が何故なのかがはっきり説明できる人が殆どいないのも、それだけ人間達を調和させる難しさを示している。人間は経験ゼロの状態から始まり、体制（大勢）に反抗して初めてその必然性を知ると言う経路を通過するだけに、ますますその総体は複雑な物になってくる。その上、体制、反体制も入れ替わったりして大筋でかろうじて人間集団の生存にとって有利な物、つまり正義が成立していくのである。正義を見分けるだけでも一筋縄ではいかない。哲学や政治が複雑で難しい物になるのも当然と言えよう。

　ところで、いくら普遍的とはいえ一〇〇％共有できないのも言葉の役割である。一〇〇％共有出来たときには言葉で組み立てる必要がなり、その時点で言葉にする必要のない当たり前のことになってくる。未だ他人が納得していない普遍性と思われるものを言葉にし、思想として組み立てるのである。言葉というのは不完全ながら、それ以上に普遍性を知る手だては人間にはない。理性についても合理主義についても同じことが言える。従って、より普遍的なものであれ、いつでも反論は可能である。しかしながら反論したときにそれを凌駕する体系を整えない限り、それは単なる異論であり役立たずの物となる。そのような異論はいつの時代にも物事を検討するために出現するのだが、それが時宜に反してより普遍的な物を持続的に背景に追いやることも多々起こる。そのようなときにいろいろと不都合が起こってくる。そのようなときにより普遍的な物が再度洗い直しや組み立てを迫られる。

古典作品にはそのような普遍的な物があまりにも当たり前に思われ手つかずにされることがよくある。私には「一元論」と「観念論」が合理主義哲学が獲得したそのような物に思われる。

三　クーザンとヘーゲル

一八一七年、ハイデルベルグでクーザンがヘーゲルに初めてあったとき、ヘーゲルのフランス語が不完全であったとはいえヘーゲルとは話では意気投合したようであるが、エンツィクロペディーを贈られ「深いようだが困惑させられる」と言っている。一八一八年、エクレクティスムの考えを発表する頃には、フィヒテと同時にヘーゲルの精神世界を吸収したようである。一八二六年には「真理の認識は神の認識に他ならない。哲学（Wissenshaft）と宗教は互いに同じ物である。宗教を一番高度な観点から見ると、真理から存在への関係と理解でき、宗教は本質的には理性に属している。各々の思考には存在があり、従って各々の思考は宗教的である。各々の思考は全面的に宗教だと言える。」（哲学的断片、一八二六年）と言っているが、これは理神論（汎神論）に通じていて、「観念の実体である神は本質的に知性であり本質的に知性で理解しうる物である。」（哲学史入門、一八二八）とも言っている。「原因がその結果に対してあるように、神は世界の中にある。世界は神的本質の反射作用の表現である。」（同上）。従って世界史はクーザンにとって弁神論であり、歴史や人間性の目的は思考や精神の進展としてある以外の物ではない。

一方、スピノザに於いては信仰については説明されず、理性が最優先されるために信仰が迷妄のように思えるが、ヘーゲルに於いては、信仰は哲学理性とは対立する物ではあるが、その必要性と説明が「精神現象学」の宗教論では見えてくる。才気走ったスピノザに対して、現実にある物を否定しないヘーゲルと言うところであろうか。この点はヘーゲルより時代的に先行しながら政治体制の内で民主主義を推奨するスピノザと立憲君主制を推奨するヘーゲルの違いにもそれを見ることが出来るかも知れない（或いは宗教や政治に関してメッテルニッヒなどのきつい言論統制をかいくぐっていたヘーゲルの謎めいた言い方のせいであるのかも知れないが。）。ここで宗教を存在とする点で、クーザンはこの中間的とも言える立場であることが上記の引用を見ると理解できると言えるであろう。またスピノザの実体（神）を自我に引き寄せたフィヒテの考えを受け入れたヘーゲルをクーザンは引き継いでいる。クーザンは自我の知識は各々の外部の対象の抽象を通して可能になると言っている（「意識は自己自身とそれを取り囲む物の知識である。」（道徳哲学史講義一八一九—二〇））。ここで思考は自己から出ることはなく、自己の中に対象を取り込む。ここに信仰は思考の第一段階であり、哲学は信仰としての宗教の上に位置することになる。「哲学は信仰を破壊するのではなく、それをより明快に、そして豊穣にし、ゆっくりと象徴の薄命から純粋思考の明るい光の中に引き上げていく。」（哲学史入門、一八二八）。「宗教と哲学は形こそ異なれどその内容は同じ物である。」（道徳哲学史講義、一八一八—二〇）。以上の考え方はヘーゲルのものに呼応していると言える。

「全ての観念は〝一と多〟或いは〝同一性と差異性〟に還元できる。人間精神は観念論で始まるのでもなく、現実主義で始まるのでもない、また一者でもなく多数性でもない。両者同時に始まるのである。一者性、実体その他は肯定的な観念であり、多数性、有限性は否定的な観念である。」、「一者性は絶対存在の深みに隠れ、多数性の中で発展するのではなく自己自身に留まり、そこにはないかのごとく振る舞う。」（哲学史入門、一八二八）。

またクーザンの理性分析の三分法においてへーゲルの影響が強く見ることが出来る。「一者、多数性、そしてそのお互いの関係が理性の中に含まれている部分である。」（同上）。しかしこのアイデアは既にスピノザの三つの知識の中に起源を持っていると言える。へーゲルは自分の思想の中心的な部分にスピノザの考えを、彼の「哲学史講義」でのスピノザの批判にかかわらず大々的に取り入れていると言える（ちなみにあの有名な「あらゆる規定は否定である」というのもそれである。）。

ところでクーザンはよりシェリングと親しくつきあった様子であるが、へーゲルをシェリングに比べた発言が残っている。「へーゲルは、努力をしなければ、たまにしかその深さを理解することが出来ず、言葉が何やら謎めき、言葉は力強いものの当惑させるような言い回しで、彼のこわばった表情と曇った額は自己に閉じこもった不器用な思考像を見ているようだ。シェリングでは思考が自己展開し彼の言葉は、彼の目つき同様、光と生命に満ちていた。」（哲学的断片、一八六六）と言っていて、これも観念論者達を理解する一つの手がかりともなるであろう。

四　クーザン文書館で新たに発見された仏語原文でのみ存在する「へーゲル美学講義」

（二〇〇五年七月、L'Harmattan 書店出版）

研究も進み以前さほど注意もされなかった物に注意が行くようになって、バッハの時代、スピノザの時代からも新たな資料が発見されていく。フィヒテ、ヘーゲル、フォイエルバッハの新たな作品集が始められ、未だ完結していない。この仏語原版の「ヘーゲル美学講義」もそのような物の一つである。

これは数あるヘーゲル美学講義の内の一つで、ホトー版と同じ一八二三年のベルリン夏講義を基にしているようである。しかしホトーのノートを基にした物ではないのが、章分け、段落分けも異なり、ページ数も三分の一足らずでホトー版の第一部に関する物でしかない。推測によればヘーゲルの復習講義講師のレオポルド・ヘニングが自分自身のノートかヘーゲルの講義草稿から作られた物であるらしいと言うことである。この二つの資料は現在失われ、ヘニングのフランス語訳のみが残ったというわけらしい。ドイツ人が仏語訳したと言うことは、フランス人が読むとドイツ語化されたフランス語が確認されるとのことである。様々な資料の突き合わせによって、ホトーが使わなかった情報は多々あるようであるが、このフランス語の美学講義もその一つとなろう。そのほかにクーザン文書館で見つかった物にホトー版ノートによる「ヘーゲル世界歴史哲学」が見つかっているが、この方は既にドイツ語版で出版されている物と同じようである。

そこで内容的に面白そうな所を二点拾ってみた。

一つは「法哲学講義」で既に多いに物議を醸し出した「歴史が行き着いたところでは、人間は出来る限り完全な自由に行き着く。国家と個人的意志は完全に同一な物で、立憲君主制がその実体となる。国家は（民衆の）総意に参加し、総意を作り出す。しかしその総意は国家がその観念そのものとなる。個人は従って観念を作り、そして芸術を作る。観念はそれとは知らずにもはや自然を作らないが、観念はそれ自身の（独立した）存在の中にあり、観念が自己意識として第二の自然を作って自己自身を生産する。」（P42）と言う記述がある。最初の一行では我々にマルクスを考えさせ、総意（la volonté générale）はルソーを思わせることであろう。しかし、現代の我々にとって〝立憲君主制〟によってヘーゲルが何を考えていたのかが問題になる。そのほかの部分は概念的に考えて非常に深い卓見であると私には思えるのであるが。これにはその時代の政権の圧力を避けるために言ったにしてはニュールンベルグ時代からのヘーゲルの主張であり、かつ彼の法哲学講義の中で君主権をあまりにも大々的に取り扱いすぎているように思える。ヘーゲルが亡くなったのが一八三一年一一月一四日であるが、その直前の一八三〇年にフランス七月革命が起こり市民王と言われるオルレアン侯ルイ・フィリップがシャルル10世を倒し憲法を見直し大市民階級の時代が始まり国土が資本化、工業化され鉱山が作られ鉄道が敷かれることになる。歴史家ギゾーの助けもあり左右の争乱を押さえ込んだ。このフランス市民王による立憲君主制への強化はドイツの変化を加速させた。ライン地方の諸候はフランスの憲法を見習って一八一四年―二〇年までに五地方で既に二院制などの憲法改革を行っているが、他の地区では、三〇年の仏七月革命が火付け役となり数多の運動が起こることになる。ヘーゲルがその自由化へ方向を支持したとすれば、彼が国の混乱を横目で見ていれば民主主義よりも先ずは立憲君主制を称揚したとしてもおかしくはないし、それは必ずしも革命的ではないが現実的で現在我々が思うより進歩的、自由主義的であると考えるべきであろう。民主主義に関しては小さな実直な国民で構成されている国にのみ成立すると言っている。ヘーゲルはそれを概念的に考えたと言うよりはドイツの現実に即して考えたと見るべきであろう。そしてこのような時代にヘーゲルのように穏健な漸進改革を主張するのか、マルクスのように急進的に行くのかどちらがドイツにとって現実的な道であるかも考えさせてくれる。それに加え、マルクスの主張が産業革命に立ち後れ階級矛盾が大きく簡単に解決できない国でむしろ成立したことも考えてみるべきであろう。またフランス革命には大いに共感したものの、革命後の混乱、ジャコバンによる野蛮な行為には大いに失望したヘーゲルがいきなり王制から共和制に移行するときの混乱を嫌ったことが立憲君主制を選んだ一番の理由であろう（「哲学断片」195P）。ちなみに、ヘーゲルより百数十年前に生きたスピノザは理想的政治形態を民主主義としている。その時の経済的繁栄を遂げていて既に王制派と共和派が妥協しながらも争っていたヤン・デ・ウィット（スピノザは彼を支持していた）のオランダと、産業革命が始まってドイツ統一国家へと（一八四八年）動き始めた分立国家群（そして人口も農奴解放などにより二倍に急増し貧困社会の広がった）との違いがあるのであろう。一方スピノザの方は彼の合理的宗教解釈によってユダヤ人社会から追放され刺客を向けられることになる。

二番目は芸術の最終的目的と題する部分であるが「芸術の目的は精神を育てることにあり、特にそれは民衆の成長段階で必要とされる。情熱は自我と完全な合一を示し、情熱的な人間は完全な人間である。情熱を表象する芸術は、人間を情熱に対し理論的な関係を持たせ、この理論が情熱を和らげる。つまり対象が人間の外に置かれることになり、情熱が人間を完全に占領することがなくなる。既に涙や苦しみの対象化は情熱を和らげている。弔問（ラテン語語源：悲しみを分担する）はその効果を持つ。」（P46）、また「知的観念の真の形態は人間の形をしている。」（P47）と言っている。特に後者は興味深い発言であるが、これは同時に一元論の起源と観念論の起源としての人間主観を示していると言えよう。知的世界が自己あるいは人間、突き詰めると人間社会に接触した一人の人間を中心に構成されていると言えよう。これに天体の動きを加えればルネッサンス思想の考えでもある。社会に接触した自己というのは直接的経験の詰まった箱であり、この直接的経験を基礎にしていれば知的空論に堕することはないのである。もっともこれは社会を自己に導入した後の話ではあるが、社会を導入して多数の個人を一個の自己にまとめた普遍的自己の観念が人間の形をしているという意味であろう。

五「精神現象学」とプロクロス、スピノザ、フィヒテ（日、独、英でのヘーゲル解釈と米、仏でのそれの違い）、スピノザには自由がなくヘーゲルは信仰者なのか？

スピノザは「自由とは必然性を認識することである。」と言っているが、これをスピノザが決定論者であり、スピノザには自由はないと思う人が多い。スピノザが言っているのは通常思われている自由の考え方には間違いがあり、考えの至らなさによりそれを自由と呼ぶと言っているのであって、スピノザが人間には自由がないと言っているのではない。本来人間が自由を発揮するには自然や社会の必然性を認識することで、自分の自由に対する障害を取り除いたり避けて通ることが出来るようになると言っているのである。闇雲の自由は必ず障害に衝突することで強制され自由を失う。自由というのは徳であり社会道徳を知った人間の獲得するものである。神のみが自由というのは、神が自然の体系であり、人間社会道徳の体系だからである。よりこの体系を体得している人間が神的でありより自由なのである。従ってスピノザの自由の概念には間違いはなく、スピノザに自由はないというのが間違っている。スピノザには通常の自由がないという意味では正しい。

同様なことがヘーゲルの信仰に関して言えるのではないであろうか？「精神現象学」於ける宗教に関する部分を読んでいると聖書に関する記述に対応する記述がある。三位一体、神としての精神が現実的肉体を持った人間に降臨するとか、使徒達のの所行と解されるものとかあるが、これらは合理的な精神の生業《ナリワイ》がこれらのような契機を介し、精神の生業《ナリワイ》と伝統的な宗教の記述は呼応するもので、実は哲学的事実を叙述しているのだとヘーゲルは主張しているのだと考えた方が、人間の普遍的な考え（つまり哲学）に接続し、応用も利くし、宗教の全体像を哲学に完全に取り込むことが出来る。この点、通常の信仰者の宗教を取り入れることをしなかったスピノザの有神論（汎神論）は無神論と捉えられ信仰者と対立を生んだ点で異なるとも言えるかも知れないが、フランスでもヘーゲルを無神論と考える人は少なくない。コジェーヴがそうだったように、クーザンも汎神論と捉えている。特にクーザンの場合、ヘーゲルと直接の接触があるだけにその可能性を考えておくのもいいだろうと思われる。日本ではヘーゲル「精神現象学」の先導的解釈者である金子武蔵氏は、今でもその地位は揺らいでないのだが、宗教解釈と宗教的注釈を非常に丁寧にやってあるので、金子氏がどのように考えていたかにかかわらず、ヘーゲルが信仰者であるような印象を与えてしまったのではないかと私は考えている。信仰には判断や理解以前に信じなければならないという点で哲学とは対立関係にある。これは哲学的な進展に障害となる態度である。哲学的普遍的立場を取る以上、たとえ思想家本人（ヘーゲル）が実際どのように考えるかにかかわらず合理的立場をとり続けることは正当化されてしかるべきであろう。確かに影響力の大きい思想家が非哲学的立場を取ると言うことを、そのよって来たることを考えることはそれなりに好奇心をそそられる事実であるが、それはより個人的な問題となり、哲学の立場から少々遠ざかるように思われる。「哲学断片」（196P）の中でヘーゲルはクーザンの口を借りてこんなことを言っている「宗教は絶対的に必要なものであり、哲学の混乱に置き換えることは出来ない。従って、双方の協力が必要で、一方が少数の精神的エリートの正当な渇望に代表され、他方が人類の永遠の必要性を代表している。キリスト教は大衆の哲学であると同時に哲学者の宗教でもある。」。また「法哲学講義一八二一—二二」に「宗教に於ける高い精神様式は女性に於いて見受けられる……が哲学は女性向きのものではない。」とヘーゲルは言っているが、これは暗に宗教と哲学の違いをはっきりとは言わずにほのめかしている。ヘーゲルは決してスピノザやフォイエルバッハのように明確な形では言わない、この辺にヘーゲルの難しさがある。

そこでヘーゲルの「精神現象学」解釈を哲学史の流れの中から、とりわけヘーゲルが大きな影響を実際的な形（彼自身の批判にもかかわらずという意味で）で受けたプロクロス、スピノザ、フィヒテの流れで追うことは難解なヘーゲルの理解をより直感的にすることが出来るように思われる。

プロクロスは「哲学史講義」の中で唯一ヘーゲルが批判的なことを言わず賞賛している哲学者である。新プラトン派のプロティノスと並ぶ思想家であるが日本語訳にはやや平板な「神学要綱」しかなく、興味深い「恩寵に関する三論文」はない。一元論という意味でヘーゲルにとって重要な思想家であろう。またクーザンがハイデルベルクのヘーゲルの同僚であったクロイツァーの勧めによって刺激されフランスに紹介した思想家でもある。フランスにはプロクロスの非常に興味深い注釈者がいる。ジャン・トゥルイヤールであるが、この面での日本語訳の資料が少ない。

二番目はスピノザで、私にはヘーゲル解釈にとって一番重要な哲学者であると思われる。思想的な面では既に述べているので、今度はその外枠を語ってみたい。ヘーゲルが「精神現象学」を出版したのは一八〇七年であるが、これもまたハイデルベルクの同僚であったパウルスによるスピノザのラテン語全集の出版に一八〇三年に参加している。彼はこの時、フランス語とラテン語の突き合わせをやっている。つまりこの時手紙も含めてスピノザのほぼ全ての作品に原語で接触していることになる。ヤコービの「スピノザ書簡」（一七八五—八九—特に第二版付録は重要）にかなりの刺激を受けていて少なくとも重要点に同意しているとしたら、スピノザは後戻りのきかないような性質の哲学者である。ヘーゲルとシェリングのヘン・カイ・パン（一者にして普遍者）の発言や「スピノザ主義者か、さもなければ哲学者ではない」とヘーゲルに言わせる程であった。カントは二元論者であったのだが、最晩年のオプス・ポストムムの時代に読んで一元論者に鞍替えして「スピノザは最大の哲学者である」というようなことを言っている。そしてスピノザ全集のドイツ語訳は大分遅れてやっと一八四四年になってからであり、ヘーゲルの死後になっている。何故これだけ影響力のあった哲学者の全集翻訳がドイツで遅れたかは原因がよく分からないが、無神論者として考えられていたスピノザが翻訳で紹介されることの危険性もあったのかも知れない。一八世紀ごく末には「エチカ」と「神学政治論」のドイツ訳が出来、このころからようやく熱狂的理解者が一人二人（レッシング、ゲーテその他）と出てき始めた。フランスでもあれだけ開明的であるはずの百科全書派の紹介もかなりの誤解をもって危険思想家のように紹介されている（文化先進国との自意識があるのかフロイトの導入なども一番遅れた国でもある）。このような状況でもスピノザの影響が一番広汎でかつより正当な解釈がなされたのはドイツであることには間違いない。そして一番正当な後継者と言えるのはフィヒテ、ヘーゲル、フォイエルバッハ（理論物理学ではアインシュタイン）であったように私には思える。

また隣国オーストリアの話ではあるが、フランス革命に敵対的で言論弾圧に厳しかったメッテルニッヒが勢力を持っていたのは一八〇九年から一八三〇年の間であり、学生ザントが反動的発言を繰り返した評論家コッツェブーを暗殺したことを口実にメッテルニッヒがカールスバードの言論弾圧法を決議したのが一八一九年である。一八〇七年バンベルグでジャーナリストだったヘーゲル、そして投獄された学生やクーザンを危険にもかかわらず助けようとしたヘーゲルがこの影響を考えなかったと言うことは難しい。一七九三年カントが「単なる理性の限界内での宗教」で当局と問題になり、一七九八年から九九年にフィヒテはドレスデン、ワイマール当局に無神論者として非難されたことをヘーゲルは十分知っていたはずである。これより時代が後のフォイエルバッハも「キリスト教の本質」を出版することで大学に職を得る可能性を全く絶たれてしまっている。このような状況の認識はヘーゲルには十分あったであろう。あの難渋な文章もヘーゲルにとって本性的なものであったであろうが、そのやっかいを避けるための物であったと言えなくもないし、少なくともダイレクトに物を言うことの危険性は感じていたに違いない。

ヘーゲルへのスピノザの影響が「精神現象学」で最大であると思って読むと非常に軽快に読めるように思え、どこがスピノザと違うかによって新たな観点が見えてくるような気がする。例えば、彼特有の三段階的進展を繰り返しながら、言語の問題で「思想は表現されたものの中にしかない」とか、信仰をどう考えるかとか新たな問題を引き出しているが、スピノザでは聖書解釈はより抽象的なレヴェルで「奇跡は存在しない」と言うつっこみ方だが、ヘーゲルはより具体的でより聖書に沿った叙述をしている。このように聖書に合理的で具体的な解釈をした思想家はかなり古い時代から存在していた。スピノザに強い影響を与えた一二世紀のマイモニデス、死後すぐに焚書処分になった一三―一四世紀のエックハルトなどがいるが、時代を遡ると人は迷妄になるのではなく、何時の時代も開明的な合理主義者はいるようである。時代を遡ると人は迷妄になると思うこと自体が迷妄なことなのかも知れない。むしろ現代のように情報がそろっていてもより迷妄になる可能性はあるのであろうと考えるべきであろう。

三番目はフィヒテで、彼はスピノザの実体を自我に引き寄せた。こうすることで実体が力を持ち、抽象性から具体性へと移ることになり自由や行動の問題もより鮮明となってくる。ヘーゲルの個人に精神が形成されることによって神イコール人間になるというのもフィヒテにその起源を持つ。精神の降臨による再生と言う考えで、現実的には不可能なキリストの復活（受肉）を解釈することが出来るようになる。一度伝説となったことは表面的な言葉の方が一人歩きをするようになり、それが大勢となると本当の事実の方が反社会的とされ破門や焚書や検閲に会うことになる。それが実際、エックハルト、スピノザ、ブルーノ、カンパネッラ、ポンポナッツィ、ガリレオ、近代ではカント、フィヒテ、フォイエルバッハなど多くの思想家が出会うことになる。ヘーゲルはそれを意識しながら、そして社会的に危険とされた人々を救うという危険を冒しながらも、それを避けることの出来た思想家である。しかし彼は決してある人達が言うように保守的な思想家であるようには思われない。思想の一番外側の枠組み、精神の達成する最高の物が国家と言ったとしても、これは概念的な枠組みであって、常に現実の国家が全てそうであると言っているのではない。これは法哲学講義の様々なヴァージョン、特にその部分部分に付け加えた口述のコンメントを読むことで理解できる。概念的には「精神の達成する最高の形が国家である」というのは実に深い卓見であり、ホッブスやルソーの思想にも呼応する普遍的概念であり、決してこれは国家主義とは軌を一にする物ではない。最高の思想は強烈な誤解を惹起するほどに深いのである。歴史上非常に誤解された思想家にマキアヴェッリがいるが、確かに誤解を生むような乱暴なフレーズもあることは事実だが、彼自身は非常に自由主義者である。それ故にスピノザ、ヘーゲルのような大思想家達が軒並み彼を評価する理由がある。スピノザ、ヘーゲル、マキアヴェッリなどはそのような間違った伝説につきまとわれている思想家である。

そして最後に「哲学断片」の中で、クーザンは贈与されたエンツィクロペディーがあまりにも難しいのでヘーゲルに直接聞いている場面がある。その中でヘーゲルは「対自は一番低い第三段階で、即自は一番高い段階である」、そしてヘーゲルの純粋存在というのはスピノザの無限絶対存在に酷似しているように思われたとクーザンは感想を付け加えている。

六　W・ヴァイシェーデル（一九〇五―一九七五）

ヘーゲルを時代の事実ではなく概念的に理解するのには、このプロクロス、スピノザ、フィヒテの連関で理解することはヘーゲルをより読みやすくし直感的に理解させてくれるように思える。ここで日本語訳がまだ一冊しかないので言及したいのだが、このヴァイシェーデルはヘーゲルの神の概念を中心に理解させてくれる思想家である。神の概念を中心にすると言うことは、新プラトン派、スピノザ、フィヒテへの接続をたやすくしてくれる思想家と言えよう。

ヴァイシェーデルには特に興味を引く本として「初期フィヒテ」と哲学史「思想家の裏階段」（翻訳が存在す

る）の中のヘーゲル論「ヘーゲルまたは実存的人格としての世界精神」（これはシュトゥットトゥガルトのヘーゲル生家の案内ブックレット「シュトゥットトゥガルトからベルリンへ」に採用されている）の二つをあげたい。彼はまたカント全集の編集者でもある。

この「初期フィヒテ」において精神形成の中で他人、社会の役割が不可欠で、最終的に国家の形成に至って精神が完成することを強調している。法哲学に於いては家族ー市民社会ー国家と接続していくが、精神現象学に於いては宗教色の強い Gemeine あるいは Gemeinde と言う言葉が使われているが、これを日本語訳では〝教団〟と言う訳で訳されている。フランス語訳では宗教色の少ない Communauté（共同体、特別なコンテクストの中でのみ修道院という意味がある）と言う言葉が宛てられている。ヘーゲルの時代には行政区分である村や町より教区のような宗教的単位が行政区の働きを担なっていたと考えられる。Gemeine を教団と言うよりも、そう言う意味の言葉に取っておいた方が法哲学での国家に接続しやすいし、教団と取ると閉鎖的な歴史的意味に閉じこめられる可能性があり、このような言葉もヘーゲル信仰者との解釈に荷担したのではないかと思われる。ヘーゲルでは歴史的な叙述よりも概念的な叙述の方がずっと重要性があり、当然応用発展の可能性を持っている。ヘーゲルは概念思考でその古典性を勝ち取っていると考えるべきであり、従って、信仰者かどうかと言うのは二の次の問題であり、逆に概念思考をする限り、本来それは否定されるべきである。ヘーゲルの立憲君主制に関しても同様なことが言える可能性がある。

我々がある思想家なり誰かを理解し小説や芸術作品に感銘すると言うことは、既にその事実が普遍的であることを示している。その事実がより多くの人に理解や感銘を与えるほどその普遍性度は上がる。作品と一対一の場合でも、その感銘度が高ければ高いほどその普遍度は高いとも言える。この意味で思想家を自分が理解したところを中心にして、違いを一時棚上げにしてほぐしていくことが正当であるように思われる。その違いや難しいと思われたところも逆に理解したことを中心に位置設定をしていくことで出来てくるように思われる。数学や科学、至っては人生の問題もその様にして解決していくのではなかろうか?その意味でクーザンの言う折衷主義は哲学史の中で先ずは自分にとって近づき安いもの鳥瞰して自分に普遍的な物を重ね合わせていくことで統一的な哲学大系を組み立てるという意味ととれる。論争のためにあれが違うこれが違うと言っていると専門の藪の中に迷い込んで素人には全く関係のない話となってしまう。素人に関係がなくなればそれは真実とは言えなくなり、それは単なる枝葉末節でしかなくなる。組み立てられて長年たった組織の中では、習慣からこのような枝葉末節が維持されてしまうことは歴史的に繰り返されてきたことである。形式のための形式になってしまい、その中身のなくなった形式は生きるために自分を防衛するだけになるのである。外部の者をただ外部にいると言うことだけで素人と決めつけて寄せ付けないのである。エリートというのはそう言う意味に介することが出来、本物にはエリートという言葉は必要がない。

参考文献

Hegel; Esthétique, 2005, Vrin（「美学講義」）
Victor Cousin;Nouvelle Théodicée 2001,（「新弁神論」） L'Harmattan
Victor Cousin;Du Vrai,du Beau et du Bien,（「真、美、善」） 2000, Slatokin
Victor Cousin;Fragments philosophiques,（「哲学断片」） 5vols 〃
この最後のものの五巻目に大部の「ドイツ旅行記」がある。ヘーゲルを囲む内部事情や数少ない直接の対話を読むことが出来る。
他にヴィクトール・クーザンのものは図書館で以下のものが読める。
"Moderne Philosophen"（主にヘーゲリアンについての話）、

"Cours de l'histoire de la philosophie moderne"（「近代哲学史講義」）

その他クーザンとドイツ観念論に関する秀逸な論文として、

Dagobert Nellhaus; Der Einfluss des deutshen Idealismus auf die Entwicklung der Philosophie Victor Cousin, 1916, Buchdruckerei
H.Fleischmann（「ヴィクトール・クーザン哲学の展開におけるドイツ観念論の影響」）

スピノザとドイツ哲学の詳細な関係を研究した本に、

Max Grunwald; Spinoza in Deutschland, 1897, Verlag von S.Calvary（「ドイツにおけるスピノザ」）

Hong Han-Ding; Spinoza und deutsche Philosophie,（「スピノザとドイツ哲学」）1989, Scientia

Friedrich Heinrich Jakobi; Uber die Lehre des Spinoza,（「スピノザ学について」、日本では「スピノザ書簡」と呼ばれている）
2000, Felix Meiner

ヘーゲルの伝記として以下のものにクーザンの記述が豊富である、

ローゼンクランツ；ヘーゲル伝　みすず書房

アルトハウス；ヘーゲル伝　法政大学出版

ジャック・ドント；ヘーゲル伝　未来社

プロクロスに関しては、

Proclus;Trois études sur la Providence（ギリシャ語、ラテン語、フランス語対訳、「恩寵に関する三つの研究」）
T1, Dix problémes concernant la Providencé,（「恩寵に関する十の問題」）
T2, Providence,Fatalité, Liberté,（「恩寵、運命、自由」）
T3, L'Existence du Mal, Les Belles Lettres（「悪の存在」）

Proclus;Théologie platonicienne, Les Belles Lettres（「プラトン神学」）

プロクロスに関するトゥルイヤールの研究書は、

Jean Trouillard; L'un et l'âme selon Proclus,（「プロクロスにおける一者と魂」）Les Belles Lettres

Jean Trouillard; La mystagogie de Proclus, Les Belles Lettres

ヴァイシェーデルのものは、

Wilhelm Weishedel; Die Philosophische Hintertreppe,（「哲学的裏階段」）1966, Nymphenberger

Wilhelm Weishedel; Der frühe Fichte,（「初期フィヒテ」）1939, Felix Meiner

欲望と不安の系譜学――現代フランスにおける『精神現象学』の受容と展開

西山雄二

一　『精神現象学』の成立と受容――ドイツとフランスの戦争の影

よく知られているように、『精神現象学』の成立はナポレオン軍のプロイセン侵攻を背景とする。一八〇六年秋、ナポレオン軍の足音がイエーナの街路に鳴り響く。プロイセン軍が次々に駆逐されるなか、ヘーゲルは『精神現象学』の最後の草稿をコートの下に隠して、安全な場所へと避難した。ヘーゲルは若い頃、フランス革命を世界史に登場した新たな精神として歓迎したが、彼にとって、ナポレオン戦争もまた時代の重要な転換を示すものと映る。この哲学者は、街路を通り過ぎていく馬上の皇帝の姿に「世界の魂」を確認し、「世界に君臨しこれを支配する個人」を目の当たりにして賞賛の念を抱いたのだった――。

その後、出版された『精神現象学』はヘーゲルの最初の著作だが、これは彼の四主著作のなかでは最後に仏訳されることになる。すでに一八六〇年代に、『美学』や『宗教哲学』講義録や『エンチュクロペディー』は、イタリア人のヘーゲル崇拝者アウグスト・ヴェラらによってフランス語に移されていた。だが、その訳業は不十分なもので、不統一な訳語や独創的な哲学表現のために読者の理解を得られなかった。また、デカルトの合理主義哲学の伝統に後押しされてカント回帰が進むフランス講壇哲学においては科学的思考が重視され、ヘーゲル哲学は有機的な統一を目指す単なるロマン主義として敬遠された。とくに普仏戦争の敗北以後、ゲルマン的非合理主義に対してフランス合理主義の優位性を認めるというナショナルな思想的偏見が幅を利かせていた。加えて、フランスのカトリシズムの潮流は、ヘーゲルを無神論ないしは汎神論、反道徳主義、運命論の哲学として危険視した。ヘーゲルは世界の創造や発展に神の叡智を認めないことで、人間を神の根拠づけとは無関係な世俗的な宿命に曝すと非難されていた。かくして、一九世紀を通じてフランスでのヘーゲル受容は不調に終わり、イタリアやイギリスとは異なり、（新）ヘーゲル学派は形成されなかったのである。(1)『精神現象学』に関して言えば、「真なるものは全体である」という文言が記されたこの大著は、不運なことに、一九世紀を通じて、一部を削除された引用の形で、あるいは、無秩序で恣意的な章立てで翻訳され、断片的で不完全な仕方でしか紹介されなかった。

ようやく一九二〇年代になって『精神現象学』がフランスで本格的に紹介され始めると、「汎論理主義的な体系の思想家」というヘーゲル像が刷新される。とりわけ、ジャン・ヴァールの『ヘーゲル哲学における意識の不幸』（一九二九年）は、ヘーゲルにおける概念の論理を意識の構造として分析することで『精神現象学』の魅力的な読解を提示し、ヘーゲル受容の決定的な転回点をなした。

ヴァールは、弁証法が哲学的方法である以前に実存的な経験であることを強調し、悲劇的、ロマン主義的、宗教的な経験がヘーゲルの哲学体系の根幹をなしているとした。「ヘーゲルの体系において、諸概念は一見、実に見事に扱われ配合されているようにみえるけれども、この体系は生きた経験の表現であり、ただたんに知性に関わるだけともいえない問題に対する応答である」(2)。ディルタイの『若きヘーゲル』とノール編集の『初期神学論集』を踏まえながら、ヴァールは「不幸な意識」こそがヘーゲル哲学の諸相を読み解く最大の鍵概念だとする。「不幸な意識」において、意識は自己自身をたんに否定性としてだけでなく、無として経験する。自己の虚無を超越したところに普遍的な真理があるために、自己意識は埋めることのできない分裂状態におかれる。たしかに、このとき自己意識は苦痛の状態にあるのだが、しかし、この段階はさらなる自己否定によって克服され、自己意識はよりいっそう統合される。ヴァールは自己意識の弁証法的発展を自己分裂と和解を繰り返す不安の運動とし、ヘーゲル哲学を汎悲劇主義として提示した。「不幸な意識」はたんに、自己意識がストア主義や懐疑論を経て自由へと向かう一過程ではない。それは自己分裂の経験の根源的な表現であり、その苦痛こそが精神の弁証法的発展の動力源をなす。ヴァールは有名なキエルケゴール研究者であるが、つまり、フランスでは『精神現象学』が、ヘーゲルの敵対者（キエルケゴール）の思想を媒介して、否定性の実存的なパトスとともに解釈されたのである。

フランスのヘーゲル受容を決定的なものにしたのは、言うまでもなく、一九三三―三九年に高等研究院で開催されたコジェーヴの『精神現象学』講義であった。その後約四十年に渡って、哲学を始めとして文学批評から歴史、宗教、社会学、精神分析に至るまで、フランスのいわゆる「人文科学」において、この亡命ロシア人哲学者が提示した考えや形象が影響を及ぼしていない領域はほとんどないといっていいだろう。

コジェーヴのヘーゲル解釈の独自性は、ヘーゲルの哲学体系の人間主義化とマルクス主義的な歴史決定論である。まず第一に、コジェーヴはヘーゲルの精神を人間の営みとして解釈し、歴史における人間の自由とその実現を前景化した。ヘーゲルの哲学において、人間こそが神なき歴史の主体であり、歴史の自己意識として人間は欲望し、自然に働きかけることで生産を行なう。コジェーヴはこうした欲望の現象学を、とりわけ「主人と奴隷の弁証法」の過程を引き合いに出すことによって基礎づけた。第二に、ヘーゲルの描く体系におけるこのような人間の営みは「大文字の歴史」とみなされ、この歴史には帰着するべき終焉があるとされた。コジェーヴは独創的にヘーゲル哲学を目的論的に解釈し直し、歴史の弁証法的な運動が向かう先は目的であり、終局でもあるとした。ナポレオンに世界精神の実現をみたヘーゲルのように、コジェーヴ自身スターリンに対する信仰をもっていたが、彼が言う「賢者」とはこのような人間の有限なる歴史を進展させる契機となる個別者であった。
したがって、コジェーヴが解釈するヘーゲル哲学は無神論的な有限な人間主義である。精神は絶対知への移行の内で自己を把握するのだが、この有限なる精神は死という問いに直面せざるを得ない。自らの死を耐え、これを保存しながら進展していく精神の運動は、他ならぬ革命や戦争という否定性の契機によって歴史を作為していく人間の営みと重ね合わされる。コジェーヴは確かに、ハイデガーの存在論における死の不可能な可能性を踏まえてはいるのだが、彼が描く精神の発展は人間の行動主義に裏打ちされた能動的な性格を帯びる。キリスト教の精神が永遠で無限であるのに対して、ヘーゲルの精神は本質的に死すべきものであり、人間は自らの有限性を自覚しつつも、労働によってこうした精神を引き受けていくのである。

三〇年代の時代背景に後押しされて、コジェーヴの『精神現象学』解釈はフランスの若き哲学徒に熱狂的に受け入れられる。第一次世界大戦後の社会の繁栄を謳歌した若い世代は、ナチス政権の誕生以後、ファシズムの存在感が日増しに強くなるなかで、激動の時代を生きるための新しい思想を求めていた。彼らは第三共和制期に支配的だった新カント哲学の普遍的な形式主義に不満を感じ、人間の行動と歴史の運動を解明するヘーゲル哲学に強く惹かれ、そこに「時代が哲学のなかに再び見い出そうとする具体的なものの探求」(3)をみたのだった。(4)また、ロシア革命を経てソ連が社会主義大国となり、その影響の世界的な広がりを受けて、レーニンからマルクス、さらにはヘーゲルに対する関心が高まった。かくして、二〇年代までの「汎論理主義的な体系の哲学者」というヘーゲル像は完全に払拭される。三〇年代を通じて、実存主義とマルクス主義の紹介と並行して、歴史の運動のなかで人間の自由を探求する思想というまったく新しいヘーゲル像が登場し、以後、六〇年代まで人々を魅了することになるのである。(5)

――一九三九年秋、ナチス・ドイツ軍は戦車と飛行機で電撃戦を仕掛けてポーランドに侵攻し、イギリスとフランスの宣戦布告によって第二次世界大戦が始まる。同年、フランスは大革命一五〇周年記念に沸いていたが、ドイツでは、祖国領土へのナポレオン侵攻を引き起こした仏革命を告発する論調が新聞に掲載され、フランスに反発する国民感情が高まっていた。ジャン・イポリットによる『精神現象学』の仏語訳第一巻が出版されたのは、ちょうど、ドイツとの戦争の足音が聞こえるそんな年だった。一九四〇年五月、ドイツ軍は難攻不落と称されたマジノ線を易々と突破し、フランスは「奇妙な敗北」を喫し、総統ヒトラーはパリに入場した。『精神現象学』の仏訳第二巻が出版され、この大著の全貌がフランスでついに明らかになったのは、四一年、ナチスの占領下でのことだった。「理性の狡知」と言うべきだろうか、ナポレオン軍によるプロイセン侵攻の時期に完成された『精神現象学』は、ナチスのフランス占領が進展するなかで翻訳出版され、その後、フランス思想に決定的な影響力をもつようになるのである。(6)

本稿では、ヴァールが着目した「不安」、コジェーヴが着目した「欲望の弁証法」に沿って、現代フランスのヘーゲル研究を概観することにする。

二　コジェーヴ流の「主人と奴隷の弁証法」の再検討

コジェーヴによって註釈的に翻訳された「主人と奴隷の弁証法」は、戦後のヘーゲル受容において、少なくとも八〇年代ごろまで多大な影響を及ぼし続けた。実際、コジェーヴ講義の熱心な聴講生のなかには「主奴の弁証法」を自らの思想に血肉化させた者もいる。例えば、バタイユは、奴隷が死の恐れから主人の支配下で労働によって生き延びることで、死が生の限定的なエコノミーに組み込まれる点を問題視する。(7)死はむしろ、人間の生を限界に曝す「使い道のない否定性」であり、弁証法的な止揚を宙吊りにする契機となりうる。供犠において労働による自然の人間化が途絶することで、動物的で陽気な不安が生じるのだが、バタイユは「主奴の弁証法」において、喜劇的で祝祭的な激情をともなう「留保なきヘーゲル主義」（デリダ）を目指すのである。また、サルトルは『存在と無』第三部第一章において、私は他者存在を介してしか対自的に存在しえないというヘーゲルの着想を称賛しつつ、その他者理解の楽観性を批判する。ヘーゲルは主奴を共通の地平に置き、最終的な相互承認が可能だとしているが、サルトルからすれば、他者は私の対象へと還元されえず、私と他者を包括する普遍的な認識はありえない。抽象的な全体の視点から主奴の関係を総合することはできず、対象化しえない他者と私の主観という非対称的な関係が織り成す「脱全体的な全体」が想定されうるのみである。サルトルは「主奴の弁証法」を、「眼差しを向ける者」と「眼差しを向けられる者」という非相互的な「まなざし」の関係として変奏するのである。そして、ラカンは「主奴の弁証法」を「欲望の弁証法」として解釈し、鏡像段階の理論を練り上げた。主体の欲望は他者に欲望されたいという鏡像的な関係のなかにあるので、他者の欲望の欲望をめぐって相互承認の戦いが生じることになる。ラカンは、「私が自分自身と根本的に中心を異にしている」というフロイト精神分析の核心とヘーゲル哲学との交錯に着目したのである。

コジェーヴの解釈がもたらした「主奴の弁証法」の批判的展開はたしかに、フランスの思想界にさまざまな成果をもたらしたのだが、しかし他方で、この件の文献学的な読解も試みられている。ラバリエールとジャルクチィックは七〇年代以降、ヘーゲルの主要著作の新訳を刊行し、ヘーゲル哲学に関する研究書を数多く発表してきたコンビであるが、彼らはヘーゲルの文献学的研究に基づいて、現代フランスのヘーゲル主義の過誤を精力的に指摘し続けている。(8) とりわけ、コジェーヴの解釈を通じた「主奴の弁証法」は、『精神現象学』の文脈を離れた「俗流ヘーゲル主義」と形容され、徹底的に批判されている。(9)

彼らからすれば、この「俗流ヘーゲル主義」の問題点は二つに要約される。まず第一に、「主奴の弁証法」が、動物的な生命の次元から出発して、個人や社会の次元での人間性の出現を説明する譬えとみなされた点である。ヘーゲルはたしかに自己意識の展開を「生命」の叙述から説き起こし、生あるものが互いに食いつ食われつする循環過程の全体、すなわち、「一般的な流動的な媒体のなかにある生命」[10]を説明している。しかし、コジェーヴはこの次元を「動物的生命（la vie animale）」と言い換えることで、動物と人間の対立を強調する。「動物的生命」の次元においては、自我の欲望は対象を単純に否定し、これに同化するばかりで、意識は自己感情にとどまったまま自己意識に到達していない。数多くの動物的な欲望が対立し合うことではじめて、自己感情から自己意識が芽生えてくる。「人間的現実が社会的現実であるならば、社会は欲望として相互に他を承認し合う欲望の総体としてはじめて人間的なものになる」[11]。コジェーヴは「主奴の弁証法」を「欲望の弁証法」として強調し、ここに社会的な関係性と人間の実存形成の根源的な場面が描写されているとしたのである。

また第二の問題点は、「主奴の弁証法」が人類学、倫理、経済、政治、宗教などあらゆる状況において、人間というものの真理を分析するための歴史的で普遍的な図式として引き合いに出されたことである。「人間となろうとしているとき、人間はけっして端的に人間であるわけではない。人間はつねに、必然的かつ本質的に、あるいは主であり、あるいは奴である」[12]。人間の歴史の根底をなすのは、マルクス的な階級闘争さながらに主奴の関係である。主奴の歴史的類型を通じてこそ、人間とその社会が誕生するとされるのである。さらに、コジェーヴは、最終的には主よりも奴の方が重要な役割を果たす点を強調する。「無為徒食の主であることがひとつの袋小路であるならば、刻苦精励する奴であることは、逆に、人間的、社会的、歴史的なすべての進歩の源泉である。歴史とは労働する奴の歴史である」[13]。ここから導き出されるのは、個人にしろ、社会的集団にしろ、劣位におかれた方が社会的な権力関係を変革しうるという希望である。つまり、主奴の闘争の解決を通じて、支配的な権力は根底的に脱神話化されるのである。

ラバリエールとジャルクチィックはこうしたコジェーヴ解釈の弊害を修正するために、まず、翻訳の問題を指摘する。ヘーゲルは Sklave ではなく Knecht と表現しているのであって、コジェーヴとイポリットの訳語 esclave では意味が強すぎる。Knecht は「従士、従僕、（農家の）下男」といった含意があり、自由と権利を剥奪された奴隷（Sklave）とは異なる。[14] 実際、ヘーゲルが Knecht を das dienende Bewußtsein（奉仕する意識）と言い換えているように、Knecht は主人に奉仕する者のことであり、奴隷的な従属状態だけではなく、奉仕を通じた従属状態をも含意する。さらに言えば、表題の「Herrschaft und Knechtshaft（支配と従属）」が示しているように、この件はコジェーヴが峻別したように、主と僕という実体的な二者関係ではなく、むしろ両者の関係性を論述しているのである。それゆえ、ラバリエールとジャルクチィックはこの件を「主奴の弁証法」ではなく、「主僕の形象」ないしは「支配と従属の形象」として解釈することを提案している。

自己意識は十全な自由を獲得しようとして、他の自己意識との闘争関係に入る。相互承認の運動を通じて示されるのは、自己意識は他の自己意識に対して存在しているときにはじめて自己自身でありうるということである。それぞれの自己意識は他者との関係において、同時に自立的かつ非自立的であるのだ。主と僕は部分的な権力しかもたず、ある種の疎外状態におかれたままである。一方で、主は僕の自己意識を支配しているが、しかし、僕の労働を通じてしか事物の世界に関係せず、これ対する決定的な影響力を欠いている。他方で、僕は労働によって物を新たに形成することができるが、主の自己意識によって統轄されている。主と僕はともに部分的、一面的な自由を手に入れるだけであって、ヘーゲルは僕が主に勝利するとは書いていない。

弁証法が矛盾した二項の止揚によって展開する運動であるとすれば、主と僕の対立の果てにさらなる審級が姿を現わすのだろう。しかし、この件で表現されているのは、二者の対立と弁証法的な止揚ではなく、むしろあらゆる自己意識に共通の本質的な二極構造である。「主僕の形象」は人間や世界に対する支配の一面的な解釈を否定しつつ、非対称的な権力関係の考察をうながすのである。

また、ラバリエールらによれば、「主僕の形象」は『精神現象学』の構造のなかに位置づけて読解する必要がある。この形象は、特定の条件において、絶対知が表出する〈学〉の原則が実現される過程を描いている。二つの自己意識が対立しつつも相互承認を求める「主僕の形象」は、『精神現象学』を通じて反復される現象学的な母型をなすのである。だから、この件を、動物性から人間性への根源的な移行や現存する社会組織を歴史的に説明するためにそのまま用いるのは無理がある。二つの自己意識による承認の運動はあくまでも限定的な関係性を説明するものであって、この運動を歴史の現実に当てはめるには、他のさまざまな要因を付加しなければならない。

このように、戦後フランスのヘーゲル解釈に絶大な影響をもったコジェーヴだが、とりわけ、欲望の弁証法と無神論的人間主義という独創的観点に対しては文献学的研究によって次第に検討が加えられてきた。実存主義とマルクス主義と結びつくことでかつてアクチュアリティをもったヘーゲルだが、近年は実証的なテクスト研究が積み重ねられている。

三　実存の不安から存在の不安へ——イポリットによる存在論的転回

『精神現象学』の仏訳者ジャン・イポリットの研究もまた、フランスのヘーゲル受容において重要な影響をもたらした。イポリットは博士論文『ヘーゲル「精神現象学」の生成と構造』（一九四六年）を刊行し、『精神現象学』の詳細な註釈とヘーゲルの他の著作との連関を包括的に提示した。これは、コジェーヴが『精神現象学』をヘーゲルの体系から独立させて論じた方法とは対照的である。

ヴァールの影響を受けたイポリットもまた、ヘーゲルにおける「不安」の重要性に着目している。「〔自己意識の否定性という〕不安は〔…〕たんに認識の秩序における不安であるばかりでなく、『精神現象学』全体が証明しようとしているように、実存的な不安なのである」[15]。「人間的な不安の弁証法はおそらく、ヘーゲル主義の根本的な直観のひとつである」[16]。ただし、イポリットは、『精神現象学』における意識の現象知は、最後に書かれた「序論」を蝶番にして、『論理学』の絶対知へとつながっていることを強調する。『精神現象学』において、自己意識は否定性の絶えざる不安につき動かされて自己展開し、さらなる超越を要求し続けるだけではない。自己意識の経験は絶対知へと到達し、その帰結は『論理学』において示される即且対自的な絶対知の存在論へと通じている。自己意識の不安は絶対知に通じている以上、たんに実存的で経験的なものにとどまらないのであって、『精神現象学』において、「若い頃の論文の汎悲劇主義は汎論理主義となって十分に展開される。区別が対立に、対立が矛盾に発展することによって、この汎論理主義は〈存在〉と〈自己〉のロゴスになる」[17]。『精神現象学』で示される絶対者は、精神が自分自身に還帰して、自分自身の思惟、すなわち、ロゴスとなった姿のことである。このとき、ロゴスはたんに存在と対立するのではなく、あらゆる存在を概念として含んでいるので、ロゴスと存在は同一のものとなる。

イポリットは当時のテオドア・ヘーリングの『精神現象学』成立史の研究、つまり、『精神現象学』は当初「理性」章まで計画されていたが、次第に「精神哲学」を含む体系へと膨れ上がったというテーゼを受け入れている。実際、出版形態としても、仏訳は「理性」章と「精神」章のあいだで二巻に分割されており、ヘーリング・テーゼを実体化している。個別的な意識の現象学から一般的な精神の現象学へと変貌する『精神現象学』はヘーゲル哲学の両義的な解釈の可能性を示しているとしながら、イポリットはさらに『精神現象学』と『論理学』の関係に最大の関心を寄せる。個別的な意識の現象学と絶対者におけるロゴスの存在論という両義性にこだわるイポリットにとって、ヘーゲル哲学のアポリアは次のようなものとなる。

「ヘーゲル哲学はそれ自身においては〈現象学〉なのか、それとも、〈存在論〉なのか〔…〕。ヘーゲル哲学は、たしかに現象学であるとともに存在論でもある。しかし〈ヘーゲル主義〉の本来の方向、また、その源泉はどちらなのだろうか。ヘーゲルの〈論理学〉はいっさいの〈現象学〉から独立しているのだろうか」[18]。

ヘーゲル哲学を駆動させる「不安」は、人間的な実存の内に先在するのか、それとも、存在それ自体の内に先在するのか。自己の否定性という根源的な分裂状態は、人間の歴史のなかに蓄積されるのか、それとも、概念の論理や意味の論理のなかに蓄積されるのか。こうした問いに対して、イポリットは『論理と実存』(一九五二年)において、ハイデガー存在論(とくに『ヒューマニズム書簡』)を踏まえながら応答する。イポリットは「不幸な意識」の汎悲劇主義に、言語、言説、存在といった観点を新たに導入する。意識の水準で考えられていた否定性は、今度は、「存在の不幸」として存在論的に解釈されるのである。イポリットはヴァールが導き出した意識の経験における実存的なパトスや、コジェーヴが主張したヘーゲルの人間学的解釈など、あらゆる人間主義を排して、ヘーゲルにおける存在―論理学の探究へと向かう。人間の弁証法的な運動によって絶対者が導き出されるのではなく、人間は絶対者がロゴスとして現象するための住処にすぎないとされる。

「人間はロゴスの住処、すなわち、自己を反省し思惟する存在の住処である。人間は、人間である限り、人間としても自己を反省する。『現象学』の人類は、人間学的な旅程を通じて、この住処としての普遍的な自己意識を生み出す。しかし、『現象学』がたどり着く反省は、自分自身のロゴスのなかで存在として根拠づけられる絶対者の反省そのものである」[19]。

『現象学』が描き出す自己意識の道程は人間の歴史的な進展ではなく、人間を通じて存在の自己意識が生成する過程である。『現象学』の最終的な宛先は人間ではなく、人間が存在のロゴスを受け入れるための開けとなる。

絶対知において存在は全面的に意味となって現象するのだが、それは人間の弁証法的な言説によってではない。人間は絶対者が現象するひとつの場にすぎず、「絶対者は人間を通じて意味やロゴスとして現われる」[20]。人間を通じた存在の自己展開が絶対知と呼ばれるのであり、この地点において『現象学』と『論理学』は人間学と存在論として連関し、実存と論理とが結ばれるのである。

イポリットは、存在のロゴスは人間の言語を通じて明らかになると強調する。彼の立てる問いは、「どのようにして存在は人間において自己を語り、人間は言語によって普遍的意識となることができるのだろうか」、「どうして人間の言語が精神の定在、あるいは、存在の意味として構成されるのか」[21]というものである。ヘーゲルにおいて、言語は具体的な諸対象を名指す記号ではない。言語はたんなる表象作用ではなく、諸事物の感覚的な確信を止揚し、普遍的な次元でもろもろの個別性を表現する。言語こそが、普遍的なカテゴリーをもたらし、自己意識の普遍的な相互承認を可能とするのである。それゆえ、精神の自己展開が言語を通じて表現されるのではなく、逆に、精神が自己を精神として把握する様が言語そのものなのである。イポリットは、自然的な定在を否定する力をもはや人間固有の力とはみなさず、むしろ、言語そのものの力として強調するのである。

イポリットは人間から言語へ、人間の歴史から言説の歴史性へと問いを移行させたのだが、そうしたヘーゲル解釈は、彼の学生であり、六〇年代以降に活躍するドゥルーズ、デリダ、フーコー、アルチュセールらに多大な影響を及ぼした。「構造主義」と呼ばれる一連の思想的潮流において、いわゆる「人間の死」、つまり、人間的な主体性を欠いた超越論的な場という着想をもたらしたのである。

四　ヘーゲル主義からの離反と同伴――デリダのエクリチュール論

ヘーゲルは戦後のフランス思想において、フッサールやハイデガーとともに「3H」と呼ばれるほど、誰もが避けては通れない思想家に数え上げられていた。だが、六〇年代頃から次第に反ヘーゲル主義およびポスト・ヘーゲル主義の傾向が顕著になり始める。例えば、レヴィナスは、『全体性と無限』（一九六一年）において、ヘーゲルの哲学体系を自己同一性に立脚する〈全体性〉の哲学とする。弁証法の運動において、他者は私に対して対象化されることで、その自体的なあり方を否定され、両者の区別は無化される。こうした自己知の全体化が歴史と呼称されるのだが、レヴィナスは普遍化された〈自己〉に収斂しない〈他者〉の倫理的外在性の意義を主張した。レヴィナスからすれば、ヘーゲルの「闘争の弁証法」は意識の対立を前提とした観念論にすぎないのであって、殺人の不可能性を告知するまったき他者性の到来、つまり、〈顔〉の顕現は自己意識を逸脱している。自己意識の闘争が支配と隷属の関係に帰結するのではなく、逆に、〈顔〉の倫理的呼びかけが作用する以上、闘争はあらかじめ平和を前提としているとされる。

また、ドゥルーズは、『ニーチェと哲学』（一九六二年）のなかで、ニーチェの「力への意志」に即してヘーゲルの弁証法に痛罵を浴びせている。力と力の関係が織り成す差異をヘーゲルは歪曲し、対立、否定、矛盾という思弁的な運動として解釈する。肯定と享楽とともに生成変化する諸差異は、否定と矛盾をともなう弁証法的な苦役へと置き換えられてしまう。「弁証法にお馴染みの発見は不幸な意識であり、その深化、その解決であり、不幸な意識とその諸方便の讃美である。対立の中で表現されるのは反動的な力であり、否定の作業のなかで表現されるのは無への意志である。弁証法は怨恨《ルサンチマン》とやましい良心に自然なイデオロギーである」[22]。ドゥルーズはさらに、

『差異と反復』（一九六八年）において、他者との差異が自己からの区別とされ、自己同一性へと弁証法的に還元されるヘーゲルの概念運動に対して、肯定されるべき内在性の生成変化、すなわち「概念なき差異」を探究した。フーコーはコレージュ・ド・フランスの就任講演（一九七〇年）でイポリットの功績を讃えながらも、「私たちの時代は、論理学によるにせよ認識論によるにせよ、マルクスによるにせよニーチェによるにせよ、あげてヘーゲルから離脱しようと試みている」[23]と明言したが、六〇年代を通じて、フランスでは反／脱／ポスト・ヘーゲル（主義）の地平が切り開かれていったのである。

こうしたヘーゲル哲学からの離反のなかで、ジャック・デリダは少なくとも明確な反ヘーゲル主義の立場をとることなく、ヘーゲル哲学に同伴しながら独創的な読解を深めた一人である。[24]デリダは『グラマトロジーについて』（一九六七年）において、西洋形而上学の脱構築における最も重要な哲学としてヘーゲルの名をあげている。絶対知へと向かう弁証法の運動はたしかに、無限なる主体性の許で存在の現前性を確立するものである。しかし、ヘーゲルの体系は生起する差異が絶対知によって自己固有化される「固有なものの形而上学」の完成を目指すがゆえに、その極限にも触れているとも言える。デリダはこうした終末論的特質を考慮しながらも、ヘーゲル哲学をエクリチュールの脱自己固有化の運動として読み直すことが可能だとした。一方で、ヘーゲルの思惟は、意味の十全な現前を体系的に探求する、始まりと終わりをもった一冊の「書物」である。しかし、それは同時に、確固たる意味へと還元不可能な差異を至るところに孕んでいるのであって、ヘーゲルは「書物についての最後の哲学者であり、エクリチュールについての最初の哲学者」[25]と呼称される。

六七年頃から、デリダは指導教官イポリットの承諾を得て、ヘーゲルの記号論における記号、音声言語《パロール》、文字言語《エクリチュール》の体系的な読解を主題とする博士論文に取り組んでいた。[26]デリダが注視したのは、ヘーゲルにおける書物の閉域とテクストの開けの二重性の運動であり、それは、意味の自己同一的現前性に依拠する音声中心主義と文字言語の還元不可能性のずれがもたらす運動でもある。彼は「差異（différence）」に音声言語と文字言語のずれを含意させて「差延（différance）」概念を提唱するが、自己現前性とは異なる、時間的・空間的な自己差異化を意味するこの独特の表現は、ヘーゲルのテクストから発案されたものである。ヘーゲルは区別を Unterschird, 質的な相違性を Verschiendenheit と表現する一方で、different を用いて「今とは単純なものの絶対的に差異化する関係（das different Beziehung）である」と記している。デリダは時間と現在が問われる件で使用された different の表現を、現前の形而上学において矛盾へと至る区別とは異なる差異の活動性とみなす[27]。それゆえ、「差延は、止揚および思弁的弁証法の体系との断絶点に著名しなければなりません」[28]。「もしかりに差延の定義があるとすれば、それはまさしく、ヘーゲル的な止揚が働いている至るところでの、この止揚の制限、中断、破壊であるでしょう」[29]。デリダはヘーゲル哲学において、矛盾に転換する区別ではなく、時間的な遅延と空間的な隔たりをともなう「差延」の運動を見極めようとするのである。

さて『精神現象学』に関して言うと、デリダがとくにこの著作に言及したのは、『散種』の序文「書物の外」におけるヘーゲルの序文を通じてである。ヘーゲルは『精神現象学』序文の冒頭で、序文は「哲学的著作においては、事柄の本質からいって余計であるだけでなく、不適切で目的に反するようにさえ思われる」[30]と否定的な見解を示している。序文は書物の冒頭で、本文の内容や方法を外在的な仕方で物語る。〈学〉の自己展開を外在的に固定化する序文は、数学の形式主義にみられるような悟性の作用にすぎず、真理の全体的な自己展開の叙述たる哲学とは相容れないのである。

それならば、序文の言葉はその後に現われる本文のなかで否定され、内面化される必要があるのだろうか、とデリダは問う。序文は本文の内容や方法を告知する。ただ、序文は多くの場合、本文の後に執筆されているため、それはすでに書き終えられたものの告知である。『精神現象学』の場合、序文は意識の経験が到達した概念の次元を経た後で執筆された部分である。それは絶対知の地点において提示された、後書の状態にある端初の言葉と言えるだろう。こうして、序文の言葉は本文のなかで最終的な意味として結実することを期待される。ヘーゲルからすれば、序文が本文の導入であることを止め、その外在性を否定するときに、序文と本文との全体的な運動が成立するのだろう。しかし、本文の告知と同時に読解されるべき全体像の提示という点で、序文は本文に先立つと同時に、本文に先立たれている。序文は本文の内部と外部、告知の言葉および事後的な言葉として本文に残余するのである。序文は、「痕跡の標記と消去――痕跡の不可能性の余白――を同時に孕んだ、痕跡のエコノミーの運動。〈同〉と〈他〉の思弁的弁証法が統御の作用にとどまっているために、統御しえない関係にしたがう痕跡のエコノミーの運動」[31]として、ヘーゲル哲学のなかで作用するのである。

デリダは単純な反ヘーゲル主義を掲げることなく、ヘーゲル哲学を「二重の標記の構造」「二重の読解や二重のエクリチュール」「二重の学」[32]として読み解く。序文の位置づけを考えると、「ヘーゲルはテクストやエクリチュールの『現代的な』考え方、つまり、テクストの一般性には何ものも決して先行しないという考え方に限りなく近く、同時に、限りなく遠い」[33]。一方で、ヘーゲルは、序文の意味が概念の自己展開運動のなかに止揚されるとする点で「閉じた書物」の思想家である。「ヘーゲルはこうしたテクストの残余の外在性、さらには反復的な自律性を決して問うことがない」[34]。しかし、他方で、ヘーゲルの哲学において序文はテクストの開けをなしている。概念に先立つと同時に概念に先立たれる序文のエクリチュールは、過去と未来のあいだで自己の重心がずれた円環をなす。それは目的論的な叙述ではなく、反復され再読されつつ、自らの条件と限界を求めるエクリチュールとしてヘーゲルの体系のなかに残余するのである。

デリダはたしかに、指導教官イポリットにヘーゲル読解のいくつかの着想を負ってはいるが、しかし、彼はさらに独創的に論を展開させる。例えば、ヘーゲル哲学を言語の観点から問うというのはイポリットがすでに着手していた切り口である。だが、「意識はつねに意味、言説であり、言い表わしがたいものは絶対的な限界として無である」[35]というイポリットは、ヘーゲルに即して、意識の経験の枠内で言語の問いを立てる。これに対して、デリダは記号の時間性を意識の自己現前の地平において考察することで、意識の構造から意識を逸脱する領域へと、つまり、エクリチュールやテクストへと問いをずらすのである。エクリチュールは意識における声の自己現前をその端初から差異化するのであり、いかなる純粋な自己同一性も純粋な差異もありえない。それゆえ、デリダの行論は、ヴァール以降の実存主義的ヘーゲル主義にともなう「否定性の形而上学的あるいはロマン主義的パトス」[36]とは無縁である。ヘーゲル哲学が無際限な自己差異化の運動でもある以上[37]、失われた根源への郷愁が生じる余地はないのだ。かくして、デリダによれば、ヘーゲル哲学の「不安」はエクリチュールによる非弁証法的な運動として解釈されるのである。

五　ヘーゲル哲学における共同性と可塑性——ナンシーとマラブーの解釈

最後に、デリダの解釈を踏まえながら、さらに肯定的なヘーゲル像を描き出した哲学者としてジャン＝リュック・ナンシーとカトリーヌ・マラブーを挙げておきたい。

ナンシーは『ヘーゲル——否定的なものの不安』[38]において、「不安」をヘーゲル読解の鍵語として選択している。ヘーゲルのいう精神は自己と分離し、この分離を経験するのだが、ナンシーはこうした静止なき運動に即して彼なりの解釈を引き出す。

ナンシーの描くヘーゲル像は両義的である。一方で、ヘーゲル哲学は、始まりもなく終わりもなく、超越的な審級を欠いた、徹底的に内在的な哲学である。ヘーゲルは冷淡な理性が統御する大文字の歴史を目指したわけではなく、「神」や「自然」などいかなる外在的な基礎づけを欠いた世界を思考した点において、まさに私たちが生きる現代世界と同時代の思想家である。ヘーゲルと同じく、私たちは、確固たるいかなる所与も欠いたこの世界が、自らの意味をそれ自身で試練にかけるような運動のなかにいるのである。ただし、ヘーゲルの精神は、自己の否定性を止揚しつつ自己の内に還帰するような閉塞状態にあるわけではない。ナンシーは同時に、ヘーゲル哲学において、あらゆる有限な個別がその限界へと曝される地点に着目する。彼は、否定性が止揚されるまさにその地点、精神による自己固有化の運動が「自己の外」へと露呈する地点を見定めようとするのである。

いつまで経っても有限な事象が限定されえない事態をヘーゲルは「悪無限」と呼ぶ。ヘーゲルによって、有限と無限の対立が繰り延べられ、際限のない無限進行が続く「悪無限」は退けられるべき思考の罠であり、あらゆる否定性が否定されることで自己へと還帰する「真無限」こそが哲学の営みには相応しいとされる。ナンシーの立論が特異なのは、あくまでもヘーゲルの「真無限」の運動に立ちながら、同時に、そこに悪無限の出来事を読み取ろうとする点である。「いかにして精神は、その有限性を露呈＝外‐措定しながら、自らを無限者として見出す有限者であるのか」[39]と問うナンシーは、ヘーゲル哲学が不安の運動によってもっとも動揺する力線を注視する。実際、彼は、個別者が自己固有化の運動によって「poser（措定）」される地点を指し示すために「exposer（露呈＝外措定）」という表現を多用する。ヘーゲルの精神は自己の否定性を止揚しつつ自己の内に還帰するような閉塞状態ではなく、むしろ、自己をその外に向かって曝け出し続ける移行状態にあって、その都度、今ここで、自己関係を再開始するような自己なのである。

ヘーゲルは『精神現象学』の緒論で「意識にとって」と「我々にとって」の区別を設け、前者を弁証法的に進展する意識の視点、後者をヘーゲルとともに絶対者の立場に立った視点とした。この「我々」という表現をナンシーは自らの問題系に引きつけ、「我々」とはヘーゲルとともに精神の運動を俯瞰的に把握する者たちではなく、

「〈自己の外への移行〉に関する知」[40]が共有される可能性そのものであるとする。ヘーゲルの精神が何らかの最終的な審級に向かって成就されない以上、むしろ、精神は絶えず自己の開けを生じさせながら、不安定な運動をくり返す。こうした自己の無限の開けは、あらゆる個別者によって分かち合われるべき位相であり、これが「我々」と表現される。「不安とはたんに我々が感じる不安なのではない。不安そのものが『我々』なのであり、つまり、不安は諸々の個別性そのものの個別性なのである」[41]。ナンシーからすれば、ヘーゲル哲学は主体の自己展開を完成させる営みではなく、主体が無限なる開けを穿つことで、各個別者が互いに交流するという、不安を介した共同性をもたらすのである。

また、カトリーヌ・マラブーは『ヘーゲルの未来──可塑性、時間性、弁証法』[42]において、ヘーゲル哲学における未来の不在という問いに応答しつつ、形の自己贈与の運動という視点を提示している。彼女はヘーゲルにおける「可塑性」概念を強調する。可塑性（plasticité）とは粘土や蝋のように、「自ら形を贈与すること─受け取ること」という自己運動のことである。可塑的な過程においては、一度、獲得された形質は消滅することなく、不可逆的に蓄積されていく。ヘーゲルの主体は、否定的なものを弁証法的に止揚しつつ自己展開を遂げるという点できわめて可塑的な運動なのである。

ところで、コジェーヴの無神論的人間主義にしたがえば、ヘーゲルの精神は自己展開し、あらゆる否定性を止揚して「歴史の終わり」に到達する。それは時間性そのものが消失した地点であり、そこではもはや真新しい未来が到来することはない。また、ハイデガーの解釈にしたがえば、ヘーゲルが論じた時間は点的な〈今〉に基づく「通俗的時間」に過ぎず、時間性そのものの地平を生じさせる「根源的時間性」は到来しない。

こうしたヘーゲル批判に対して、マラブーは可塑的な運動と時間性の贈与がヘーゲルにおいて深く関係していることを指摘する。彼女はとりわけ『エンチュクロペディー』の『精神哲学』を集中的に読解しながら、「人間」

「神」「哲学者」という形の可塑的な自己展開に着目する。「人間」の出現が可能となるのは、習慣が獲得され将来を見通すための時間性が開かれるからである。また、キリスト教において、〈父〉なる神が自らを〈子〉であるキリストの内に疎外化することは、近代的主体性に向けた時間性の歴史的―哲学的な転回点をなす。そして、マラブーによれば、絶対知の出来は「歴史の終わり」を意味するのではなく、「通俗的時間」を廃棄する止揚の止揚である。絶対知が終止させるのは「通俗的時間」であって、それ以後、絶対知は自己自身から放免され、自己変貌の過程として作動し始める。特定の時間に別離が告げられることで、哲学の根源的な総合力をなす「私」を欠いた〈自己〉の自動運動が開始されるのである。このように、マラブーは、ヘーゲル哲学において、形の贈与―受容の運動が新たな時間性の到来をともない、それゆえ、真新しい時間性（ハイデガー的な意味での「将来」）が創造的にもたらされることを解明したのである。

ナンシーとマラブーの独創的な解釈において、ヘーゲルの自己は閉塞した状態ではなく、共同性の契機や可塑性の運動へと開かれた、創造的な力を有するとされる。こうした肯定的なヘーゲル研究、また、先に触れたラバリエールとジャルクチィックの精緻な文献学的研究の成果などを踏まえると、現在、フランスにおいて反ヘーゲル主義の潮流は大幅に後退し、ヘーゲル研究の豊かな諸条件が整えられていると言えるだろう。

注

（1）一九世紀フランスの最初のヘーゲル受容に関しては、次の著作が刊行された。Éric Puisais, *La naissance de l'hégélianisme français 1830-1870*, L'Harmattan, 2005.

（2）Jean Wahl, *Le malheur de la conscience dans la philosophie de Hegel*, Garland, 1984, p. VII.

（3）Traduction de G.W.F. Hegel, *Phénoménologie de l'esprit*, t. 1, Aubier, 1939, p. VII.

（4）とはいえ、フランスの伝統的なアカデミズムのなかにヘーゲル哲学が根を下ろすのはさらに後の話である。例えば、哲学の教授資格試験《アグレガシオン》において、ヘーゲルのテクストが筆記試験の課題にはじめて指定されたのは一九七〇年頃のことだった。

（5）フランスのヘーゲル受容に関しては主に次の文献がある。Vincent Descombes, *Le Même et l'autre : quarante-cinq ans de philosophie française*, Minuit, 1979（『知の最前線　現代フランスの哲学』高橋允昭訳、ＴＢＳブリタニカ、一九八三年）；Judith P. Butler, *Subjects of desire : Hegelian reflections in twentieth-century France*, Columbia U. P., 1987 ; Michael S. Roth, *Knowing and history : appropriations of Hegel in twentieth-century France*, Cornell U. P., 1988 ; Gwendoline Jarczyk et Pierre-Jean Labarriere, *De Kojève à Hegel : cent cinquante ans de pensée hégélienne en France*, Albin Michel, 1996 ; Bruce Baugh, *French Hegel : From Surrealism to Postmodernism*, Routledge, 2003.

（6）『精神現象学』の仏訳はこれまで計四種類が刊行されている。

1) traduction par Jean Hyppolite, t. 1-2, Aubier, 1939, 1941. 2) traduction par Jean-Pierre Lefebvre, Aubier, 1991. 3) traduction par Gwendoline Jarczyk et Pierre-Jean Labarrière, t. 1-2, Gallimard, 1993 ; coll. folio essais, 2002. 4) traduction par Bernard Bourgeois, Vrin, 2006.

（1）イポリット訳は現在でも参照されるに値する模範的な訳書である。イポリットの哲学的教養と文献読解能力によって的確な翻訳に仕上がっているが、ドイツ語の表現やリズムの訳出の不自然さを指摘する向きもある。（2）仏独バイリンガルのルフェーブルはドイツ語原文の自然な流れを訳文に反映させるべく配慮している。（3）ジャルクツィックとラバリエールは数多くのヘーゲル翻訳と研究を積み重ねてきた実力者であるが、彼らは研究成果をもとに独特の訳語を提案している（例えば Aufhebung に対して sursomption）。（4）ヘーゲル研究の泰斗ブルジョワは従来の仏訳各版を尊重しながら、ヘーゲル自身にフランス語で語らせることを新訳の目的としている。ヘーゲルの句読法を必要に応じて修正しながら、日常的なフランス語に近い形での訳文の作成を試みている。

（7） Georges Bataille, « Hegel, la mort et le sacrifice », *Œuvres Complètes XII*, Gallimard, 1988.「ヘーゲル、死と供犠」酒井健訳

『純然たる幸福』人文書院、一九九四年。

（8）『精神現象学』に関しては、Pierre-Jean Labarrière, *Introduction à une lecture de la Phénoménologie de l'esprit*, Aubier, 1979. がある。

（9）Gwendoline Jarczyk et Pierre-Jean Labarrière, *Les premiers combats de la reconnaissance : mâtrise et servitude dans la "Phénoménologie de l'esprit" de Hegel*, Aubier, 1987.

（10）Hegel, *Phänomenologie des Geistes*, *Werke 3*, Suhrkamp, 1996, p. 141.

（11）Alexandre Kojève, *Introduction à la lecture de Hegel : lecons sur la Phénoménologie de l'esprit*, Gallimard, coll.Tel, 1978, p.13.『ヘーゲル読解入門『精神現象学』を読む』上妻精・今野雅方訳、国文社、一九八七年、一四頁。

（12）*Ibid.*, p. 15. 前掲、一八頁。

（13）*Ibid.*, p. 26. 前掲、三二頁。

（14）Knecht に対して、ラバリエールとジャルクチィックは意味の軽い valet（従僕）の訳語を用い、ブルジョワの新訳では serviteur（奉仕者）が使用されている。

（15）『ヘーゲル精神現象学の生成と構造（上）』市倉宏祐訳、岩波書店、一九七二年、一二三頁。

（16）Traduction de *Phénoménologie de l'esprit, op cit.*, p.71 note.

（17）『ヘーゲル精神現象学の生成と構造（上）』前掲、一九九頁。

（18）前掲、七一頁。

（19）Jean Hyppolite, *Logique et existence : essai sur la logique de Hegel*, PUF, 1991, p. 92.『論理と実存　ヘーゲル論理学試論』渡辺義雄訳、朝日出版社、一九七五年、一一四頁。他にも、p. 25/三六頁、p. 42/五七頁、p. 50/六七頁、p. 91/一一三頁、pp. 243-245/二九五 - 二九七頁など随処で主張されている。

（20）*Ibid.*, p. 24. 前掲、三四頁。

（21）*Ibid.*, p. 6. 前掲、一二頁。

（22）ジル・ドゥルーズ『ニーチェと哲学』足立和浩訳、国文社、一九八二年、二三〇頁。

（23）ミシャル・フーコー『言説表現の秩序』中村雄二郎訳、河出書房新社、一九七二年、七四頁。

（24）デリダとヘーゲルに関しては、*Hegel after Derrida*, ed. Stuart Barnett, Routeledge, 1998; Jérôme Lèbre, *Hegel à l'épreuve de la philosophie contemporaine*, Ellipses, 2002. などの文献がある。

（25）Derrida, *De la grammatologie*, Minuit, 1967, p. 41.『根源の彼方に　グラマトロジーについて（上）』足立和浩訳、現代思潮社、一九七二年、五九頁。

（26）こうしたデリダの博論構想はしばらくして放棄される。〈六八年五月〉の出来事を通じてアカデミックな論述というものに疑問を抱くようになったこと、イポリットが死去したことがその原因である。しかし、その成果は異形の書物『弔鐘』（一九七四年）として結実する。

（27）Derrida, *Marge - de la philosophie*, Minuit, 1972, pp. 14-15.

（28）Derrida, *Positions*, Minuit, 1972, p. 60.『ポジシオン』高橋允昭訳、青土社、一九八一年、六四 - 六五頁。

（29）*Ibid.*, p. 55. 前掲、五九頁。

（30）Hegel, *Phänomenologie des Geistes*, *op. cit.*, p. 11.

（31）Derrida, *La Dissémination*, Seuil, 1972, p. 11.

（32）*Ibid.*, p. 10.

（33）*Ibid.*, p. 27.

（34）*Ibid.*, p. 57.

（35）Hyppolite, *Logique et existence*, *op. cit.*, p. 21.『論理と実存』前掲、三一頁。

（36）Derrida, *Positions*, *op. cit.*, p. 121.『ポジシオン』前掲、一二九頁。

（37）『エクリチュールと差異』に収められたフーコーやレヴィナスに対するデリダの批判は、とりわけヘーゲル読解の相違に端を発するものである。フーコーは理性が排除する狂気そのものの歴史の記述を試み、レヴィナスはヘーゲルの全体性の哲学に対して〈他者〉の倫理学を置く。デリダからすれば、両者の反ヘーゲル主義はヘーゲル主義の裏返しにすぎない。理性と峻別される狂気、全体性から逸脱する倫理学はありえないのであり、理性や全体の自己分裂の運動を見定めることが肝要だとされる。

(38) Jean-Luc Nancy, *Hegel, l'inquiétude du négatif*, Hachette, 1997.『ヘーゲル　否定的なものの不安』大河内泰樹他訳、現代企画室、二〇〇三年。

(39) *Op.cit.*, p. 45. 前掲、五九頁。

(40) *Op.cit.*, p. 114. 前掲、一三八頁。

(41) *Op.cit.*, p. 116. 前掲、一一四頁。

(42) Catherine Malabou, *L'Avenir de Hegel : plasticité, temporalité, dialectique*, Vrin, 1996.『ヘーゲルの未来——可塑性、時間性、弁証法』西山雄二訳、未來社、一九九六年。

イタリア・リソルジメント論における《自由の宗教》のフォルトゥーナ

――宗教改革なき革命の蹉跌と政治文化論の誕生（俗流ヘーゲル主義の問題圏）

中村勝己

はじめに

ヘーゲル法（権利）の哲学のターミノロジーには、現代のわれわれからみて古色蒼然としたイメージを連想させる用語が多い。特に《自由の宗教（die Religion der Freiheit）》（『法の哲学要綱』第二七〇節補遺）は、イタリアの二〇世紀前半の一群の知識人たちが好んで使ったということもあって、われわれを当惑させる。なぜ「自由主義思想」ではなく今さら「自由の宗教」なのか、と。

しかし、実際の用語の使われ方をよく検討してみれば、言葉遣いこそ古めかしいものの、そこにこめられた意味内容は、二〇世紀後半の社会諸科学の議論を先取りしている面さえあることに気づく。《自由の宗教》を例に取れば、《心術（Gesinnung）》論と並んで、主要に戦後の現代政治学で発展をみた「政治文化論」の問題意識と酷似した観点が、そこに読み取れるのである。(1)

本章では、実はそうした政治制度の運営を支える文化への着目が、萌芽形態においてではあるが、すでにG・W・F・ヘーゲルの《自由の宗教》をめぐる議論に見て取れること、さらに二〇世紀前半のイタリアにはそうした問題意識を真摯に受けとめ自国の政治文化・政治制度・習俗規範などの改革に結び付けようとした一連の知識人たちの営為が存在したこと、この二点を確認する。取り上げる論者は、イタリア・リソルジメント論の「異端派（あるいは修正史観派）」とされる系譜に属するA・オリアーニ、M・ミッシローリ、そしてピエロ・ゴベッティである。(2)

筆者は、かれらを貶す意図なしにあえて「俗流ヘーゲル主義者」として一括りにしておく。筆者の考える俗流ヘーゲル主義者とは、問題設定やターミノロジーにヘーゲルの影響が色濃く読み取れるものの、ヘーゲルについてまとまった著作は残しておらず、しかも他の思想家の影響も同様に受けているために、ヘーゲル哲学に忠実たろう（ヘーゲルの「真の」解釈者たろう）というこだわりをはじめからもっていない論者であり、ヘーゲル哲学体系のなかから使えるものを使おうというプラグマティックな姿勢を貫いた者たちのことである。

その上で、二〇世紀前半のファシズム統治下におけるイタリアにおいて、《自由の宗教》の視点をその極限にまで進め、一九世紀イタリアのリソルジメントの過程を反省的に捉えなおし、反ファシズム・民主主義革命の構想を提示した第一次大戦後の新世代の思想家ゴベッティの歴史観・政治文化の変革論がどのようなものであったのかについて論じてみたい。

一　ヘーゲル哲学における《自由の宗教》概念のアクチュアリティ

晩年のヘーゲルがキリスト教を《自由の宗教》（die Religion der Freiheit / la religione della libertà）と呼んだことは良く知られている（Hegel, Suhrkamp vol.7, p.430, 伊訳 *Lineamenti*, p.374, 邦訳四六四ページ第二七〇節の補遺）。かれは『エンチクロペディ』（『小論理学』（初版一八一七、第三版一八三一）第一六三節の補遺一）において、キリスト教の普遍性への志向が人類史に自由と平等をもたらしたと指摘している。「真の包括的な意味における普遍は、人間の意識にはいるまでには数千年を要し、キリスト教によってはじめて完全に承認されるようになった思想である。（…）人々は、現代のヨーロッパから奴隷制が消滅した根拠はどこにあるか、という問題を呈出し、この現象を説明するために、あれこれの特殊な事情を挙げている。キリスト教的ヨーロッパにもはや奴隷制が存在しない真の根拠は、キリスト教の原理そのもののうちにのみ求むべきものである。キリスト教は絶対的自由の宗教（die Religion der absoluten Freiheit）であり、キリスト教徒のみが人間そのものの無限性と普遍性とを認めている」（Suhrkamp vol.8, p.312, 邦訳下巻 p.129）のであると。[3] しかもかれにとっての《自由の宗教》たるキリスト教とは、カトリシズムではなくプロテスタンティズムのことであった。

キリスト教と政治（近代民主主義）との連関について詳しいのは、なんといっても『エンチクロペディ』第三部『精神哲学』（初版一八一七、第三版一八三一）の末尾であろう。そこでヘーゲルは「宗教改革なき革命（eine Revolution ohne eine Reformation / fare una rivoluzione, senza aver fatto una riforma）」[4] の失敗について述べながら、フランス革命の蹉跌（恐怖政治への転落）を「近世の愚事」と呼んで痛烈に批判している（Suhrkamp vol.10, §552, 邦訳『精神哲学』下巻二七五ページ）。これと同様の指摘は『歴史哲学講義』においても読むことができる。「ローマ［・カトリック］世界は、宗教的隷属制のために、依然として政治的不自由に縛りつけられていた。それというのも、良心の解放を待たずに権利と自由との束縛を取り去ろうとすること、宗教改革なしに革命があり得るとすることそのことが、そもそも間違っているのである」（Suhrkamp vol.12, p.535, 邦訳『歴史哲学』下巻二〇〇―一ページ）と。ここで問題となるのが、ヘーゲルのカトリック観である。それは大略すれば、フランス革命の恐怖政治への転落からカトリック圏（イタリア・スペイン）でのジャコバン革命の破産にいたるまでの惨劇の背景には、世俗的な公共圏を作り出すことを阻害してきたカトリック教会（ローマ教皇庁）による世俗支配・介入があるとするものであり、それは一種の政治文化論の萌芽を含んでいるのである。

また、それと同時に、実はヘーゲルには、二〇世紀初頭にマックス・ヴェーバーが理念型として《プロテスタンティズムの倫理》と呼んだ生活態度の普及・大衆化による世俗的政治文化（近代民主主義）の定着への期待があったのではないかと筆者は考えている。もちろんヴェーバーの『プロ倫』は、よく知られているように、西ヨーロッパにおいてのみ近代資本制が成立した秘密を、プロテスタンティズム（しかも古ルター主義ではなく新再洗礼派というカルヴァン派内のゼクテ）による営利活動の宗教活動視に求めたものである。その主題は、予定救済説に基づいて日々の仕事（営利活動）に没頭することを一種の勤行として遂行することの勧めが、「意図せざる結果」として経済活動の合理化・近代化（システムとしての資本制の自立）をもたらしたことの指摘であり、また、「プロテスタンティズムの倫理と営利活動に従事する社会諸階層とのあいだの選択的親和性（相性の良さ）」への着目なのであって、プロテスタンティズムと政治文化の世俗化（民主化・大衆化）との関連を直接に問うたものではない。

とはいえ、ヴェーバーの立論が、政治文化の世俗化・大衆化・民主化にプロテスタンティズムの倫理が与えた影響力を無視するものではなかったこともまた明らかである。たとえば、ヴェーバーは、《自由の宗教》という言葉こそ使わなかったものの、『プロ倫』第二章に付された長い注解のなかでカルヴィニズムの被造物神化の否定の思想が、信徒の行為欲求を現世の合理化の努力に向けさせたこと、個人的幸福よりも多数者の利益を重視させたことなどを指摘したうえで次のように言う。

「ところで、かつてピュウリタン的であった諸国民がカエサル主義（Cäsarismus）に対し、他の国民に比べて大きな免疫性を持っていることも同様な関係にあり、イギリス人は総じて内面的に他国民より自由であり、彼等は自国の大政治家に対し、一方では大物を「認める」傾向がありながら、他方ではその大物を異常に偏愛することもなく、まして人は「感謝の念」を以て政治に服従するのが義務であろうと言うような素朴な考えを拒否しえたのである」と（Weber, G.A.z.R.S., I, p.99, 邦訳一九四ページ）。

ここでヴェーバーが、宗教改革・プロテスタンティズム（カルヴィニズム）の被造物神化の否定の思想こそが「カエサル主義」すなわち権威主義的独裁体制への「免疫性」を育んだと考えている事実に、後の議論との関係で注意を喚起しておきたい。このように、プロテスタンティズム（アングロサクソン諸国に定着した新再洗礼派）と政治文化との関係、そしてそうした政治文化がカエサル主義の台頭を抑止する力をもつことへの着目がヴェーバーの議論にはあることが確認できよう。ヘーゲルの《自由の宗教》論とヴェーバーの被造物神化の否定論との連続性、すなわちプロテスタンティズムが政治文化に与えたポジティヴな影響への肯定的評価という共通性がここに見て取れるのではないだろうか。

二　オリアーニ、ミッシローリのリソルジメント論における「宗教改革の欠如」と「国民革命の挫折」

ここで簡潔にイタリア・リソルジメントの過程をイタリア現代史の泰斗、北原敦の講演録により振り返っておこう。北原によれば一九世紀イタリアのリソルジメント運動は、政治・社会・経済・思想・文化の諸領域全体の近代的社会変革への動きを表しており、時間的にも長期にわたるので、主要にこれを三つの局面に区別することができるという。

第一局面は、一八五八年七月にスイスの保養地プロンビエールでひそかに会談したフランス皇帝ナポレオン三世とサルデーニャ王国首相カミッロ・ベンソ・カヴール伯（一八一〇―一八六一）とのあいだで結ばれた密約に始まる。この密約は、イタリア国内にある七つの国家を四つの国家（サヴォイア朝のもとでの北イタリア王国、トスカーナを中心として教皇領北部を含んだ中部イタリア王国、ローマとその周辺からなる教会国家、南イタリアの両シチリア王国）に再編してゆるやかなイタリア連合を形成するプランであった。北イタリア王国建設のためにはオーストリアの支配するロンバルディーアとヴェーネトをその支配から解放しなければならず、そのために必要とされたフランスの支援を引き出すために、サルデーニャ王国領のサヴォアとニースをフランスに割譲することが決められた。この密約に基づき、一八五九年四月末、サルデーニャ王国・フランス連合軍とオーストリア軍とのあいだで戦争が始まる（四八―九年に続く対オーストリア第二次独立戦争）。激しい戦いを制して六月二四日、サルデーニャ・フランス連合軍が勝利を収める。しかしこれ以上の戦争継続を望まないナポレオン三世は単独でオーストリア皇帝フランツ・ヨーゼフと七月一一日講和予備協定を結ぶ。こうしてオーストリアがロンバルディーアをフランスに譲渡し、フランスがそれをサルデーニャ王国に譲渡することで戦争は終結し、その結果ヴェーネトはオーストリア支配下に留まった。和平の報を受けたカヴールは抗議として首相を辞任する。

ナポレオン三世による戦争終結策で北イタリア王国形成は挫折したが、北イタリアで対オーストリア戦争が始まると、予期せずして中部イタリア各地でも反乱が生じ、臨時政府が樹立されサルデーニャ王国と合併する決議をあげるにいたる。これが第二局面である。サルデーニャ王国側がナポレオン三世の制動的介入を警戒して事態がはかどらないため、膠着状態打開のためカヴールが六〇年一月首相に復帰し、中部イタリアをサルデーニャ王国に併合するのと引替えに、サヴォアとニースのフランスへの割譲を実現することで問題の解決を図った。ここで確認しておくべきなのは、いずれの局面でもいまだ統一国家の形成は問題になっていなかったことである。

第三局面は、ジュゼッペ・ガリバルディ（一八〇七―一八八二）率いる「千人隊」によるシチリア（スペイン系ブルボン王朝が支配する両シチリア王国）遠征である。第一局面と第二局面を領導してきたのが穏健派の政治家たちであったのに対して、この第三局面になるとガリバルディや共和主義革命家ジュゼッペ・マッツィーニ（一八〇五―一八七二）のような急進派ないし民主派と呼ばれる思想家・運動家たちの主導権が目立つようになる。シチリア遠征隊は六〇年五月六日ジェノヴァ港近くのクァルトから出港。遠征隊の人数は一八七八年に公式に確定されて、シチリアに上陸したのは一〇八九人。その人物も特定されており、そのほとんどが北イタリア人で、弁護士、医師、商人、学生などが多数を占めた。遠征隊は五月一一日シチリア島上陸、ガリバルディは十四日に「イタリア王ヴィットリオ・エマヌエーレ二世（一八二〇―一八七八）の名においてシチリアの独裁権を掌握する」（強調は引用者。この時点では「イタリア王国」は成立していないことに注意）と宣言、翌日には正規のブルボン軍と交戦し勝利。二七日には都市パレルモに突入、市民のあいだでも蜂起が起こり、ジェノヴァからの後続隊も合流して七月二〇日、メッシーナ海峡近くのミラッツォで遠征隊とブルボン軍の決戦となり、遠征隊が勝利する。次の課題は半島上陸となるが、実際にそれが可能となるのは八月一八日だった。

カヴールら穏健派は、ガリバルディがシチリア征服を進めているあいだ、自らの主導権を取り戻すべく様々な政治工作に力を注いでいた。遠征隊がナポリに到着する前に、穏健派の主導権を確立しておくために、ナポリに自由主義的な革命を起こす工作をするも、この計画は失敗。一八日の半島上陸後、遠征隊はさしたる抵抗もなく九月七日には両シチリア王国の首都ナポリを無血開城することに成功、次の目標をローマに定める。一方穏健派のカヴールの側は、ガリバルディらがローマに攻め上るのを実力で阻止する準備に入る。ローマはフランス軍が駐屯してローマ教皇庁を守っているため、ガリバルディ遠征隊がローマに実力で突入することになれば、フランスとの外交関係が崩れ、フランスの介入を招く危険があったからである。そこでカヴールは、サルデーニャ王国正規軍を出動させる。教会国家領を通ってこれを南に向かわせ、ガリバルディ軍が北上してくるのを阻止する態勢をとり、一〇月初めには国王ヴィットリオ・エマヌエーレ二世を最高指揮官として正規軍の先頭に立たせる。他方でカヴールはガリバルディから主導権を奪うため、一〇月二一日には住民投票を通じて両シチリア王国をサルデーニャ王国に併合、また一一月二四日には中部イタリアのマルケ・ウンブリア地方もサルデーニャ王国に併合した。

かくして次第に行動の幅を狭められていったガリバルディは、ヴィットリオ・エマヌエーレ二世に直談判することに希望を託し、一〇月二六日ナポリに南下してくる国王をテアーノという地まで出迎えに行くが、国王はガリバルディの南部軍団を正規軍に従属すべきよう命じる。こうしてガリバルディの南部イタリア遠征の行動は終焉した。対オーストリア第二次独立戦争から始まった一年余の激動を経て、ヴェーネトとローマを除くイタリアの大部分がサルデーニャ王国に併合されることになった。北イタリア王国の形成を構想していたに過ぎなかったサルデーニャ王国が、誰しも予測しなかった形で諸地域を順次併合してイタリアを統一することになったのである。

しかしこうして成立した統一国家は、歴史的にも文化的にも多様な伝統をもつイタリアの諸地域をどのように統合していくのか、様々な地域の人びとをどのように「国民」に形成していくのか、そして「国民」のアイデンティティを何に求めていくのか、重い課題を背負うことになったのである（北原　敦［二〇〇三］）。後世の歴史家たちから「王朝による征服（conquista regia）」と呼ばれるような国家統一がかくしてなったのである。

オリアーニ『イタリアにおける政治闘争（La lotta politica in Italia）』

国家統一の達成から四〇年以上が過ぎた一九〇八年、イタリア新ヘーゲル主義者の両雄のひとりとして知られたベネデット・クローチェは、自らが主宰する思想誌『クリティカ』において、アルフレード・オリアーニの大(5)

著『イタリアにおける政治闘争』（初版刊行一八九二年）を再評価して見せた。(6) こうしてその後「一九一三年には『イタリアにおける政治闘争』は（…）再刊され、大きな成功を収めた」のである（Candeloro, "Nota bibliografica", in 1956[1978], p.383）。この書はその副題に「現在の闘争の諸起源（四七六年～一八八七年）」とあるように、西ローマ帝国の滅亡からイタリア統一王国（クリスピ政権）によるエチオピア戦役の失敗（いわゆるドガリの敗北）までのイタリアの通史を扱ったものであるが、その圧巻は何といってもリソルジメント史とポスト・リソルジメント期イタリアへの痛烈な批判の章にある。クローチェの再評価によって第一次大戦前のイタリアではオリアーニ再読の機運が高まった。

歴史家ルイジ・サルヴァトレッリの書『イタリア史概説』（一九五五）の文献解題によれば、リソルジメント期の各都市の政治家や思想家について、あるいは蜂起等の騒擾や事件についての個別的な記録・研究は当時から山のように存在したし、実際にリソルジメント運動に参加した指導的政治家や思想家たちの主張がこめられたパンフレットや回顧録の類も多数存在した（Salvatorelli, 1955, p.601-42）。にもかかわらず、リソルジメント史を一定の統一的な視点から鳥瞰し叙述する通史は、当時まだ存在しなかったようだ。イタリア国家統一直後、ピエモンテ王国の指導的政治家が「イタリアは作られた、これからはイタリア人を作らなければならない」と述べたという逸話は良く知られている。しかし実際にはイタリア国民に語って聞かせるための「イタリア国民の歴史」さえ、まだ存在しなかったのが現状だったのである。指導層のあいだに広まっていたそうした「国民の歴史」への渇望を癒したのが、オリアーニの大著だったのだろう。

オリアーニは、没後にムッソリーニ編集版全集（1923―1931, 29 voll.）が刊行されたこともあり、ナショナリズムを鼓舞し読むと元気になる「国民の歴史」を書いた右翼歴史作家という印象が強い。しかし、ゴベッティの政治評論集『自由主義革命』の副題が「イタリアにおける政治闘争についての試論（Saggio sulla lotta politica in

Italia)」とオリアーニの主著のタイトルに酷似している（というよりもそのまま借用している）ことに端的に象徴されている通り、ゴベッティのようなラディカル・デモクラート、極左リベラリストと呼べるような論者たちにまでその影響は広がっており、オリアーニを狭い意味での「ナショナリスト歴史叙述家」と考えるとその思想の多義性を捉え損ねるだろう。また、前出の歴史家サルヴァトレッリが、前掲『イタリア史概説』の文献解題において「オリアーニの書は［リソルジメントの］解釈と政治的―倫理的論争として重要である」と指摘しているように、第一級の歴史家からもその歴史叙述が注目に値するものと認められている（Salvatorelli, 1957, p.634）。

さて、クローチェによるオリアーニ再評価について、リソルジメント史の専門家W・マトゥーリ（当時トリノ大学教授）は言う。「クローチェは（…）、オリアーニに歴史家としての本質的な素質を認めた。すなわちものごとを上からみおろすことができるという素質である。（…）クローチェによれば、歴史的事実を上から眺めるオリアーニの傾向は、ヘーゲルの影響に負うもの」なのであると（Maturi, 1962, p.379）。オリアーニは、直接ヘーゲルから「哲学的歴史観」を汲み取った「哲学的教養を備えた歴史家」としてクローチェによって認定された。かれは「現在の問題によって駆り立てられて」イタリア史にたどりついたのであり、かれにとり「イタリアが何であり何でありうるかを知るためには、イタリアが何であったか、その栄光とその恥辱を知ることが必要」だったのである。「ヘーゲルがかれに与えたのは、唯物論や感覚論や功利主義や楽観主義的な気まぐれに対する無敵の強さ」だったのだとクローチェは言う（Croce, *op.cit.*, p.7）。

ただしオリアーニがどれだけヘーゲル哲学に通暁していたのかについては、疑問もある。かれ自身はヘーゲルについてまとまった著作を残していないからである。いずれにせよ、クローチェの再発見以降オリアーニのリソルジメント論に関する論争が始まり、後続世代のなかに熱狂的とも言うべき信奉者が生み出されていく。こうしてオリアーニ＝ミッシローリ＝ゴベッティという「リソルジメント修正史観（revisionismo risorgimentale）」の系譜も形成されたのである。そのあたりの事情について、マトゥーリは次のように指摘している。

「カヴールの天才に率いられたサヴォイア君主制が実現したようなリソルジメントは、もはや後続世代の右派潮流も左派潮流も満足させなかった。同様の不満を力強く表現した最初の人物であるオリアーニ、達成された諸事実を説明することだけに自らを限定するのではなく、リソルジメントの批判への道を切り開き、より輝かしく、より深遠な解決が可能ではなかったのかについての論議への誘いに道を切り開いたオリアーニ。要するに、当時かなり広まっていた気分に合致したオリアーニである。これによりマリオ・ミッシローリ（…）の『社会主義的君主政』やピエロ・ゴベッティの『英雄なきリソルジメント』のような作品の登場の理由が説明できるのである」（Maturi, 1962, p.385）。

それではオリアーニの著作『イタリアにおける政治闘争』のうち、ゴベッティのリソルジメント観に影響を与えたと思われる部分に焦点を絞ってみていくことにする。それは『イタリアにおける政治闘争』第八部である。これは、「新生王国はいまだイタリアではなかった」（Oriani, 1921, vol.3, p.97）という一文で始まり、ポスト・リソルジメント期のイタリア国家を批判することを主題としている部分である。オリアーニは、イタリア史を、遠心力をもった連邦主義的傾向と、求心力をもった統一化傾向とのあいだの何世紀にもわたる闘争の後に、ついに統一化傾向が勝利した歴史と見なしている（Maturi, 1962, p.394）。ただし新生イタリアは、フランスが実現したり、マッツィーニが夢見たような形での、大革命によって全体が生み出されたわけではない。かといってプロイセンのように、君主制の軍事力によってすべてが生み出されたわけでもない。新生イタリアは、ふたつの無能力のあいだの妥協から生まれたのである。一方には君主制の力を借りなければならなかった立憲主義ないし共和主義的革命勢力の無能力があり、他方にはナポレオンのフランスと革命勢力の力を借りる必要のあった君主制の無能力があったのである。そしてこれがリソルジメントの全歴史の実態なのであった（Oriani, 1921）。

同様の悲憤慷慨が、『理念の反坑』においても読み取れる。

「イタリアの革命は、人民の事業どころか、諸外国からの波及効果や偶然の一致によって助けられた国内少数派の英雄的な権力行使によって勝利したのである。まずはナポレオンの第二帝政の冒険を自国の勢力圏に引き入れることによって。次にはフランスと新生ドイツ帝国とのあいだの敵対関係を利用することによって。しかしながら（…）人民は、不活発な状態にとどまった。数少ない志願兵は［ガリバルディの率いた千人隊という］騎馬部隊の実数と評判を越えることもなく、戦闘もほとんどなく、あるとしてもほとんどつねに同盟諸国の優勢によって決定されていた。オーストリアから見捨てられた諸政府のすべてに見られた腐敗にもかかわらず、それらに対する真の蜂起は、ロンバルディーア平原でのオーストリア軍の敗北の後でさえも起こらなかった。南部イタリア攻略においても、ガリバルディ旅団の英雄主義よりも［両シチリア王国の］ブルボン朝の卑屈さの方が貢献度が高かった。国家統一の進展に対する教皇庁の反対は、憎しみから来る信念でもなければ愛から来る信念でもなかった。教皇庁は、気の短い革命的事態の発生に対する防衛活動に伴う危険を忌避して、むしろフランスによる保護領に従属することとなった」（Oriani, 1908, 引用はムッソリーニ編集版（1926）p.70）。

オリアーニにとっての「革命」とはイタリアの人民が自力で外国勢力を一掃する独立の事業、すなわち国民革命だった。しかしイタリア・リソルジメントには大衆の広範な政治参加は最後までみられず、その意味で国民革命の体をなしていなかったこと、それゆえ、英雄的な少数派による戦いと、諸外国のパワー・ポリティクスの均衡の乱れの時期的合致という僥倖が生んだいわば偶然の産物に過ぎないこと。そこに現代（二〇世紀）イタリアの様々な問題の根があること、おそらくゴベッティがオリアーニから読み取ったのはそうした問題意識だったのである。

ミッシローリ『社会主義的君主政（La monarchia socialista）』

ミッシローリ(7)の『社会主義的君主政』を貫く視点は、一読して得られる印象よりも、はるかに深くヘーゲルの影響を受けていると思われる。巻末の文献目録を見る限り、挙げられているヘーゲルの文献はクローチェの訳した『エンチクロペディ』とアウグスト・ヴェーラが訳したフランス語版『宗教哲学』だけであるが、実際には本文中に『法の哲学要綱』からの引用もされている。そしてとりわけカトリック国における自由主義・民主主義の定着の困難さの原因を、政教分離原則の不徹底に見出している点にヘーゲルの影響が読み取れるのである。実際、かれは第二版（一九二二）の序文において次のように言う。

「本書の根本テーゼは、古くからのものである。人倫国家（Stato etico）として理解される近代国家は、プロテスタント改革を介してカトリックの思想を乗り越えたような諸国民においてでなければ、実現不可能だということである。それ以外のすべての国々（…）は、デマゴギー政治に容易に転落するような抽象的民主主義と、リベラリズムの思想を否定する階級的権威支配体制とのあいだを揺れ動くことを宿命づけられている。どちらの場合にも、自由について論じることは不可能である」（Missiroli, 1922, p.4）。

このように、ミッシローリの著作にはプロテスタント改革がデマゴギー政治やカエサル主義の台頭に制動をかける役割への着目が見て取れるのである。こうした視点から、かれはリソルジメント期からポスト・リソルジメント期にかけてのイタリア史を検証することを本書の課題とする。

「近代国家は、間違いなく、教会の神聖な要素を自らのうちに解消し、自らだけで十分であるという傾向をもつ。それは、うまくいくのだろうか。ゲルマンとアングロサクソン系の諸国においては、様々な政治的危機や不可能な逆戻りに向けたしつこい努力にもかかわらず、この試みは成功したといえるだろう。その反対に、カトリックの下に留まった国々では、宗教思想と世俗思想とのあいだの矛盾が、いかに国家に帰せられるべき権威と敬意を不可能としたのかに気づかない者はいない」（*Op.cit.*, pp.4-5）。

プロテスタント諸国とカトリック諸国との対比は、本章冒頭で見たヘーゲルの《自由の宗教》をめぐる議論を髣髴させる。しかし、ミッシローリは、二〇世紀のイタリアがいかにしてデマゴギー政治と決別して再生すべきかについての処方箋を見出しあぐねているように見える。

「イタリア民衆が、民主主義という表現に口先だけはくるまれているとはいえ、教育も習慣も気質もカトリックのままでいながらにして、近代国家の思想へと到達することなど、いかにして可能なのか。ここからふたつの道が通じている。どちらも馬鹿げてはいるが。一方は、カトリック思想への純粋で単純な回帰、すなわち近年のわが国の歴史総体を否定する道。他方は、宗教改革である。これらふたつの道は、リソルジメントの幾人かの巨人たちの母胎的思想であった。（…）［しかしながら］実際のところは、過去には戻れないということである。両方の観念とも、つまりカトリックもプロテスタントも、消え去った過去の思想的残滓を代表していたのである。時代がもはやそれを許さず、人々も信じなくなったときに、宗教運動や精神的改革の運動が可能であるとは思われない」（*Op.cit.*, pp.9-10）。

ミッシローリは、二〇世紀のイタリアにおいて「プロテスタント改革」が実現可能であるとは考えていなかった点で、明らかに後に見るゴベッティとは異なる立場にいることが判る。むしろミッシローリの議論の力点は、「世俗国家がローマ教皇庁の体現する宗教性を自らのうちに吸収すべきである」とするヘーゲル流の人倫国家観に基づいて、リソルジメント期とポスト・リソルジメント期の諸思想・諸運動・諸制度の不徹底を批判する点にある。それゆえ、イタリア統一を達成してリソルジメントを完成させた立役者の一人としてリソルジメントの正史からは高い評価を受けているカヴールでさえも容赦のない批判にさらされる。カヴールの有名な定式である「自由国家内の自由教会」というローマ教皇庁との妥協を通じた政教分離政策のうちには「国家の理念についてのいかなる主張もなく、あの深刻で治癒不可能で縮小不可能な不和については、かすかに曖昧な形でさえも感じ取ることができていない」とされた。

「[そのため] かれは国家を、自らの理念性のうちに全歴史と国民的な原則を再集約するような人倫的理念（un'idea etica）と見なすことはなく、あくまで行政上の有機組織体、法的諸関係に関する最上位の調整者と見なしている」（*Op.cit.*, p.58）。

「人倫的理念（un'idea etica）」という言葉に端的に示されているように、ミッシローリはこの節では名前こそ挙げていないものの、明らかにヘーゲルの人倫国家観に依拠しつつ、カヴールの政教分離政策を不徹底な妥協の産物と見なしているのである。ヘーゲルの構想した人倫国家観とは、これを要約的に説明するならば、「真の宗教」を基礎とした習俗規範（Sittlichkeit=人倫）の最高発展段階として国家を捉える国家観である。

ヘーゲルによれば「真の宗教、真の宗教心は、もっぱら習俗規範［人倫］のうちからのみ出現する。（…）習俗規範とは自己の実体的な内面へと還帰した国家であり、国家は習俗規範が展開・実現したものであって、習俗規範そのものならびに国家の実体性をなすものが宗教なのである」（Hegel, *Enzyklopädie*, III, pp.354-5, 邦訳（下巻）二六七―八ページ。訳文は変えた）。ここからヘーゲル流の政教分離原則の主張が出てくる。すなわち「一般に宗教と国家の基礎とは同一である。両者は即且対自的に同一である」が（Hegel, *Philosophie der Religion*, I, p.236, 邦訳（上巻）二六八ページ）、その一方で「教会と国家とは、真理と理性的性格との内容に関して対立しているのではないが、形式に関しては区別されている」（Hegel, *Philosophie des Rechts*, §270, p.425, 邦訳（下巻）四五七ページ）。かくして「宗教が、このように、習俗規範的なもの一般、より詳しくは国家の本性を神の意志として含む基礎をなすとなれば、同時に、宗教はただ基礎であるにすぎないものでもあるということになる。そしてこの点こそが宗教と国家の両者が袂を分かつ場所である」（Hegel, *op.cit.*, p.417, 邦訳（下巻）四五〇ページ）とされ、「宗教は、真の宗教であれば、国家に対して（…）否定的で論争的な傾向を帯びることなく、むしろ国家を承認し是認するのである。そのかぎり、もっと進んで、宗教はみずからの立場と外的表現とを自分にふさわしい形でもつのである。（…）しかし、教団が所有物をもち、そのほかに、礼拝の儀式を実施し、またそのために個人に奉仕させるかぎり、教団は内的なものから世俗的なものに、したがって国家の領域に歩み出し、このことによって直接に国家の法律の下に立つことになる」とされた（Hegel, *op.cit.*, pp.420-1, 邦訳（下巻）四五三―四ページ）。一読して明らかなようにヘーゲルの人倫国家観における政教分離原則の特徴は、国家と教会の関係が単なる並立・棲み分けの関係ではなく、明らかに国家の下へ教会が従属する形をとるのである。こうした観点からミッシローリがカヴールの政教分離原則を批判していることが、確認できたと思う。かくしてミッシローリは厳しい批判をカヴールに投げつけつつ、次のように言う。

「英国風の自由主義者であり、自由貿易論者でもあったかれ［カヴール］は、いまだに宗教をすべて私的な事柄と見なし、国家の視点から見て、宗教問題を信仰の自由の問題と同一視するほどだった！（…）カヴールは、宗教はすべて教会のうちに、しかも教会のうちにだけあること、そして国家は教会とのあいだに権勢と権勢とのあいだの関係を保たなければならないと、信じつづけた。市民［世俗］意識を宗教意識から切り離すことで、まさに市民が生み出されなくなることには気づいていないのである！」（Missiroli, *op.cit.*, p.60）。

世俗国家が教会の宗教性を吸収した結果、生じるのはあの悪名高き神権政治ではないのだろうか。ミッシローリはそうは考えなかった。成立するのはおそらく健全な「愛国心」を育む世俗的近代国家なのであろう。ただし、第一次大戦という未曾有の流血の惨事が終わった後で、そうした牧歌的な展望を口にするミッシローリの態度に疑問がないわけではないが。それはともかく、本書の結論部におけるミッシローリの主張を確認しておこう。

「かくして市民意識の革命的起源が呼び戻されて、国家はその肥大のために死を宣告され、あらゆる諸権力が集中化され、国の営みに参加する多様な諸潮流が一点に集中させられた。こうした事態は、宗教革命が先行しなかった政治革命から生じたすべての諸国家の推移を、単調な一貫性をもって繰り返している。フランスの歴史を見ればよい。我々はあの誤りと惨事を繰り返しているのだ」(*Op.cit.*, p.123)。

まるで本章の冒頭でみたヘーゲルによるフランス革命批判を聞かされているようではないか。ミッシローリによるヘーゲル張りのプロテスタンティズム論はさらに次のように続く。

「プロテスタント諸国は、宗教問題が解決されないことを前提に生じるこれらの危機に、ラテン諸国・カトリック諸国ほど苦しんでいない。(…)良心の統一において宗教意識と国民意識とのあいだの分裂が除去されると、国民意識は、宗教権力が政治権力に従属することにより可能となった宗教意識と同一化することによって、普遍性を獲得する。そして巨大な宗教的、社会的な後退を生み出すカエサル主義の神秘的な諸観念のうちにある、民主主義と自由へのもっとも危険な攻撃が消失するのである」(*Op.cit.*, pp.127-8)。

プロテスタンティズムの政治文化がカエサル主義の危険を回避することに資するという視点は、第一節で見たM・ヴェーバーの議論を髣髴させる。やはりミッシローリにおいても、ゴベッティと同様にヘーゲル=ヴェーバー的な問題意識の混融が読み取れるのである。こうしてみると、ゴベッティがミッシローリのリソルジメント論からうけついだ論点は、主要にふたつに絞られることになろう。それは①ヘーゲル流の人倫国家観に基づいて、ローマ教皇庁を世俗の新生統一イタリア国家の下へと従属させることの必要性の自覚であり、②そうして実現されたプロテスタント的な政治文化の涵養がカエサル主義台頭の危険に制動をかけるという判断である。しかし、ゴベッティはミッシローリのペシミスティックな現状認識と将来展望を共有することは決してなかったのである。

三　ゴベッティのリソルジメント論における《自由の宗教》の世俗宗教的戦闘性

以上の確認に基づいて検討したいのは本稿の主人公ピエロ・ゴベッティの歴史観・政治文化論である。かれの思想には、フランス革命の影響下に澎湃と起こったカトリック諸国でのジャコバン革命の破産の背景に、世俗的な公共圏を作り出すことを阻害してきたカトリックの世俗支配があると見る一種の政治文化論を含むと同時に、プロテスタンティズムの倫理の普及による民主主義の定着を期待するヘーゲルおよびヴェーバー的な問題設定の混融が濃厚に見て取れる。

ゴベッティが活躍した一九二〇年代前半のイタリアとは、まさに「カエサル主義」が台頭し政権を掌握した時代であったということ、そのことを想起されたい。かれのリソルジメント論は、「何故イタリアにおいてファシズムが支持され勝利したのか」という実践的問題関心によって貫かれている。かれにとり「ファシズムはイタリア国民の自叙伝」なのであり、その淵源はリソルジメントが「未完の革命」として終わり、多くの問題を積み残したまま統一イタリア王国が成立した点にあるとされた（Gobetti, 1924［1995］, p.165, p.27）。ようするに、ローマ教皇庁がイタリアの大衆に刻印した「奴隷根性」を、リソルジメントが払拭することに失敗したことが、そしてその後の統一王国もその課題の解決に取り組まなかったことが、ファシズムというイタリア政治文化の病弊となって露呈したのであった（ローマ教皇庁は、一八七一年と七四年の再度にわたり、ノン・エクスペディト（non expedit）の原則を表明して、公式にカトリック有権者に国政選挙への参加を禁止していた）。そうした問題設定により、「二十世紀のプロテスタント革命＝自由主義革命」を唱えたのが、このトリノの若きジャーナリスト・政論家であった。

かれは、自らの週刊紙『リヴォルツィオーネ・リベラーレ［自由主義革命］』紙において政治的・学問的方向性を明確に打ち出した「マニフェスト」と題する文章を掲げている。この文章を「『リヴォルツィオーネ・リベラーレ』紙は、政治的判断の歴史的基礎として、わが国のリソルジメントの統合的で活力あるヴィジョンを提起する」という言葉で始めながら、ゴベッティは、南部問題（イタリア国内の極端な南北格差）などを念頭に置きつつ「イタリアが、統一的な有機組織体となることができないことの理由は、本質的に言って、市民たちが国家意識を形成することの無能力、自らの実践的政治参加を社会的組織化という生ける現実にまでもたらすことの無能力にある」とし、その表れとして①政治階級としての指導階級の不在、②近代的な経済の営みすなわち先進的な技術階級（熟練労働、企業家、貯蓄家）の不在、③自由の意識とその直接的な行使の欠如を挙げている。そのうえで、この現状を生み出した背景を中世イタリアの都市国家の伝統にまでさかのぼって検証していくのである。そこからつかみ出されたイタリア政治文化の貧困の原因は、端的に言えば、「宗教改革の欠如」なのである。

ゴベッティは、このようなイタリア精神史の負の伝統において、一八世紀に登場した劇作家ヴィットリオ・アルフィエーリこそ[(9)]、マキァヴェッリの急進的世俗性（カトリシズム批判）を引き継ぐ思想家であること、しかも『君主論』においてその登場が予告され、アルフィエーリによってもその登場が待ち望まれていたタイプの、人民大衆にとっての指導的イデオロギーとは、《自由の宗教》にほかならないことを学位論文『ヴィットリオ・アルフィエーリの政治哲学』において指摘している（Gobetti, 1923, ora in SSLF, p.132）。アルフィエーリの思想は、ゴベッティにとって「イタリア史においていまだに待たれている革命の告知なのであって（…）、しかもそれはいまだに継承者の現れない立場」なのであった（Gobetti, 1926, ora in SSLF, p.76）。

ゴベッティは一九二四年に刊行された政治評論集『自由主義革命』第一部「リソルジメントの遺産」の末尾に註をつけて、自らのリソルジメント観が、オリアーニの『イタリアにおける政治闘争』（全三巻、一九二一）とミッシローリの『社会主義的君主政』（第二版、一九二二）に負うものであることを明らかにしている。

「注記　リソルジメント史［構築］の試みは（ここに提出するのはまったく不十分な図式に過ぎないけれども）、私が達成を希望する課題のひとつである。私がオリアーニ（『イタリアにおける政治闘争』新版、ラ・ヴォーチェ出版、一九二一年刊）とミッシローリ（『社会主義的君主政』第二版、ボローニャ、ザニケッリ出版、一九二二年刊）に負うているものをすべて認めたうえで言うのだが、実は筆者はかれらの仕事に次のような不満を感じてもいるのである。かれらの図式的なリソルジメント史は、とくに人間たちの対立のより劇的な叙述と経済的な諸要因の直観的把握が欲しいと思われる箇所で、心理主義的で余りに非現実主義的なのである。ようするに、我々のオリアーニに対する異論は、これまで文学者や歴史通が提示してきたものとはまったく違う。我々の思想的父祖たちのなかで唯一かれだけは、現代を理解したい者にとりリソルジメントの正確な理解がどれほど教育効果をもつかを示すことで、歴史の理念を我々に教えてくれたのであるから」（Gobetti, 1924［1995］, pp.34-5）。

それではゴベッティのリソルジメント史観がどのようなものであったのか、見ていくこととする。ゴベッティは、政治評論集『自由主義革命』の刊行や週刊紙『リヴォルツィオーネ・リベラーレ』の編集・発行の作業を遂行しつつ、これまでみてきたリソルジメント修正史観派の見解をふまえることを通じて、独自のリソルジメント観を練り上げていく。それが没後刊行された『英雄なきリソルジメント』（一九二六）に収録されることになる一連の論考である。本書の序言（「私の言葉は奴隷の言葉ではなかった（Mon langage n'était pas celui d'un esclave.）」という警句がつけられている）においてゴベッティは、リソルジメントを国民国家形成のサクセス・ストーリーとして描くような公定版のリソルジメント史からはっきりと距離を取りつつ、次のように言う。

「イタリアのリソルジメントは、その英雄たちを通じて記憶されている。私は本書においてリソルジメントを逆光にかざして眺めることに決めた。すなわち最も暗い熱望、最も解けない諸問題、最もかなえられなかった希望のうちにあるリソルジメント、すなわち英雄なきリソルジメントである」（Gobetti, "Prefazione", in 1926［1969］, p.23）。

ゴベッティの『英雄なきリソルジメント』には、公定版の正史であれば必ず大きく取り上げられる前出のサルデーニャ王国首相カヴールも、国王ヴィットリオ・エマヌエーレ二世も、リソルジメント穏健派の思想的指導者であるヴィンチェンツォ・ジョベルティも[10]、リソルジメント民主派の指導者たち、すなわち「千人隊」のジュゼッペ・ガリバルディも、「青年イタリア」のジュゼッペ・マッツィーニも脇役としてしか出てはこない。むしろ無名なまま忘れ去られようとしているピエモンテにおけるカトリック批判の異端的な思想家たちが取り上げられている。

「リソルジメントのドラマは、その準備とその準備の欠如による苦痛のうちにこそある。（…）歴史が、亡命者たち、武力なき預言者たち、集団的な陶酔の犠牲者たちの仇を討つことは間違いない。いやそれどころか、歴史が仇を討つ前に、孤独に甘んじたこれら真実に熱狂した者たちは、自力で仕返しをすることができる。／（…）／本書の叙述は、出来合いの歴史の崇拝者にとっては気に入らないものとなろう。そういう人びとは私の研究の恣意的な欠落をとがめようとして、私に変わり者という性格を付与するだろう。しかしながら、かれらが公式の神話によって雇われた弁護の説教壇から大衆に向けて語るリソルジメントについて、私は語りたくなかったのだ。私のリソルジメントは、異端派のリソルジメントであって、職業家のものではないのである」と（Gobetti, *ibid.*）。

こうした一見迂遠にさえ思われるゴベッティのピエモンテ啓蒙思潮に関する思想史的研究が、実はかれの反ファシズムという実践的問題関心と直結していることを確認しておきたい。ゴベッティは、イタリア・リソルジメントの過程がなぜ国民による内面的な覚醒（習俗規範の革新）を経た革命となることができずに、一種の妥協的均衡により成立したのかを『英雄なきリソルジメント』において、簡潔に説明したうえで、来たるべき《自由主義革命》の主体をも明確に名指している。

「このように一八世紀からわが国の国民革命としての曖昧さが姿を現している。自由主義は、宗教的な準備の欠如のために、民主主義と一体化することができない。自由主義が大衆と同盟を組むどころか、逆に様々な君主政体の共犯者となる。（…）カトリック信者である大衆は、政治闘争とは無縁であり続ける。というのも教会が絶対主義と同盟することで、民主主義のあらゆる試みはすべて破産するように定められているからだ。（…）イタリアで自由主義革命をその最終的な帰結にまで導くことのできる人民大衆のイニシアティヴを確立するためには、労働運動の台頭を待つ必要があったのだ」（Gobetti, *op.cit.*, p.54）。

注意すべきは、ここで世俗的社会運動にゴベッティが宗教（改革）的性格を見て取っている点である。ゴベッティは、いわば「見えない宗教」（あるいは「世俗宗教」[11]）としての二〇世紀労働運動（しかもトリノの工場評議会運動に代表されるような、待遇改善要求型とは区別される労働者自主管理型の労働運動）に、イタリア政治文化を革新する役割を期待したのである。だからこそ、第一次大戦後の戦闘的労働運動にコミットする新しいタイプのリベラリスト、ゴベッティの次のような主張が出てくることになったのだ。

「偉大な革命の到来は、まだ途上である。近年の労働運動は、イタリアにおける最初の世俗的運動であり、国家の近代的で革命的な価値をその最終的な帰結にまでもたらし、すべての教会を否定する反カトリック的なその思想性を表現することのできる唯一の運動だったのである」と（Gobetti, “Manifesto”, in《La Rivoluzione Liberale》, anno 1, n. 1, 12 febbraio 1922, ora in SP, pp.238-9. 強調の傍点は引用者）。

ゴベッティにとっての「自由主義革命」とは、社会経済領域における経営者階級と労働者階級の闘争、そして政治領域において両勢力を代表する諸政党による闘争が、一定の民主主義的なゲームの規則に則って運営されることを通じて、下からのエリート循環により、社会と国家の営みが絶えず革新されるような、リベラルで開かれた社会の創出を意味した。しかしその構想は、まさにカエサル主義の暴力によって圧殺されてしまったのである。一九二六年二月かれは亡命先のパリで死去した。

おわりに――ゴベッティのリソルジメント論に対する戦後の歴史家の評価

それでは最後に、イタリアの著名な歴史家によるゴベッティのリソルジメント論への評価を見ておこう。今回取り上げるのはフランコ・ヴェントゥーリ[12]である。ヴェントゥーリは、一九六九年に刊行された『ゴベッティ全集』第二巻に寄せた巻頭解説論文において、まずはゴベッティのリソルジメント研究におけるプロテスタンティズム的要素への着目に関して次のように言う。

「[リソルジメント発祥の地とされる]ピエモンテにおいてはアオスタ渓谷や南フランスやジュネーブのプロテスタント世界と絶えず接触してきたという事実が、多かれ少なかれ目に見える形で存在してきたし、一八―一九世紀には、(…)その事実が様々な人びとの意識のうちで、あるいは公然たる論争の姿をとって、多かれ少なかれ明らかなものとなっていた。宗教改革は、ピエモンテ地方では事実上、排除不可能な構成要素のひとつなのである(…)。ピエモンテにおいてはプロテスタントの根が、(…)そこかしこに再び誕生しその姿を現したのである。ラディカーティや(13)(…)アルフィエーリのような人びとにおいて(…)、[カトリックの儀式や教えである]秘密の告解や煉獄での裁きや司祭それ自体の存在価値のような諸問題が再検討に付されたという事実は、事実上ひとつの倫理―宗教的な連続性が存在することを示しており、ゴベッティはそのことを直観的に捉えたがゆえに、その連続性の存在を異端の名で呼んだのであった。(…)事実上、知識人と異端派は、プレ・リソルジメント期のピエモンテでは同じひとつの要素を共有していたのである」(Venturi, "Nota introduttiva", in Gobetti, 1969, pp.9-10)。

ヴェントゥーリは、さらに、こうしたゴベッティのリソルジメントの捉え返し、すなわち宗教改革の芽がピエモンテに少数派(異端派)としてではあれ存在したことへの着目が、かれの反ファシズム政治闘争という実践的問題関心と不可分に絡み合っていることを指摘する。

「かれは、ピエモンテの宗教改革的な要素が、いかにピエモンテとイタリアにおいて、ひとつのあたらしい社会、ひとつの新しい自由を準備したあらゆる運動のうちに徐々に普及していったかを見つめ、研究したのである。（…）すなわち「アルフィエーリの後でイタリアにおける宗教改革の必要性を述べる者は、幻想と時代錯誤を養っているのである」と。しかしながら、ゴベッティは、こうしたあまりに性急な結論を出したにもかかわらず、アルフィエーリの後も、ピエモンテのうちへと流れ込んだプロテスタントの伝統が通って来た道を、その後一九二〇年代、三〇年代の知識人たちにとっては本質的なものになる《自由の宗教》というひとつの定式によってかれ自身が呼ぶことになる例の見方のうちに、探究し見出そうと努めたのである。（…）こうした定式のうちには、疑いなくプロテスタント的な要素が存在しており、そこにゴベッティは、かれが［再構成した］リソルジメントの魂（*animus*）と同時に、かれがファシズムに抗して徐々に広げていった政治闘争の魂（*animus*）をも表現しているのである。／このように《自由の宗教》の根が［イタリアには］存在したのであり、ゴベッティはいまやそれが一八世紀ピエモンテにあることを確信したのである」（Venturi, *op.cit.*, p.10）。

そしてヴェントゥーリは、次のように結論部で指摘する。

「ゴベッティは、ほとんど五〇年の時を越えて、かれが発見し研究したピエモンテの一連の人びとのうちに自らの居場所をほとんど当然のように見出した、そうわれわれの眼には映るのである。かれにとっての異端派とは、もはやラディカーティからアルフィエーリにまでいたるものでもないしカヴールにまでいたるものでもない、それはラディカーティからゴベッティにまでいたる流れなのである」（Venturi, *op.cit.*, p.14）。

ゴベッティのリソルジメント論においては、《自由の宗教》こそが、ピエモンテを中心としたリソルジメント期の自由［外国勢力からの自立］と解放［ローマ教皇庁の世俗支配からの自律］の運動の原動力であったこと、そしてこの潮流の探究はまさにゴベッティ自身が当時ファシズム体制と非妥協的に闘うジャーナリスト活動・思想運動を推進していたことと切り離すことができないこと、さらにはかれのそうした反カトリックの姿勢、宗教改革（政治文化の世俗化）の必要性の自覚のゆえに、すなわちかれ自身が《自由の宗教》の主張者であるがゆえに、ゴベッティはラディカーティに始まるピエモンテ啓蒙思潮の最良の継承者であること、ヴェントゥーリの解説論文はこれらのことを明確に指摘したものであるといえよう。

このゴベッティのリソルジメント論は、ファシズム体制との非妥協的な闘いがまさに命がけの内戦の様相を呈した四三年九月からの二〇ヶ月間に、そしてまたその解放直後の熱気のなかで、「レジスタンスは《未完の革命》たるリソルジメントをその帰結にまでもたらす第二のリソルジメントである」とする歴史観として、レジスタンスに参加した若者たちによって再発見され、受け入れられ、学ばれることになるだろう。

注

（1）　政治文化論の問題意識について簡略化した図式を示せば、政治文化論とは、同じようにリベラル・デモクラシー体制を制度として導入した複数の国のあいだで、どうして民主主義のガヴァナンス（良好統治）に顕著な差が出るのか、という疑問から出発している。国民（有権者）の政治参加の意欲の高低、政権交代の有無、クライエンテリズムの強弱、政治家・官僚・地域実力者などによる汚職・収賄の多寡などにそれが現れている。カヴァナー（一九七七）を参照。

（2）　イタリア近代史学では、一九世紀初頭のナポレオン軍によるイタリア半島支配により引き起こされた（とりわけ指導階級における）国民意識の覚醒から、一八四八年の各都市における共和主義革命とその挫折を経て、一八六一年のピエモンテ王国による半島統一までの過程を「リソルジメント（復興）期」と呼ぶ。

（3）クローチェが『エンチクロペディ』イタリア語訳（一九〇七）を刊行した際に底本としたラッソン版には「補遺」が付されていないため、この部分はクローチェにより訳されていない。

（4）引用したイタリア語は、クローチェによる『エンチクロペディ』イタリア語訳（一九〇七）の訳語である。

（5）アルフレード・オリアーニ（一八五二―一九〇九）は、ローマ大学で法律を学んだ後、ラヴェンナ県の郷里に引きこもって次々と小説・戯曲を発表。また、植民地戦争の敗北に衝撃を受け、歴史論や時局評論の筆を執った。生前には名声を得られなかったが、後にナショナリストやファシストから、先駆者として大いに賞賛され、ファシズム体制成立後はかれの全集がムッソリーニ監修の下、刊行されている。上記の著作以外にも代表作に『ドガリまで』（一八八九）、『理念の反抗』（一九〇八）などがある（馬場康雄（一九九三）を参照）。

（6）クローチェのオリアーニ論は、まずかれが主宰する『クリティカ』誌に発表された。Croce, "Alfredo Oriani",《La Critica》, 1909, VII, pp.1-28. その後は Croce, 1949[5] に収録された。

（7）マリオ・ミッシローリ（一八八六―一九七四）は、ボローニャで反ジョリッティ・反社会主義の政治ジャーナリズムを展開。一九一八年に『イル・レスト・デル・カルリーノ』紙の主幹、二一年に『イル・セーコロ［世紀］』編集長となる。反ファシズム的言論活動のため新聞界から逐われるが、三〇年代にファシズム支持に転向し、体制の文化政策の一翼を担う。上記の著作以外にも、『自由主義の論戦』（一九一九）、ゴベッティの出版社から刊行されたファシズム分析の書『クーデタ』（一九二四）などがある（馬場康雄（一九九三）参照）。また、ミッシローリは『イル・レスト・デル・カルリーノ』紙上にジョルジュ・ソレルの時評を長期に渡り掲載したことで、ソレル思想のイタリアでの普及に一役を買っている。一九一〇年から一九二一年までのソレルのミッシローリ宛書簡を一冊にまとめた『ひとりのイタリアの友人への手紙』（一九六三）が残されている。

（8）ピエロ・ゴベッティ（一九〇一―一九二六）は、トリノに生まれ、一九一八年に一七歳で雑誌『エネルジーエ・ノーヴェ［新しいエネルギー］』を創刊編集。二二年二月から二五年一一月まで『リヴォルツィオーネ・リベラーレ［自由主義革命』』紙を刊行、また自分の名をとった出版社を営み、政治と文芸の両面でジャーナリズム活動を展開した。ファシストに殴打された後でフランスに亡命しパリで療養中に客死。彼の思想、活動、人柄は若い世代の知識人に多大な影響をあたえ、反ファシズム運動のひとつの源流となった。彼の妻アーダ・ゴベッティは、夫の死後も《正義と自由》運動、行動党、パルチザン活動に積極的に参加した（馬場康雄（一九九三）参照）。ゴベッティの思想と生涯については、中村勝己の一連の論文を参照されたい。

（9）ヴィットリオ・アルフィエーリ（一七四九―一八〇三）は、アスティ（現ピエモンテ州）の裕福な貴族の家に生まれた劇作家。ヨーロッパ各地を遊学。フランス革命のバスティーユ攻略に感激するも、後の恐怖政治に失望。自らは劇作以外にも『専制政治論』などを発表し、ローマ教皇庁と王侯貴族による政治支配を激しく批判。文学史上、啓蒙主義からロマン主義への移行期の文学者（プロト・ロマン主義者）とされる。また、アルフィエーリと並んで、『英雄なきリソルジメント』においては、後述するアダルベルト・ラディカーティのようなピエモンテ王国時代の啓蒙思潮にも高い評価が与えられていた。

（10）ヴィンチェンツォ・ジョベルティ（一八〇一―一八五二）。トリノ神学校教授などを勤めたが、革命運動への関与を疑われて三三年にパリ、次いでブリュッセルに亡命。『イタリア人の道徳的、文明的優越性』（一八四三）で教皇を首長とする連邦制によりイタリア問題を解決することを説いて、一躍その名を高めた（馬場康雄（一九九三）参照）。

（11）「見えない宗教」については、ルックマン（一九八九）を参照。ルックマンは、近代社会における「世俗化」を「聖なるコスモスに由来している規範から社会構造のさまざまな部分が次第に自立してゆく過程」（一八七ページ）として捉えながらも、「個人は世俗化されていない」（一九二ページ）とし、単に「世俗化」を社会に対する宗教の影響力の低下や消失と捉える平板な理解を退けている。政教分離原則などの定着により政治の領域が宗教から分離したり、公教育が教会権威から解放されたりすることはあっても、諸個人の世界観のうちから聖なるものへの志向が消失することはない、というのである。確かに、ゴベッティの文章のなかに「自己犠牲」や「宗教的禁欲」という用語が頻出するのを見るにつけ、ルックマンの「世俗化」概念の妥当性が確認できるように思う。

(12) フランコ・ヴェントゥーリ（一九一四―一九九四）は、トリノ出身、フランス、イタリアの啓蒙主義やロシア・ナロードニキの研究者として世界的に知られている歴史学者である。反ファシズムの信念をもつ美術史研究者の父（当時トリノ大学教授）らとともに若くしてフランスに亡命し（一九三一年）、パリのソルボンヌ大学に籍を置きディドロ研究、イタリア啓蒙主義研究に没頭しながら、リベラル社会主義者カルロ・ロッセッリら亡命イタリア人革命家たちが組織した《正義と自由》派の反ファシズム地下宣伝活動に従事する。一九四〇年五月のナチス・ドイツによるフランス侵攻で家族は米国に亡命、フランコ・ヴェントゥーリは単身スペインに逃れるも、そこで逮捕され一年半の勾留生活を余儀なくされる。イタリアに帰国しムッソリーニが失脚した一九四三年九月以降はトリノに戻り、レジスタンスのために結成された行動党（Partito d'Azione 1942―1947）の地下機関紙の編集人として活動している。F・ヴェントゥーリの経歴については、次のものを参照。Casalino, in Franco Venturi, 1996.

(13) アダルベルト・ラディカーティ（トリノ一六九八―ハーグ［オランダ］一七三七）は、一五代サヴォイア公、シチリア王を経て初代サルデーニャ王となるヴィットリオ・アメデーオ二世（一六七五―一七三二）の相談役として宮廷入りし、政教分離原則を擁護。しかしローマ教皇庁とサルデーニャ王国との関係が緊張したため、ロンドンに亡命（一七二六年）。一旦はトリノに戻るが一七二八年に国外追放、ロンドンで逮捕された後オランダへ移る。イタリア啓蒙主義の先駆けであり、平等主義的民主政を唱えた。

文献目録

Candeloro, Giorgio, *Storia dell'Italia moderna*, vol.1, *Le origini del Risorgimento 1700-1815*, Feltrinelli 1956［1978］.

Casalino, Leonardo, "Nota introduttiva e bibliografica", in Franco Venturi, 1996.

Croce, Benedetto, *La letteratura della nuova Italia*, III, Bari, Laterza 1949^5, pp.230-62.

Gobetti, Piero, "Manifesto", in《La Rivoluzione Liberale》, anno 1, n. 1, 12 febbraio 1922, ora in SP, pp.227-40.

———, *La filosofia politica di Vittorio Alfieri*, Piero Gobetti Editore, 1923, ora in SSLF, pp.87-144.

——————, *Risorgimento senza eroi. Studi sul pensiero piemontese nel Risorgimento*, Edizioni del Baretti, 1926, ora in SSLF, pp.23-84.

——————, *Scritti politici*, a cura di Paolo Spriano, Einaudi, 1960. [略称は SP]

——————, *Scritti storici, letterari e filosofici*, a cura di Paolo Spriano, con due note di Franco Venturi e Vittorio Strada, Einaudi, 1969. [略称は SSLF]

——————, *La rivoluzione liberale*, Bologna 1924 [Einaudi, 1995].

Hegel,G.W.F., *Grundlinien der Philosophie des Rechts*, Suhrkamp Verlag 1970. [Suhrkamp vol.7] ＝伊訳 *Lineamenti di filosofia del diritto*, tradotti da F.Messineo, Laterza, 1914＝邦訳ヘーゲル（上妻精・佐藤康邦・山田忠彰訳）『法の哲学』（上下）岩波書店

——————, *Enzyklopädie der philosophischen Wissenschaften*, 3 voll. Suhrkamp Verlag 1970. [Suhrkamp vol.8, 9, 10] ＝邦訳ヘーゲル（松村一人訳）『小論理学』（上下）岩波文庫、（加藤尚武訳）『自然哲学』（上下）岩波書店、（船山信一訳）『精神哲学』（上下）岩波文庫

——————, *Vorlesungen über die Philosophie der Geschichte*, Suhrkamp Verlag 1970. [Suhrkamp vol.12] ＝ヘーゲル（武市健人訳）『歴史哲学』（上中下）岩波文庫

——————, *Vorlesungen über die Philosophie der Religion*, I, Suhrkamp Verlag 1969. [Suhrkamp vol.16, 17] ＝ヘーゲル（木場深定訳）『宗教哲学』（上中下）岩波書店

Maturi, Walter, *Interpretazioni del Risorgimento. Lezioni di storia della storiografia*, Torino, Einaudi 1962.

Missiroli, Mario, *La monarchia socialista*, 2 ed., Bologna, Zanichelli 1922.

Oriani, Alfredo, *La rivolta ideale*, 1908 [a cura di Benito Mussolini, Bologna, Licinio Cappelli 1926].

——————, *La lotta politica in Italia. Origini della lotta attuale (476-1887)*, 5 ed., (curata e riveduta sul manoscritto da A.Malavasi e G.Fumagalli), 3 voll., Firenze, La Voce 1921.

Salvatorelli, Luigi, *Sommario della storia d'Italia dai tempi prestorici ai nostri giorni,* Settima edizione riveduta e accresciuta, Einaudi

1955.

Venturi, Franco, "Nota introduttiva", in Gobetti, SSLF, 1969.

———, *La lotta per la libertà. Scritti politici*, Einaudi 1996.

Weber,M., "Die protestantische Ethik und der Geist des Kapitalismus", veröffentlicht im Jafféschen《Archiv für Sozialwissenschaft und Sozialpolitik》(J.C.B.Mohr, Tübingen) Band XX, XXI（1904 bzw. 1905）in *Gesammelte Aufsätze zur Religionssoziologie*, I, J.C.B.Mohr 1988.（略号は G.A.z.R.S., I）＝邦訳ウェーバー（一九九四）『プロテスタンティズムの倫理と資本主義の《精神》』（梶山力訳・安藤英治編）未来社

カヴァナー、D（一九七七）『政治文化論』（寄本勝美・中野実訳）早稲田大学出版部

北原　敦（二〇〇三）「一九世紀イタリアの国家統一」『立正史学』第九四号

中村勝己（二〇〇六a）「ピエロ・ゴベッティの思想と生涯——工場評議会運動の時代を中心に」『中央大学社会科学研究所研究報告』第二三号

中村勝己（二〇〇六b）「ピエロ・ゴベッティの思想と生涯——ファシズム台頭期を中心に——」中央大学法学部紀要『法学新報』第一一二巻七・八号所収

馬場康雄（一九九三）「人名索引」、ボッビオ（一九九三）所収

ボッビオ、ノルベルト（一九九三）『イタリア・イデオロギー』（馬場康雄・押場靖志訳・上村忠男解説）未来社

ルックマン、トーマス（一九八九）『現象学と宗教社会学　続・見えない宗教』（ディヴィッド・リード／星川啓慈／山中弘訳）ヨルダン社

第二部　『精神現象学』の問題圏

『精神現象学』における相互承認論の位相

竹村喜一郎

はじめに――問題の所在

ヘーゲルの『精神現象学』が発行二百年を迎えたところで、刊行後の年数の多さや節目という理由によってその意義が顧みられるのであれば、検討の仕方としては外在的と断ぜざるをえない。『精神現象学』の哲学的意義は、それ自身として外的機縁に関わりなく闡明されるべきものだからである。それでは『精神現象学』の哲学的意義とは如何なるものか。こうして問いに、本論ではユルゲン・ハーバーマスのヘーゲル理解を通路として答えることを試みる。それというのも、ハーバーマスは、彼の最新のヘーゲル論ともいうべき、『真理と正当化』の中の一論文において、『精神現象学』を念頭において次のように述べているからである。

「たしかにヘーゲルは、自分 Ich が理性的とは見なさないいかなるものも承認しない、という自己批判的にして自己規定的な精神 Geist の権利を常に擁護しているが、彼は近代の思考形式をただ絶対知 das absolute Wissen への移行としてのみ把握している。この構想によって、彼は、彼自身がかつて説得的に批判した自己意識あるいは主観性の思考像に逆戻りしているのである」（WuR. 188）。

このようにハーバーマスは、ヘーゲルが近代哲学の原理としての自己意識あるいは主観性を説得的に批判しながら、「絶対知」を定立することによって近代哲学の原理たる自己意識あるいは主観性を再興してしまった、と評価しているのである。したがってハーバーマスのこのような評価が妥当性を有するか否か検討することによって、『精神現象学』の哲学的意義の解明が試みられることになるのである。以下（1）ヘーゲルは近代哲学の自己意識あるいは主観性の原理をどのような観点から批判しているか、（2）ヘーゲルが自己意識あるいは主観性の原理に対置した精神は如何なる内実を与えられているのか、（3）ヘーゲルの絶対知はハーバーマスが言うように、自己意識あるいは主観性の原理に逆戻りしているのか、（4）ヘーゲルが絶対知を定立する根拠としての近代把握はハーバーマスの近代理解とどのように関わるのか、といった諸点を討究することによって課題の解決に迫りたい。その際検討の中心を相互承認の概念に置く。なぜなら、異なる自己意識ないし主体が極として自立的でありながら「両極は互いに承認しあっているものであることを互いに承認しあっている」（PdG. 129）事態として相互承認がどのようにして成立するかという問題こそ『現象学』の根本問題であり、現代哲学に関りをもつ問題である、と思われるからである。

一　近代的自己意識把握の隘路とヘーゲルの視角

ハーバーマスは、デカルトからカント・フィヒテを経てフッサールとサルトル、更にはチゾルムやヘンリッヒに至る近代哲学の動向を「唯心論 Mentalismus」（WuR. 189）と総称し、とりわけヘーゲルが批判の対象としたものをカントにおける形式と質料あるいは悟性と感性の二元性および主観と客観との対置とし、これらを批判するヘーゲルの立脚点を言語、労働、相互作用のうちに求めている（vgl. WuR. 194ff.）。こうしたハーバーマスのヘーゲル理解は間違いと言えないにせよ、後論との関連でヘーゲルの近代哲学批判をそれ自身として確認しておく必要がある。ここでは（1）近代的自己意識把握に対するヘーゲルの批判の眼目、（2）ヘーゲル固有の自己意識および自我理解の内実、（3）ヘーゲルの自己意識および自我把握の意義、といった諸点について検討しよう。

自己意識は、伝統的に「私が意識しているという私の意識」「対象に関する意識が私に帰属していることの意識」と了解され、これによって自我の存在が導出されると考えられてきた。[1] ここには反省においてのみ私が自我としての私を覚識・確証するという構図が表明されている。だがこうした自我覚識―自我存在の了解においては、反省主体としての能知的自我とは区別された所知的自我が、あくまでも未知なるものであることが前提されていながら自己同定されるためにはそれ自身自己自身であることが既知でなければならないという事態が看取される。このような事態が近代哲学の基底に存する自己関係性 Selbstbezüglichkeit あるいは自己反照性 self-reference と称されるものである。[2]

実際自己関係性あるいは自己反照性が近代哲学の基底を成すことは、デカルト、カント、フィヒテの基本的主張から明らかである。デカルトの周知の命題〈ego cogito, ergo sum〉において、自我存在の確実性の論証は、自己意識の反省性、すなわち自我は自己自身とは異なるなにものかを意識することによって自己自身を意識するという機制を基調としている。ここからデカルトにおいては唯一ただ思惟そのものあるいは思惟する主体としての自我（A）を、これとは別の自我（B）が思惟することによって自我（A）は己れの存在を確証する建前となる。[3] だがこの場合存在するとされる自我（B）は、実はそれ自身思惟された自我（A）によって思惟されたものであるから、その存在は己れを思惟する自我（A）の存在が確証されなければ確証されたことにならない。このようにデカルトの論証は二重の自我の循環的な相互依存という構造、すなわち自己関係性に陥るのであり、自我の存在の確実性は宙に浮いたままなのである。

ところでデカルトの自我の存在証明を誤謬推理として拒斥したカントは、あらゆる自己意識の根底に存するものとして「私は考える Ich denke」という純粋統覚あるいは根源的な統覚を想定することによって自我の実在を説きながらその認識不可能性を主張する。すなわち彼は経験的自我をカテゴリーを適用する認識主観としつつも、自我そのものあるいは先験的主観をカテゴリーが適用される認識対象となしえない所以を次のように言う。「カテゴリーを思惟するためには、カテゴリーの〔適用〕主観は自分の純粋な自己意識を基礎としなければならないが、この自己意識こそ説明されていなければならない当のものなのである」(4)。カントの趣意は、カテゴリーが純粋自己意識に発するものであるかぎり、それは経験的自我によって思惟されえず、したがって自我そのものにも適用されえない、ということである。だが当然ここにも認識され得ないにもかかわらず存在する、と言われるものがあり、しかもそれが認識するものの存在あるいは認識可能性一般を保証するという自己関係性が指摘されうる。フィヒテの場合も、一七九四年の『全知識学の基礎』における自我の事行 Tathandlung による絶対的自我の定立という構想も自己意識を原理としていることは、「自我はそれが自己を意識しているかぎり、唯そのかぎりにおいてのみ存在するのである」(5)と言われることから明らかである。つまりフィヒテにおいても自己意識が自我の存在を保証をするのであり、デカルトにおけると同様自己意識によって確証される自我は同時に自己意識を存立させる自我なのであって、自己関係性を免れていない。

ところでヘーゲルが『現象学』において自己意識を知の一つの形態として「自己自身についての知」(PdG. 121)と限定し、「絶対知は自己意識の純粋な対自存在である」(PdG. 523)と述べながらも、近代哲学が定位する自己意識を「純粋な自己意識」(PdG. 26)「直接的自己意識」(PdG. 132)とし、その本質および対象を「純粋な区別のない自我」(PdG. 126)「単純な自我」(PdG. 132)と批判的に捉え返したことは、近代哲学の基底を成す自己関係性に自覚的に対決したからにほかならない。このことはヘーゲルが近代哲学の立脚点を自己確信のうちにその現実性の原理を有する「直接的自己意識」と総括し、学すなわち自己の哲学をその「顛倒」（PdG. 21）と位置付け、自己意識を原理とする近代哲学の難点を一般的に「交互性の循環」（PdG. 37）に見定めていることから確言しうる。

それではヘーゲル自身自己意識および自我をいかなるものと了解するのか。まず自己意識の了解の検討から始めよう。

ヘーゲルの自己意識了解の根幹は、伝統的な、対象物についての知としての対象意識、自己自身についての知としての自己意識という伝統的区分を斥け、自己意識を対象意識から分離した自存的なものとしないことである。すなわち彼は旧来の意識—自己意識了解に対して自己の立場を端的に次のように表明する。「対象的事物については己れ自身との対立において、そして己れ自身については対象的事物との対立において知るという意識の立場は、学にとって他者である」（PdG. 20）。このようにヘーゲルは対象意識と自己意識を異別のものとする伝統的区分を否定し、意識を対象意識と自己意識との統一態として再措定する。「他者ないし対象一般の意識は、もちろんそれ自身必然的に自己意識であり、己れのうちに還帰してあるもの Refrektiertsein in sich、他者存在のうちに自己存在を意識するものである」（PdG. 118）。

このようにヘーゲルは対象意識と自己意識を一体的なものと捉えるが、ハーバーマスのようにヘーゲルの哲学を客観的な観念論とし、現代哲学を形而上学後の思考とする区分（vgl. WuR. 219）が皮相であることを証示するためにも、ここでヘーゲルの意識論を対象意識論として再評価するための視点を暫定的に確認しておこう。結論的に言えば、ヘーゲルは近代的意識論の隘路を見定め、意識は何ものかについての意識であるという意識の志向性 Intentionalität に定位している。周知の如く近代哲学は所謂〈主観—客観〉図式に相即する形でその意識了解を〈対象自体―意識内容―意識作用〉という構図の上で展開してきた。(6) すなわち概括的に言えば、近代における意識の構造了解は、客観的外界と主観的内界との二元的分断を施した上で、外界における対象に対して、感性あるいは知性の作用によって、内界に「心像」が対応している状態をその内実としている。因みに自己意識の反省性もこれと同趣の構造になっている。だがこうした意識了解においては、極言すれば、原像としての対象と模像としての意識内容とが合致しているか否か確定できないという問題が生ずる。ヘーゲルが『精神現象学』緒論の冒頭において認識を「道具」や「媒体」とみる見解を否定しているのも、こうした近代的な意識論のアポリアを対自化することによってであった（vgl. PdG. 57f.）。これに対してヘーゲル自身意識の志向性に着目して、所謂「意識内容」を否認する形で意識を作用的能知と対象的所知との二項関係として捉えていることは、彼自身「意識はあるもの etwas を知る」（PdG. 66）あるいは「精神の直接的な定在である意識は、知ることおよびこれに対して否定的な対象性という二つの契機をもっている」（PdG. 28）と述べていることから確認しうる。すなわちヘーゲルは、意識を、対象たるあるものを己れから区別すると同時にこれに〈関係する〉ものとし、この関係あるいはあるものの意識に対する存在の一つの特定の側面、すなわち対他存在 Sein für ein anderes を「知 Wissen」（PdG. 64）とし、逆に対象の意識から区別され、関係の外に立つ側面を自体存在 Ansichsein あるいは「真 Wahrheit」（ebd.）とする。むろんヘーゲルはこのような知の構造によって対象の認識が瞬時にして完了することを説いているのではないが、彼の認識の基本的枠組をなす意識と対象との関係が〈主観―客観〉図式ではなく、〈能知―所知〉という二項関係として定立されていることは、看過されてはならない。

それではヘーゲルは自己意識そのものをどのように把握するのか。ヘーゲルの自己意識了解は上述の意識の志向性把握に基づき次の如く表明される。「意識は、一方では対象の意識であるとともに、他方では自己自身についての意識でもある。すなわち意識にとって真なるものであるところのものの意識であるとともに、この真なるものについて己れが知っていることの意識でもある」（PdG. 65）。つまりヘーゲルは意識がある対象について知るという事態には、意識の志向性に基づき、所知すなわちあるものまたは対象が意識にとって自体（真）として存在しているという契機と、能知すなわち知ることまたは対象が意識に対して存在していることを覚知しているという契機が具わっているとする立場から、意識は自体（対象）とこの自体（対象）の意識にとっての存在という二つの対象を同時に持つとする。ここから彼は意識と自体が意識にとって存在することとの関係を「意識が第一の対象（自体）について知ることの表出 Vorstellen」「意識の自己自身への還帰 die Reflexion des Bewußtseins in sich selbst」（PdG. 66）と把握し、これを自己意識と規定する。要するにヘーゲルは、ある対象を意識することは、単に意識野に対象が存在することによってではなく、意識野に対象が存在することが覚識されることによって、はじめて現成するという意識把握から対象意識と自己意識の合一を説くのである。こうしてヘーゲルは一方では対象をあくまでもその都度の意識にとっての即自存在とすることによってシェリング流の「知的直観」に定位することを回避する。もう一方で彼は自己意識を「意識が私に属していることの意識」とするのではなく、「対象が意識に対して存在していることの意識」と把握することによって、経験的意識野を包越する先験的意識ないし先験的自我を導出するカント的構案を斥けるのである。

　次に問題となるのは、このような自己意識理解に対応するヘーゲルの自我把握である。ヘーゲルは自我の原理的規定を「自我 Ich は関係 Beziehung の内容であり、かつ関係すること Beziehen そのものである」（PdG. 120）と式述する。この規定の含意は、彼が自我を伝統的な自我概念に従うかのように「己れ自身と同じ実在」（PdG. 115）と規定しながら、その内実を次のように説明しているところから知れる。「私が私を私自身から区別するが、区別しながらこの区別されたものが区別されていないことが無媒介に私に対してある」（PdG. 118）。ヘーゲルは自我のこうした在り方を自己同一的なものとこれが二分して生ずる不同ないし対立との統一態という意味での「単純な無限性あるいは絶対概念」（PdG. 115）とも把握するが、こうした意味での「無限性」が謂うところの関係の内容あるいは関係することとである。こうした自我把握が近代的自己意識の主体としての「純粋な区別のない自我」あるいは「単純な自我」に対置されていることは明らかである。

ではこうした自我規定の具体的内実はいかなるものか。ヘーゲルの自我規定のみに着目するなら、そこには近代哲学が展開した所知的自我と能知的自我との自己関係性の一般的定式化があるだけかのように看ぜられる。(7) だがヘーゲルが自己の自我把握を近代哲学の基調に対する批判として展開していることは、消極的ではあれ、彼が「自我は自我である」という観念論において対象とされる自我を「ほかにどんな他者も存在しないという意識を伴った対象」（PdG. 158）と規定した上で、この観念論における理性を無媒介的理性、まだ自己を概念的に把握していないものと批判していることから知られる（vgl. ebd.）。一言で言えば、ここでヘーゲルは他者と隔絶した、点的な「この私」という伝統的自我了解を斥けようとしているのである。だがより積極的なヘーゲルの自我了解を捉え返すための手がかりは、彼が自我を基底的には「絶対的媒介態」（PdG. 126）である「欲望」（PdG. 125）主体とし定立しているところから得られる。すなわちヘーゲルは自我を（1）「〔生命過程あるいは類として〕存立する自立性」（PdG. 132）、（2）「欲望の対象であるところの物としての物」（ebd.）、（3）労働主体である「自己意識としての対象」（PdG. 127）という三者に媒介された存在とみるのであり、こうした観点から彼は自我をこれら三者と、個別的にもまた総体的にも取り結ぶ関係と捉えるのである。だがこの関係の中で同時に自我は生殖・労働・相互行為を通じて三者を媒介し返すのであり、ヘーゲルが言う関係としての自我とはこのような被媒介―媒介の統一態にほかならない。この意味においてヘーゲルが自我を実践的存在として、近代哲学とは異なる視角から把握していることが確認されるのである。

以上とりあえず自己意識および自我の了解に即してヘーゲルの近代哲学に対する対質を確認した。しかしヘーゲルの近代哲学に対する対質を充全に照明するためには、彼が立てる精神の概念の解明が不可欠となる。

二 「精神」の内実とその哲学的含意としての相互主観性

ヘーゲルが『精神現象学』の課題としたことは、一つの側面から捉えるなら「精神が自分が何であるかを即且つ向自的に知ること」（PdG. 520）であり、「絶対知あるいは自己を精神として知る精神」（PdG. 530f）の現成であり、ここに精神がヘーゲル哲学の基本原理であることが確認される。ところでハーバーマスは、「精神は、そのシンボル的な表現諸形式によって、本質的に客観的精神である」（WuR. 214）と精神を解しつつ、その構成のうちに「相互主観性 Intersubjektivität」（WuR. 199）および「生活世界 Lebenswelt」（WuR. 197, 207）といった現代哲学のテーマが含まれていることを指摘している。この指摘自身事実であるにせよ、ハーバーマスの精神把握には問題があり、相互主観性および生活世界の理解もヘーゲルとハーバーマスにおいては異なることが論定されなければならない。

（1） 精神の意味と内実

さてハーバーマスは「ヘーゲルの精神の構想を一般的に規定しているのは客観的精神の諸特徴である」（WuR. 201）とした上で、『精神現象学』に先行するイエナ期における「精神」の役割を「主観と客観との間の関係を産出し、構成する」（ebd.）ことに見定め、こうした精神の役割を「言語、労働、相互作用の媒介作用」（ebd.）に即して特定しようとしている。ここで最初に検討されなければならないことは、ヘーゲルの精神の概念を後年の、法や道徳、更には家族、市民社会、国家等を包括する客観的精神に等置することができるか、また、ヘーゲルが精神の成立契機として言語・労働・相互作用を挙げているにせよ、それら、特に言語と労働は、「言語と技術は、それらの文化的な世界解釈および共通の生活様式の物質的再生産への貢献によって、はじめてヘーゲルが〈民族精神〉と名づけるものの構成要素となる」（WuR. 204）とハーバーマスが言うように、いわゆる民族精神に先行するものとして定立されているか、ということである。

ヘーゲルの「精神」の内実を捉え返すためには、まず第一にそれが伝統的および通念的に理解されるような心的ないし非物質的なものを意味するのではないことが確認されなければならない。ヘーゲルにおいて精神とは、ある局面において「実体として精神は揺ぎなき自己相等性である」（PdG. 289）と言われるように、実体である。したがって「実体は一般的に精神である」（PdG. 20）と言われるが、それが物体とは異なるデカルト的実体とは異別であることは、精神の特徴が「己れにとって他者、すなわち己れの自己の対象となりながらもこの他的存在を止揚する運動」（PdG. 28）と規定されていることから明らかである。デカルトの精神 mens は、「存在するためには他の如何なるものも必要としない、というふうに存在するもの[8]」であり、ヘーゲルの精神のように己れにとっての他者を必要とするものではない。またヘーゲルの精神が通念的に理解される心的なもの、内面的なものと異なることも、ヘーゲルが精神の本来的意義を「内的なるものであるのではなく、現実的なものであること」（PdG. 500）に求め、その契機として「内面性と実在」（PdG. 457）を挙げていることから確言しうる。したがってヘーゲルが言う精神は、デカルト的精神とも心理学的精神とも異なるのである。

また更にここで確認すべきことは、ヘーゲルが精神を「運動の主体」（PdG. 513）であると同時に「この主体が通り抜けていく実体」（ebd.）と把握するにせよ、こうした様態規定は、それが連想させるような、神的実在とその受肉という神学的教義の直接的肯定を意味するのでもないことである。すなわちヘーゲルが啓示宗教を宗教としては最高の形態と位置づけながら、直接的に自己の哲学的原理とするのではないことは、彼が精神の本質の言表という点において宗教の内容が学に先立つこともあることを容認しつつも、精神が精神たるのは、宗教に固有な「表象」が克服され、「対象性の形式」が解消される場合としていることから知られる（vgl. PdG. 450）。結論的に言ってヘーゲルは宗教が現実世界を超越してそれ自身で成立・展開しうるものとは捉えない。すなわち彼は「世界における精神と自分が精神であることを意識している精神、言い換えると宗教における精神とは同一である」（PdG. 445）とする立場から、宗教の自律性を否認する意味をも込めつつ「現実と宗教との両者にまたがる一つの精神」（ebd.）を本来の現実性をもつ「全体的精神」（PdG. 446）としているのである。このような意味においてヘーゲルが言う精神は、伝統的な宗教における同一の概念を前提するものでもない。

それではヘーゲルの精神は究極的にはハーバーマスが言う如き客観的精神と解されるべきであるのか。先に確認した「内面性と定在」という二契機に即して精神の概念の内実を捉え返すなら、ヘーゲルの精神を客観化された精神という意味での客観的精神と解することは一面的であり、ヘーゲルの真意を捉え損なうことになる。すなわちヘーゲルが一般的に内面性、言い換えれば目的や意図を持った人間の主体的活動が定在すなわち対象的な「物たることの形式」をとるものとしたことは、個別の労働を「己れを物となすこと das sich zum Dinge Machen」（PdG. 236）と規定していることからも知られる。しかし更にここで留意すべきことは、彼が各自異なる目的や意図を有する諸主体相互の活動をもまたそれ自身一つの定在として対象的形式をとるとしていることである。典型的にはヘーゲルは次のように言う。「現存する普遍者〔公共の秩序〕といっても、それはただ万人の万人に対する普遍的な抵抗であり、万人の万人に対する戦いであるにすぎない」（PdG. 251）。このようにヘーゲルは人間主体相互の動的関係がそれ自身とは異なる対象的形態をとるという意味での物象化を人間社会の基底的存在様式とするのであり、このようにして成立する定在のうちに「自己意識が他の自己意識との統一を自覚していること」（PdG. 234）の対自態の述定的概念が精神にほかならない。

ここから明らかになることはハーバーマスの精神理解が定在性に重点を置き、諸主体の活動的側面を見落としていることである。このことはヘーゲルが精神を「自己意識を担う絶対的な定在的な実在」(PdG. 289)、すなわちすべての人々の行為の根底・出発点であり、かつ目的・目標であるとしながら、次のようなコメントを加えていることからも確認される。「しかしこのように自体である実体も、またすべての人々および各々の人の行為によって、彼らの統一性と相等性として産出される普遍的な作品 Werk でもある」(ebd.)。ハーバーマスがヘーゲルの精神を客観的精神として解する場合には、ヘーゲルが精神の根底に置いた「すべての人々および各々の人々の行為」すなわち相互主観的な協働連関という主体的能動的な契機が看過されているのである。

(2) 相互主観性の視座

以上のようにヘーゲルの精神の内実を捉え返すとき、直ちに問題となるのは、ハーバーマスのヘーゲルにおける相互主観性の理解である。ハーバーマスは、ヘーゲルにおける相互主観性の意味を次のように捉えている。「ヘーゲルは、相互主観性を主観性の核心として発見したので、彼はまた認識主体と自我とを同一視する、差しあたりは目立たない心理主義的決定を結果としてもたらす転倒した帰結を看破している」(WuR. 199)。ハーバーマスがここで言おうとしていることは、自我と解される個別的人格そのものは、それ自身として存立するのではなく、特定の共同体のうちでその多数の成員と相互作用しながら成長することによって獲得されるということをヘーゲルは主張している、ということである(vgl. WuR. 200)。ハーバーマスは更に認識の客観性をヘーゲルがフッサールとは異なる承認関係の相互主観性から説いたことをもへーゲルの功績としている(vgl. WuR. 209)。ハーバーマスが『真理と正当化』においてヘーゲルの精神を相互主観性という視点から評価するにいたったことは、彼が『近代の哲学的ディスクルス』において「彼〔ヘーゲル〕は主観性の克服を主観哲学の境界内で構想している」（PDM. 33）としてヘーゲルのうちに相互主観性の構想をほとんど認めなかったことに比して、ヘーゲルの内在的理解を一歩進めたものと解しうる。だがヘーゲルとハーバーマスとの間では相互主観性の理解が異なることが確認されなければならない。

最初にハーバーマスの相互主観性の了解を彼の『コミュニケーション的行為の理論』に即して確認するなら、それは少くとも三つの特質を持つ。その第一は、彼において相互主観性の問題は「相互主観性の問題、つまり様々な主観がどうして同一の生活世界を共有しうるのかという問題」（TkH2. 197）と定式化されているように、複数の相異なる主観が同一の生活世界をどのようにして共有しうるか、という問題として定立されていることである。生活世界は言うまでもなくフッサールにおいて「われわれの全生活が実際にそこで営まれているところの、現実に直観され、現実に経験され、また経験されうる世界」[(10)]と定式化されたものである。ハーバーマスにおいては、それが諸主体にとっての共通連関であり、相互主観的に共有されるものであることは、次のように表明されている。「世界が客観性を持ちうるのは、言語能力と行為能力を持つ主体の共同体にとって、世界が一個同一の世界として妥当する場合のみである。これが相互了解の条件であり、このコミュニケーション的実践によって、同時に諸主体は自分達に共通の生活連関、すなわち相互主観的に共有される生活世界を確認できる」（TkH1. 31f.）。このようにハーバーマスはコミュニケーション的実践によって諸主体が共通の生活連関、相互主観的に共有される生活世界を獲得することを相互主観性の中心問題とするのである。ハーバーマスの相互主観性理解の第二の特質は、言語がその基幹をなすものと捉えられていることである。いうまでもなくハーバーマスにおいて今述べられたコミュニケーション的実践の一般的な形態は「コミュニケーション的行為」であり、これは自己中心的な成果を計算し、他者の支配を目的とする戦略的行為とは異なり、関与している行為者の行為計画が、了解Verständigungという行為を介して調整される類の行為である（vgl. TkH1. 386）。そして、コミュニケーション的行為と相互主観性との関連把握において、ハーバーマスにおいて基幹を成すものと捉えられているのが言語であることは次の一文が如実に示している。「コミュニケーション的に行為する者達は、自然言語を媒介として動き、文化によって伝承された解釈を用いて客体的な世界、彼らに共同な社会的世界、そしてその都度主体的な世界における何ものかに同時に関わるのである」(TkH1. 525)。このように言語を介して諸個人が同型化=共同化され、共同世界の一員に作り上げられるという相互主観性の把握は、相互主観性を初めて主題化したフッサールが、その解決を最初は他我構成に求めながらモナド的自我の相互の自己投入の試みに終り、ついでイデア的超越論的相互主観性なるものを想定し、それの現実的各私的自己内への顕現としか説くことができなかったのに対して、大いなる前進と評価することができる。(11)

ハーバーマスにおける相互主観性把握の第三の特質は、「生活世界の構造が、可能的了解の相互主観性の形式を確定する」(TkH2. 192)と言われるように、生活世界が相互主観性を成立させる構造を持つことが前提され、しかも生活世界は「〈いつもすでに〉そこにおいてコミュニケーション的行為がなされる地平」(TkH2. 182)であり、「話し手と聞き手とがそこで出会う、いわば超越論的な場」(TkH2. 192)として、相互承認が成立する領域として捉えられていることとである。ハーバーマスが生活世界を相互承認が成立する場と考えていることは、次の一文から明らかである。「理想的なコミュニケーション共同体というこのユートピアは、諸個人相互の強制のない了解と強制なしに自分自身を了解する個人の同一性とをともに可能にするような、無傷の相互主観性を再構成するのに使える」(TkH2. 9)。ハーバーマスにおいては、生活世界はこのように理想化された共同体なのである。

だが、以上にみたハーバーマスの相互主観性理解はヘーゲルのそれとは明確に異なる。

まず第一にヘーゲルは、相互主観性によって真理すなわち諸主体にとっての客観性が生ずるとする点ではハーバーマスと同一であると言えるにせよ、真理を担保する相互主観性を予定調和的なものではなく、対立抗争を内包するものとする。このことは、ヘーゲルが二つの対立的理性的自己意識がそれぞれ対立的命題を掲げ合う過程を経てはじめて真理が出現するとしていることから言える。すなわちヘーゲルは一方の命題を「自我は自我である」(PdG. 159) という内容のものとし、他方の命題を次のようなものとする。「自我以外の他者が自我にとって対象であり、実在である。言い換えると自我が自我にとって対象であり、実在であるにしても、自我がそうであるのは、自我が他者一般から退いてひとつの現実として他者と並んでその傍らに立つときのことである」(ebd.)。ヘーゲルは最初の自己意識が他者の主張を真理として是認し、この反対の主張からの還帰として登場するとき初めて理性の主張は確信がおよび断言としてではなしに、しかも他の諸真理と並ぶのではない「唯一の真理」(ebd.) となるとする。このような説話体の叙述から知られることは、ヘーゲルにとって真理は相互の主張の批判的吟味を介して確立するものであるということであり、相互主観性もまた対立・葛藤を内包するものであるということである。

相互主観性の理解に関するハーバーマスとヘーゲルとの第二の相違点は言語の位置付に見られる。異なる諸個人が同一の世界を獲得するという意味での相互主観性の成立に、言語が中心的位置を占めることをヘーゲルが諦視していたことは、「言葉が自我をその純粋態において含んでおり、ただ言語のみが自我を、自我自身を言い表す。(略) 自我はこの自我であるが、しかし同時に普遍的自我なのである」(PdG. 335) と言われることから明らかである。つまりヘーゲルは、言語を介して諸個人が相互に働きかけあうことを通じて、彼ら自身が普遍性を獲得し、普遍的意識を自己の実体とする過程が進行すると考えるのである。このような言語理解は、言語を相互主観性の成立契機となしえなかったフッサールに比べて、ヘーゲルが相互主観性という問題に鋭敏な視線を有していたことを物語っている。だがヘーゲルが言語的交通のみを抽象的に取り出して相互主観性の主要契機としたのではないことは、「私は彼ら他人を私として、私を彼らとして直観する」（PdG. 236）と表現される相互主観性の基礎が、一つの場面では次のように労働に求められていることが証示している。「個別者が己れの個別的な労働において既に普遍的な労働を無意識のうちに成就しているのと同じように、個別者はまた普遍的労働を己れの意識的な対象としても成就している」（PdG. 235）。つまりヘーゲルは認識的世界を実践的世界の構造的一契機として把握する立場から、実践的世界の諸対象を協働連関的形象物と捉え返すのであり、その意味において、相互主観性の根底に労働を置くのである。フッサールにおいてもハーバーマスにおいても相互主観性が労働という観点から問題化されなかったことを想起するなら、この点にヘーゲルの当該問題に対する固有性を認めることができるのである。

相互主観性に関するハーバーマスとヘーゲルの理解の第三の差異は、生活世界と相互承認との関連把握に存する。すなわちハーバーマスは生活世界を相互主観性と相互承認とが一体化している場と捉えるが、ヘーゲルは、生活世界において相互主観性が成立することを是認しているにせよ、そのことを直ちに相互承認の実現とは捉えていない。ハーバーマスが「精神は共通の生活世界の見解と実践の仕方を本来の在処とする」（WuR. 214）と言うように、ヘーゲル自身生活世界という概念こそ用いていないが、フッサールが主題化したこの概念を先取りする発想がヘーゲルにあることは、彼が、環境、位置、風俗、宗教、思考の仕方などから成る「世界状態Weltzustand」を、このうちにあるすべての人々の「普遍的な共通の実体」（PdG. 205）と名づけていることから知られる。この普遍的な共通の実体こそこれまで確認してきた協働連関的形象体であり、相互主観性の対象態である。だがヘーゲルがこのうちに相互承認の実現を見込んでいないことは、相互承認の達成が相互に対立する形態の良心が相手を肯定して「和らぎの然りJa」（PdG. 442）を発することに求められていることから明らかである。実際相互主観的協働が直ちに相互承認の実現となることはないのであるから、ヘーゲルの対応は是認される。

(3) 言語・労働・相互作用

ハーバーマスにおいてヘーゲルの精神理解が一面的であるという問題は、ハーバーマスが精神の媒体とする言語、労働、相互作用の理解をも再検討の対象とさせる。

まず言語を取り上げる。ハーバーマスの言語理解が言語を観念や意志を伝達する固定的な道具・手段とする性格のものであることは、言語を民族の記憶が刻印されたものと捉え、「民族の集合的記憶〔言語〕は諸個人の知と世界観を分かち持たれた伝統の形で保存・継承できる」（WuR. 203）と言われるところに明らかである。これに対してヘーゲルが言語を出来上がった道具や手段というよりも、活動あるいは生成という面に重点を置いて捉えようとしたことは、次のイエナ前期の講義草稿から窺知される。「民族の作品としてのみ言語は精神の観念的な現実存在であり、そこにおいては精神はその本質にしたがって、またその存在において自己の本質を表明する」[12]。ここでヘーゲルは『現象学』同様に言語をも民族を構成する各人の活動の形成物とし、そこに民族精神すなわち共同意識が表明され、言語を介してまた個別的主体が普遍的なものとなることを述べている。このような言語の機能に関する了解は『現象学』においても変わらない。そこでヘーゲルは、共同体における習俗や法則を普遍的な言葉と捉えて次のように述べているからである。「他者のために存在すること、言い換えると己れを物となすことと自分だけで存在することとのこのような統一、こうした普遍的実体は、その普遍的な言葉を一つの民のもろもろの習俗と法則とにおいて語っているのであるが、しかし、習俗や法則というこの存在する普遍の定在も、一見するとこの普遍的な実体に対立しているかに見える個々の個体性自身を表現したものより以外のものではない」（PdG. 236）。ここでヘーゲルは、暗黙のうちに習俗や法則といった普遍的な言葉のみならず、個別的言葉そのものをも個別的個体性の活動から捉える視点を提出していると言える。このような言語了解は、言語を単に意思疎通のためのできあいの手段・道具と見るハーバーマスとは異なり、その動的存立構造と共同化機能を見据えているのであり、そのかぎりハーバーマスはヘーゲルを矮小化していると評されざるをえない。

次にハーバーマスはヘーゲルの労働把握を「世界への目標設定された介入」（WuR. 203）と表現し、その特徴を「労働の進行は、そのうちで現実性が関与者に、正面的にではなく、付随して進行しつつ出会う複合的な過程である」（ebd.）と定式化している。このような労働把握において重視されるのは「道具」（ebd.）であり、それは道具が主体としての労働者と客体としての自然との間に現存する理性的媒辞という意義を持つと考えられるからである。ヘーゲル自身労働にこのような側面があることを認めていることは、彼が労働を「欲望の抑制、消失の延期」、「形成すること」（PdG. 135）と捉えていることから明らかである。だがヘーゲルが労働を単に労働主体の自然的対象への働きかけという側面においてのみ把握しているのではないことは、個人のなす労働の意味が次のように規定されていることから確言できる。「個人が己れの欲求のためにする労働は、己れ自身の欲求を充足するためのものであるのと全く同様に、他の人々の欲求を充足するためのものでもあり、そして個体が己れの欲求を充足することに達するのは、ただ他の人々の労働を介してのみ成立する」（PdG. 235）。後年『法哲学』において市民社会の内容規定の一つとして展開される「全面的依存性の体系」（PdR.[§183] 340）は、実は労働―欲求充足の相互主観的編成構造の捉え返しにほかならない。翻ってハーバーマスが労働を主体―客体関係においてのみ捉え、そのうちに相互主観性を認めないのは、彼が労働を、成果を目標とする成果志向型行為とし、了解志向型行為であるコミュニケーション的行為とは異別のものとするからである（vgl. TkHI. 385f.）。ここにヘーゲルが労働のうちに内包される相互主観性の構造を明示していることに対するハーバーマスの無理解と労働を成果志向型行為としてしか把握できない彼の相互主観性概念の狭隘さが確認されるのである。

このように見るとき、ハーバーマスの、彼がヘーゲルの精神の第三の媒辞とする相互作用、すなわち相互承認の把握にも問題があることが明確となる。ハーバーマスはヘーゲルのイエナ体系構想における相互承認のタイプを（1）愛（婚姻および家族におけるものを含む）、（2）私人間における契約関係、（3）立憲君主制下の国民の自己立法に分類し（vgl. WuR. 206）、その意義を認識論に重点を置く形で次のように定式化している。「それゆえに、共有された伝統および共通の生活形態に対して構制的となる相互承認の構造は、同時に客観的世界の形式的定立に対する相互主観的基礎を構制しなければならない」（WuR. 208）。ここでは相互承認が存在することによって伝統および生活形態が構成され、結果として世界の客観性が維持されるという了解が打ち出されている。こうしたハーバーマスの相互承認の捉え方が、イエナ体系構想と『現象学』における相互承認の体系的位置の相違を認めながら（vgl. WuR. 209）、機能的には同一と解する内容を有していることは、承認をめぐる闘争が次のように解されていることから確認される。「主人と奴隷の間の弁証法は、隷属と解放を目ざしているというよりも、要求として公平な視点による社会構築を目ざしている。なぜならこのような視点が客観的な世界関係および相互主観的に拘束的な判断の成立を可能ならしめるからである」（WuR. 211）。ヘーゲルの相互承認論が相互主観性の領域にあるかぎり、そこに認識論的意味があり、それを顕揚したことはハーバーマスの功績と認められる。だが相互承認論を認識論的領域に限定することがヘーゲルの本来の意図でなかったことは、承認をめぐる闘争に先立って彼自身次のように記していることから確認できる。「今後意識に対して生ずるものは、精神とは何であるかという経験である。すなわち、相異なり各自別々に存在する自己意識が彼らの対立という完全な自由と自立性のうちにありながら彼らの統一、つまり我々である我と我である我々であるものである絶対的実体であるという精神が何であるかという経験である」（PdG. 127）。ここでは相互承認は自由で自立した自己意識同士の対立と統一と定式化されており、それを目ざす最初の段階たる主と奴の承認をめぐる闘争において相互承認は成立しないこと、相互承認が成立するのは「絶対知」においてであることが暗示されている。実際絶対知は『精神現象学』の「目標」（PdG. 530）とされている。結論的に言えば、ヘーゲルは相互承認が成立しなくとも相互主観的形象として認識の客観性は成立すると捉え、最終的課題を相互承認の成立に置いている。これに対してハーバーマスは相互主観性と相互承認とを同一のことと捉え、それを認識の客観性の根拠とすることによってヘーゲルが目ざした相互承認の意義を把握できないのである。

三　「精神の国」としての絶対知と主体概念の転換

前節においては、ヘーゲル自身とハーバーマスが解釈するヘーゲルとの差異を確認した。以下ではそれを踏まえて更にハーバーマスの、（1）ヘーゲルと絶対的精神のデフレーション的読み方とは両立しない（vgl. WuR. 219）、（2）イエナ期の最後にヘーゲルは曖昧な自己意識の〈自己〉を高次の主体を表現するための唯一のモデルとする（vgl. WuR. 220）、（3）相互主観性は、絶対的理念の叙述の中では痕跡を残すことなく主体性によって駆逐されてしまう（WuR. 223）という主張が妥当するか検討し、ハーバーマスのヘーゲル理解の当否を問う。

まず最初に検討されなければならないことは、ハーバーマスがピンカードのような、宗教を制度化された社会的実践の一形態と捉え返そうとする試み[13]を「絶対的精神のデフレーション的読み方」と規定し、こうした読み方によってはヘーゲルが立てた絶対的精神と客観的精神との区別が無視されてしまうが故に、こうした読み方はヘーゲルの真意に合致しないとしていることである（vgl. WuR. 217ff.）。だがハーバーマスの主張が是認されるか否かは、ヘーゲルが『精神現象学』の究極的段階とした「絶対知」と絶対的精神との関連をどのように把握するかにかかっている。

検討の便宜上「絶対的精神」について確認することから始めよう。『精神現象学』において絶対的精神は、「その真実態という形態」（PdG. 499）における精神であり、具体的には、教団の実体〔父なる神〕→表象の対象性

〔子たるイエス〕→現実的自己〔聖霊〕となる運動であり、そうしたものとして「精神の生命」（ebd.）である、とされる。この意味では絶対的精神は啓示宗教において表明されている精神の形態であり、ヘーゲルがこれを精神の重要な形態としていることは、『現象学』の末尾で、歴史と現象する知の学の両者を「絶対的精神の想い出と頭蓋の場」（PdG. 531）を形成するものとしていることから窺知される。だが、宗教的絶対的精神が精神の究極的形態かと言えば、ヘーゲルがそのように位置付けしていないことは、彼が絶対的精神を「表象することの内容」（PdG. 516）と捉え、宗教の側面を自己意識の運動に対立している「即自の側面」（PdG. 520）と規定していることから明らかである。要するにヘーゲルは絶対的精神を精神の最高形態としているのではなく、彼が精神の最高形態としているのは、いうまでもなく絶対知、すなわち「自分を精神の形態において知るところの精神、換言すれば概念的に把握する知」（PdG. 523）である。したがってハーバーマスのようにヘーゲルの究極的立場を絶対的精神に帰着させることは謬見でしかないのである。

とは言え、ヘーゲルの絶対知は精神という見地からはどのような内容のものと規定できるのか。次に検討されなければならないのはこの問題である。差しあたり言いうることは、絶対知は、あくまでも精神の一形態として、複数の主体間の相互関係を内容としているということである。すなわち、ヘーゲルにおいて絶対知は、精神の最終形態として「自分が精神であるのを知るところの精神」（PdG. 530f.）であり、形式的な規定としては、「純粋な知ることに関する知ること」「真実態における概念すなわち自分の外化との統一における概念」（PdG. 521）と言い換えられるにせよ、現実的には良心をめぐる対立と相互承認を介して複数の自我の間に自我＝自我の知、すなわち「一方はこの純粋に個別的な自己について知ること、他方は普遍的な自己について知ること」（PdG. 519）が実現されている事態を指す。すなわち絶対知とは個別的な自我が同時にまた対自的に「普遍的な自我」（PdG. 523）でもあることによって「自我が自分の他的存在のうちにおいても自分自身のもとにあること」（ebd.）が達成され、そうした自我において自らが精神であることが自覚されている事態なのである。このような意味において絶対知は自我の他者的視座への脱自的相互超越において達成される知の相互主観性の覚識を内包するものである。

しかし、ここで更に絶対知の内容が自他双方が個別的自我でありながら同時に普遍的自我でもあることを内実とする相互承認の実現であり、しかもそれ自身「精神が現実の歴史として為しとげる労働」（PdG. 526）の成果として捉えられていることが検討されねばならない。結論を先に掲げれば、絶対知が精神の労働の所産として「現実の歴史」と規定されたことは、ヘーゲル自身絶対知を、具体的内実を有する「一つの新しい世界にして精神の一つの新しい形態」（PdG. 530）として構想したことを示している。なぜなら、ヘーゲルは現実の歴史を「精神の国」の継起、つまり特定の形態をとって精神が交替しながら、各々の精神が先行する精神から「世界の国」を受け継ぎ、それを保存しかつ一段高い形式に高めるという仕方での継起と把握した上で、絶対知成立のメルクマールを「この自分のうちに存在するところの自我を否定すること」（ebd.）、すなわち伝統的実体概念に定位した自我の近代的定在形態の克服としているからである。抑々ヘーゲルがその都度の「世界の国」において自我および承認の定在形態が異なることを前提了解としていることは、彼がローマ的「法状態」における人格性に関して、「承認されて存在すること」を自我の実体性としながら、次のように言うことから明らかである。「しかしこの実体性は、〔ギリシア的人倫の場合とは違って〕抽象的な普遍性である。なぜならこの実体性の内容は、冷酷なこの自己であって、〔人倫におけるように〕実体のうちに溶け込んでいる自己ではないからである」（PdG. 316）。このかぎりヘーゲルは自我の定在形態の歴史的社会的被拘束性を視野に収めつつ、個別性と普遍性とが相即した新しい自我の定在形態が協働的実践を介して新しい「世界の国」において生起することを眺望している。すなわち、「この自分のうちに存在する自我を否定すること」そのことは、「各々の自我が自分を止揚するという外化」（PdG. 442）すなわち真の相互承認の現成であり、ヘーゲルはそれによってのみ「自分を精神の形態において知るところの精神」あるいは「我々なる我、我なる我々」が現実化することを展望しているのである。この意味において、絶対知を客観的精神とは異別の絶対的精神としてのみ解そうとするハーバーマス自身がヘーゲルの真意を捉えそこなっているのである。

次に問題とすべきことは、ハーバーマスが言う如く、イエナ期の最後にヘーゲルが自己意識の自己を高次の主体を表現するための唯一のモデルとし、この主体にあらゆる知を凌駕する高次の知を帰属させている（vgl. WuR. 220）か、ということである。ハーバーマスの論拠は、ヘーゲルが「精神の最終形態としての絶対知」を「自分の完全な、また真実な内容に自己 Selbst という形式を与える精神」（PdG. 523）と規定している点にあり（vgl. WuR. 221）、ここからハーバーマスは次のように言う。「絶対的精神は、フィヒテの自己自身を定立する自我の事行を体現かつ永続化するが、そうするのは絶対的精神が自然的発展と世界史の過程を通じて自己を伸張させるという仕方によってである」（WuR. 221）。要するにハーバーマスは、ヘーゲルが絶対的精神を高次の主体として前提し、その発現形態として自然および歴史を展開している、と見ているのである。だがこうした理解も、絶対知が独立した主体間の相互承認の運動によって成立するものとされていること、また絶対知の成立には歴史的前提が設定されていること、更には精神の運動が終りにおいてのみ初めに到達する自己内還帰の円還と捉えられていること、から支持しがたい。これらの点についても簡単な確認を試みよう。

さて、絶対知が独立した主体間の相互承認の運動の結果として成立するものとされていることは、既に確認したことであるが、今一度、その過程に高次のあるいは大きな主体が介在しているか検討してみよう。ヘーゲルによれば、対立する主体の一方、すなわち行動的良心は、個別態として自分のうちで普遍態に対する不同であり、他方の主体すなわち批評型の良心は、個別性を欠如した抽象的普遍態として自己に対する不同である。相互批判の過程で、前者は悪にいたる自己を放棄し告白を行ない、後者は赦しにおいて自己の抽象的な普遍態の冷酷さを断念し、この結果前者は本質である普遍態の契機によって、後者は普遍態であっても自己によって自分を補い、それぞれ自分を全体とするにいたる（vgl. PdG. 522）。このような行動の運動の結果「精神は（略）自己意識でもあるところの知ることの純粋な普遍態として、また知ることの単一な統一態でもあるところの自己意識として現われている」（PdG. 522）。このようにして成立する精神が絶対知であるが、このような精神が個別的主体を超越した大きな主体ではないことは、この精神を産出する主体が個別的自己と捉えられていることから確認される。「かくして宗教において内容あるいは他者を表象することという形式であったものと同じことが、ここでは、自己 Selbst が自分自身で為すことである」（ebd.）。このように精神の究極的形態たる絶対知を達成するものは、ヘーゲルにおいては絶対的精神という高次の主体ではなく、現実的主体としての自己と捉えられているのである。

次に確認すべきことは、絶対知の成立に歴史的前提が設けられることによって精神そのものが高次の同一主体として存立することにはならないということである。ヘーゲルは絶対知が成立するために歴史的前提があることを次のように言う。「精神が自分の何であるかを知っている精神として現にあるのは、自分の不完全な諸形態を克服すること、自分の意識のために自分の本質にかなった形態を創り出すこと、こうして自分の自己意識を自分の意識と同一化し一致させることという労苦を果たした後のいかなるときのことでもない」（PdG. 523f）。仮にハーバーマスが言うように、ヘーゲルが絶対的精神という高次の主体の運動として意識の歴史を構成したとするなら、そうした主体において自己意識と意識の同一化・一致は常に達成される仕儀になる。その際には、「時は自分のうちにおいて完成してしまっていない精神の負うべき運命と必然として現象してくる」（PdG. 525）と言われることもないはずである。絶対知の成立が歴史的条件が達成されることによって可能とされていることは、ヘーゲルが高次の主体を定立することを斥けたことを意味している。

ヘーゲルが高次の主体を擬設したのでないことは、更に精神の真実態にいたる運動が、自体を対自へ、実体を主体へ、意識の対象を自己意識へ変換することとして捉えられ、その性格が円還として次のように述べられていることから確認される。「この運動は自分の初めを前提しておいて、ただ終りにおいてのみ初めに到達するところの自己内還帰の円還である」（PdG. 525）。この円還は、一見初めを前提することによって、主体としての根源的統一あるいは直接的統一を定立するかに見えるが、円還は終り＝初めに達することによってはじめて現実的になるが故に、初めは根源的統一という性格を持つのではない。このことは、「真なるものは、根源的統一そのもの、あるいは直接的な統一そのものではない」（PdG. 14）と言われることから明らかである。より積極的に言えば、ヘーゲルが高次の主体を定立しないことは、彼が絶対者について「絶対者は本質的に結果である」「絶対者は終りにおいて初めてその真実態においてある」（PdG. 15）という言明によって、自分自身と成るという絶対者の本性が表現されるとしていることから確認される。高次の主体は、最初から真実態においてあるものであり、終りにおいて真実態においてあるものとなるものではない。このような意味においても、ヘーゲルが高次の主体を定立したと想定する必要はない。

以上ハーバーマスが言うように、ヘーゲルが高次の主体を定立したと捉える理由はないのであり、したがってまたハーバーマスが言うように、絶対的精神がそれまで匿名で展開された教養過程を自己自身の成立史として内面化しなければならない（vgl. WuR. 221）という事態も生じない。ヘーゲルが精神の教養過程として展開している内容は、精神の記憶に想い出として収蔵されるべきにせよ（vgl. PdG. 530）、それをなす特別の主体をハーバーマスのように設定する必要はなく、ヘーゲル自身述べているように、個人が教養を自覚的に自分のものにする、あるいは既に内面化された即自を対自存在の形式に転換することが必要とされるだけなのである（vgl. PdG. 23f）。

なお、ヘーゲルの近代的主体性への回帰という主張との連関でハーバーマスは、ヘーゲルは『論理学』において「概念」を自我あるいは自己意識のモデルに従って展開することによって、相互主観性は絶対的理念のうちでは痕跡を残すことなく主観性によって駆逐されていると批判している（vgl. WuR. 223）。たしかにヘーゲルは『論理学』においては直接的に相互主観性を扱うことはしていないかに見える。だがヘーゲルの「概念」そのものが、相互主観性を基盤にして成立していることは、『精神現象学』において概念が、「本質でありつつ定在である当のもの」（PdG. 523）、あるいは「自己的であるという形式においては定在も無媒介に思想であるが、このような自己的な形式においては内容は概念である」（PdG. 528）と言われるように、自分で運動し自分の諸規定を立てこれらを自分のうちに取り戻す対象自身の自己であるにせよ、それ自身絶対知という複数主体による相互承認の運動の結果成立するものとして、扱われていることから確言しうる。

また、ヘーゲルが『論理学』の絶対的理念においても相互主観性を視野に収めていることを、ハーバーマスの断言に反して指摘しうる。すなわちヘーゲルは自我ないし自己意識を概念とする立場を「自己意識こそまさに定在するところの純粋概念であり、したがって経験的に知覚しうる純粋な概念である」[14]と表明しながら、絶対的理念においては、善の理念の実現により、単に主観的な、内容上制限されている目的としての善の規定が止揚されることの帰結を次のように言うからである。「主観はその前提のために、その個別性にまとわられ、個別性を離れえなかったのであったが、この主観性の個別性は、ここにこの前提とともに消失する。こうして主観は、いまや自由な、普遍的な自己同一性としてあることになる。したがってこの同一性に対しては、概念の客観性は主観にとって直接的に存在する与えられた客観性であるとともに、また主観は自分が即且つ向自的に規定された概念であることを知る」[15]。主観が自由な、普遍的な自己同一性、ひいては即且つ向自的に規定された概念としてあるということは、自他の区別がありながら、この区別が止揚されている事態が実現していることを意味し、さらにこうした事態によって絶対的理念が現成することが見込まれているかぎり、明示的とはいえないにせよ、概念の展開過程としての論理学は、諸主観が相互に自己の個別性を克服する同一化のプロセスを主題としていると言えるのである。

ともかくヘーゲルは人間の本性を次のように捉えていた。「人間の本性は、他の人々との一致にまで向上しようと迫っていくことにあり、この本性の実現はもろもろの意識の共同性が成就されることにのみ、実在する」（PdG. 51）。このような意識の共同性を達成するものが主体として自己であり、その自己は次のような内容をもつものである。「実現された目的あるいは定在する現実的なものは、運動であり、展開された生成である。この生成という絶えざる動き Unruhe こそ自己である。（略）己れのうちに還帰したものこそまさに自己であり、自己は己れ自身に関係する相等性であり、単純態である」（PdG. 17）。この主体としての自己は、単なる自我としての近代的主体ではなく、既に確認したように「この自分のうちに存在する自我を否定すること」ができる、脱自的かつ自己超克的な自我である。この意味において、ヘーゲルは自ら批判した近代の主体性概念を自らの哲学の基礎に据えるにいたったというハーバーマスのヘーゲル理解は失当なのである。

四　近代の意味と哲学の課題

ハーバーマスによるヘーゲルの誤解ないし曲解は、究極的には両者の近代把握の差異に淵源する。最後にヘーゲルの近代把握とそれへの対処の仕方、そして哲学に与えた課題について検討しよう。

ハーバーマスはヘーゲルを「近代の明快な概念を展開した最初の哲学者」（PDM. 13）として位置付け、更にヘーゲルが近代の原理として主観性を発見し、これによって近代世界の卓越性と危機をはらんだ性格を説明しようとしたがゆえに「近代を概念をもって捉えようとする精神の最初の試みは、その始まりからして近代批判と同根であった」(PDM. 27)と捉える。実際ヘーゲルは彼の哲学的デビュー作『フィヒテとシェリングの哲学体系の差異』(一八〇一年刊)において精神と物質、霊魂と肉体、信仰と悟性等という形式で表明される諸対立が「文化の進展とともに理性と感性、知性と自然、一般的概念としては、絶対的主観性と絶対的客観性という対立の形式に移行してしまった。そのような固定された諸対立を止揚することが理性の唯一の関心である」(16)と記し、近代、とりわけ主観性の批判的克服を自己の哲学的課題として定立している。このような課題意識が『精神現象学』をも貫いていることは、精神の現在の立場について「精神にとってただに自分の本質的性格が喪失されているだけではなく、精神はこの喪失を自覚してもおり、自分の内容が有限性であることを自覚してもいる」(PdG. 7)と書かれていることから明らかである。

それではヘーゲルは、『差異』論文で表明された、諸対立を止揚するという「理性の唯一の関心」を『精神現象学』ではどのように完遂することができたのか。実際にヘーゲルが提出できた諸対立を克服するというプランは、これまで確認してきた、相対立するタイプの良心の相互承認による絶対知の成立というものであった。『精神現象学』本文では絶対知の成立が叙述されているにせよ、対立を経て宥和にいたるとされる異なる良心把握のタイプが存したことは事実であっても(vgl. PdG. 611f)、現実的には「美しい魂」が靄のように消え去る、と叙述されているとおり(vgl. PdG. 433)、一つのモデルであるノヴァーリスは肺結核で死に、行動型良心との宥和あるいは相互承認に関与することはなかった。ヘーゲル自身「我々の時代が誕生の時代であり、新しい時期への過渡の時代であることは、見るに難しくない」(PdG. 9f)と言いつつも、彼が挙げることができたのは世界の動揺の個々の「予兆」、あるいは何か新しいものが近づきつつあることの「前兆」としか言いえないものでしかなかった(vgl. PdG. 10)。このような意味においてヘーゲルの近代批判がもたらした具体的成果は『精神現象学』

の枠内では豊かとは言えないのかも知れない。

しかし、具体的成果の多寡をもって哲学的理論の意義を測ることには慎重でなければならない。批判の真率性と成果の多寡とは別だからである。このことはハーバーマスの近代理解との対比から明らかとなる。改めて確認するまでもなく、ハーバーマスの近代理解は、近代を「未完のプロジェクト」と評価し、その完遂を求めるものであるが、その根拠は次のように言明されている。「了解志向的行為の理性的な潜在力が解き放たれたる場合の生活様式のもろもろの特徴は、一八世紀以来ずっとヒューマニズムに特徴付けられたヨーロッパのブルジョワ階級の自己理解や政治理論、教養理想や芸術・文学に反映されてきた。形而上学的、宗教的な世界像は、支配の正統性認証の機能を合理的な自然法の法原理に譲り渡してゆき、近代国家は私法によって組織された取引を中心とする権力抜きの社会秩序のパースペクティヴに立って正当化される。同時に市民的な理想は私的な生活領域にも浸透してゆき、愛と友情における個人主義や、内面化された家族関係という道徳感情の文化が芽生えてくる」（TkH2. 485f.）。

このような近代評価に基づきハーバーマスが既にみたように生活世界をコミュニケーション的行為、ひいては相互主観的相互承認が成立する場として捉え、そのような理論的枠組からヘーゲル解釈を試みたことは改めて確認するまでもない。だが果たして近代世界の内部で、ヘーゲルが提起したような相互承認は成立したと言えるのか。明らかにヘーゲル的視点に立てば、ハーバーマスは成立しもしなかった相互承認を成立したものとして既在化し、そこから、全理論を構築し、ヘーゲルをも批判しているのであって、そのこと自身の妥当性がまず問われねばならないのである。

それではヘーゲルは近代批判という消極的作業のみに従事したのか。固定された諸対立を止揚することを理性の唯一の関心としたヘーゲルが、社会的場面で「新しい世界の建物」（PdG. 10）として構想したものの一つの帰結が『法哲学』（一八二〇年）である。ハーバーマスはこの著作を念頭においてヘーゲルの「立憲君主制」（WuR. 206）擁護を読み取り、異なる文脈において次のようにヘーゲル哲学全体の全否定に取りかかる。「〔ヘーゲルの〕哲学は世界がいかにあるべきかを教示することはできない。哲学の概念の中には、ありのままの現実が反映しているだけである。哲学は現実に批判的に立ち向かうことはもはやせず、主観的な意識と客観的に形成された理性との間に入り込んで来る曖昧な抽象に立ち向かうのである」（PDM. 56）。このような批判が、一見妥当性を持つかのように見えながらその実実際には虚偽性しか持ち合わせていないことは、一つの事例を通じて明らかになる。既に確認したように『精神現象学』のヘーゲルは、真の相互承認が成立する前提を「この自らのうちに存在する自我の否定性」（PdG. 530）に求めたが、このような姿勢は、『法哲学』においてはより具体的な場面で次のように再現されている。「おのれの技能を行使し、よってその成果を取得するという市民社会の成員のいわゆる自然的権利が職業団体において制限されるのは、技能が職業団体において理性的性質をもつように規定されるかぎりにおいてだけである」（PdG. [§254] 396）。自然権行使の制限を説くこの文章そのものは、市民社会における所有の不平等を克服するために職業団体が第二の家族の機能を果たす点での基軸的措置を表明したものと解される。自然権の保護とその自由な行使は近代の所有制度の根幹をなすものであり、ヘーゲルが自然権行使の制限を主張したのは、近代の所有制度を黙認するかぎり、全社会的な相互承認は成立しないことを洞察したからであった。

このかぎりハーバーマスが二重の誤りを犯していることが明白になる。一つは、先にみた、哲学の概念の中にはありのままの現実が反映しているだけとするヘーゲル哲学の性格規定は実状に反しているということである。一見ありのままの現実の反映のように見える概念のうちにヘーゲルは、自らの近代批判の意図を注入してその概念を鋳造しているからである。もう一つのハーバーマスの誤りは、彼が近代のブルジョア社会の発展段階の一時期を理想化し、そのうちに相互承認の実現およびその場としての生活世界を見込んだことである。そこから彼の「生活世界の植民地 Kolonialisierung」（TkH2. 293）というテーゼも提出されることになる。だが近代社会内部で相互承認が実現したことはなかったし、生活世界の内容として相互承認の実現が不可欠なわけでもない。この意味においてハーバーマスのコミュニケーション的行為の理論は、仮構の理論でしかない。

ところで右のような反論に対するハーバーマスの再反論が事前に展開されているとみることもできる。それは、ヘーゲルは、その内部において全ての人間の同等な自由の実現という尺度に従って諸制度が理性的形態をとる近代国家を是認することによって、「強い制度主義」（WuR. 226）を擁護し、結果として、個別者の主体的自由よりも国家という高次の普遍的主体を優位に置くことになる、というものである。ハーバーマス自身は自己の見地を次のように展開している。「普遍性と個別性を媒介するための別のモデルを呈示するのは、協調の強制のもとにある、つまり存立のためには協調せざるをえない対話的共同体における強制なき意志形成という高次の相互主観性である。すなわち自由、平等な成員のもとで強制なく達成された合意の普遍性の中には、個人が控訴できる可能性が留保されている。制度的に共同意志を具現化する際にとる特定の形態に対しては異議を唱えることができるのである」（PDM. 54）。このような見解は、現代の民主主義的憲法国家に内具されているとされる、社会の自己変容をもたらす徹底的な改良主義の評価に裏打ちされている（vgl. WuR. 214）。

だが、はたしてこのような反論は妥当性を有するのか。まず国家の個人に対する優位を内容とする「強い制度主義」が実際にヘーゲルの目ざしたものであるか検討してみよう。『精神現象学』においては、既に確認したように、「対象的な現実的世界」としての精神がすべての人々の「根底」「出発点」であり、「目的」「目標」でありながら、それ自身また「すべての人々の、各々の人の為すことによって彼らの統一として、彼らの同一として生み出されるところの普遍的な作品」（PdG. 289）であることが言明されていた。ここで言われる「対象的な現実的世界」には当然のことながら国家も含まれることから、ヘーゲルは国家を、一方では独立した主体として諸個人に優越するものとしながら、もう一方では諸個人の活動の所産として、諸個人の下位に立つものとしている、と言える。要するにヘーゲルは、国家を個人に優越する高次の主体とのみは位置づけていないのである。こうした観点が『法哲学』においても維持されていることは、次の記述から確認できる。「精神はおのれを現にそれとして知っているまさにそのものとしてのみ現実的であり、そして国家は一国民の精神として、国家のあらゆる関係を隈なく貫く掟であると同時に、国家に属する諸個人の習俗であり意識である。だからして一定の国民の体制というものは、要するにその国民の自己意識の状態と形成とに依存する」(PdR.[§274] 440)。ここで述べられていることは、どの国民も自分の政治意識の成熟度に応じた国家体制しか持ちえないということであるが、そこには国家を国民に先行する優越的主体とする理解は存在しない。

だが同時にヘーゲルにとって国家は個人に解消されるものではないことも事実である。彼は言う。「国家は客観的精神なのであるから、個人自身が客観性、真理性、倫理性を持つのは、彼が国家の一員であるときだけである」(PdR. [§258] 399)。とは言え、ヘーゲルが国家に認めた客観的精神としての尊厳性とは、国家が相互承認を担保する機関であるかぎりである。このことは、ハイデルベルクでなされたヘーゲルの最初の法哲学講義の国家の冒頭部分で「相互に承認することが現存しなければならない[17]」と述べられていることから確認される。このように見るとき、たしかにヘーゲルには「強い制度主義」が認められるにせよ、これ自身は歴史的な近代社会においては、相互承認が成立しないことを見越してのことであって、無批判的に国家を個人に優越する主体として称揚したからではなかった。

翻ってハーバーマスが説く「対話的共同体における強制なき意志形成という高次の相互主観性」なるものが、現実的場面で社会的相互承認の実現をどれだけ進捗させているかは、はなはだ疑問と言わざるをえない。結論的に言って民主主義的立憲国家体制をとりながら、格差社会である現代ドイツにおいて、彼が主張するコミュニケーション的行為なり討議倫理なりによって、市民間の格差が縮少し、高次の相互主観性なるものの効力が実証できたとは、到底評価できないのである。(18)

以上のようにヘーゲルとハーバーマスの近代に対する姿勢の差異を確認するなら、究極的には哲学の課題をどのようなものとして捉えるか、という問題に行き着く。最後にこの点について確認しよう。

ヘーゲルが哲学の課題としたことは、表向きは精神について知ることであるにせよ、それ自身「新しい世界の建物」(PdG. 10)を描くことを目的とするものであった。まず、ヘーゲルが精神について知ることを哲学の課題としていることは、次の記述から知られる。「精神が即自的に、すなわち世界精神として完成する以前には、精神は自己意識的精神として完成することはできない。それゆえ、精神とは何であるかを言い表わす上において、時間においては宗教の内容が学〔哲学〕に先立つ。しかし、学のみが精神自身についての真なる知ることなのである」(PdG. 525f.)。ここでヘーゲルは学＝哲学の仕事を宗教の内容として与えられているものを真の知として把握することとしているように見える。だが彼が精神について真なる知ることとしたことは、新しい形態に向かう己れを形成する精神をその直接態ないし概念において単に捉えることではなく、その「完全な現実性」(PdG. 10)において展開することであった。このような哲学の課題は次のように表明されている。「この単純な全体〔端初〕が現実性をうるのは何によってかと言うと、今では諸契機となっている諸形態が再び新たに、しかしそれらの新たなる場面において、すなわち生れ出てきた新しい意味において展開され、形態を与えられることによってである」(ebd.)。要するに哲学は生成した単純な全体の諸契機に新たな場面において新しい意味および形態を与えること、すなわち、「新しい世界の建物」を立ち現わせることを課題とするのである。

このように既存のものを素材として新たなるものを描出するという創造的機能を哲学の課題とする姿勢は後年

も変わらない。たしかにヘーゲルは『法哲学』序文において「存在するところのものを概念において把握することが哲学の課題である」（PdR.[Vorrede] 26）と言明しているが、この言明が意味することは、『法哲学』の内容からしてやはり哲学の課題は、単なる既存のものの観照ではなく、職業団体論にその一端を見たように近代社会のさまざまな問題を批判的に克服するための諸制度の構案ということになる。このような理解は、『哲学史講義』における、哲学を新しい時代を産み出す母胎とする次の把握によっても裏付けされる。「この知識〔哲学〕は、精神の現実性であり、精神の自己知である。この意味で形式的区別は、また実在的な、現実的な区別でもある。その点でこの知識こそ〔精神の〕発展の新しい形式を産み出すものなのである。〔略〕かくして哲学はすでに精神のより進んだ性格なのである。すなわち哲学こそ後に現実的形態に歩み出る精神の内的な誕生の場所なのである」[19]。このようにヘーゲルにとって哲学は、現実を超え、新しい現実を創出するための青写真であった。

これに対してハーバーマスが哲学の課題とするのは、あくまでも近代の可能性の擁護である。そのことを彼はヘーゲル批判という形で次のように述べている。

「近代にとって何よりも重要なものとは、瞬間の中に重々しい意味が込められており、そのうつろいゆく瞬間的なもののうちに、未来の、しかもたえずその都度迫りくる未来の問題が凝集して結節点を作っているという、そうした瞬間性のことである。こうした同時代史的なアクチュアリティーの中からこそ哲学への欲求が出て来ることになるのに、まさにこうしたアクチュアリティーを晩年のヘーゲルは単に経験的なものであるとし、『悪しき無限性』という『偶然的で』『一時的な』『無意味で』『うつろいゆくだけの』『萎縮した』存在であるとみなし、本質的な、もしくは理性的なできごとの構築からは排除してしまったのである」（PDM. 67）。

この一文でハーバーマスがいう瞬間性とは、曖昧な概念であるが、別の文脈で「コンドルセのようなタイプの啓蒙主義者たちは、芸術と学問の発展によって自然の諸力に対する支配が進むだけでなく、世界と自我の解釈が、更には道徳進歩が、公正な社会制度が、そしてついには人間の幸福が、促進されるだろうという期待に満ち溢れていた」[20]と言われる中で挙げられている自然の諸力に対する支配、道徳的進歩、公正な社会制度、人間の幸福といったものの進捗が認められる時期を指しているのであろう。このような啓蒙主義の志向を擁護し、進展させることがハーバーマスにとっての哲学の課題と言える。だが、このような形で立てられた哲学の課題が著しく守旧的性格を持つことは看過されるべきではない。啓蒙期と同じ価値観で例えば、自然支配や自由主義的社会制度を肯定するなら、現在生じている自然環境破壊に対処することはできないし、自己責任の美名の下に放置される社会的弱者は救済されることもない。無論これらの問題をハーバーマスが座視していると論難するつもりはないが、彼の基本的立脚点が啓蒙期の価値観であることからは、啓蒙期では潜在的でありながら後に顕著となったこれらの問題がそれ自身として直視されるとは見なし難い[21]。むしろ近代を批判的に捉えたヘーゲルが、最終的に批判を緩和してその矛先を鈍らせたと曲解してすませるのではなく（vgl. PDM. 56）、近代を克服するためにヘーゲル自身どのような思索を展開したのか、という観点から、彼のテクストを再読した方が彼我両者にとって能産的と言える[22]。

むすび

ヘーゲルの『精神現象学』は周知のように『学の体系』の「第一部」として位置づけられ、最初の構想では比較的コンパクトな内容の著作であった、と想定されている（vgl. PdG. xvii f.）。恐らく元来構想された内容は、『精神現象学』刊行後ヘーゲルが一八〇八年から勤務したニュルンベルクのギムナジウムでの意識論の授業内容に対応するものであろう。その一つでは意識論が「哲学入門としての精神論 Geisteslehre」とも言い換えられ、

Ⅰ意識一般（感性的意識――知覚――悟性）、Ⅱ自己意識（欲望――主と奴――自己意識の普遍性）、Ⅲ理性という構成がとられ、相互承認により自己意識の普遍性が獲得され、理性において意識と自己意識との、あるいは対象についての知と自己についての知との合致、すなわち「概念」が成立することが述べられている。[23]『精神現象学』の原型的構想がこうしたものであったとすれば、ヘーゲルはその内容を執筆する過程で、単なる構想の図式的な概念的叙述にあきたらなくなり、実際に、相互承認が成立し、概念が現成する過程を論定する必要性を自覚し、実行を試みた結果現在の『精神現象学』ができ上った、とみることができる。この意味において『精神現象学』の根本テーマは、相互承認、とりわけ近代の公共的世界における相互承認の成立条件なのである。

ところでヘーゲルは社会的場面での相互承認が成立する条件を近代的自我あるいは主体性の内在的克服に求めることによって、『精神現象学』では絶対知を成立ずみのものとし、その上で概念の自己展開としての『論理学』を構築し、またこうした前提の下に相互承認を実際的に保証するための社会的諸制度を客観的精神として展開した。この結果『精神現象学』において求められたものは絶対知＝絶対的精神という高次の主体であり、『法哲学』において展開されているのはありのままの現実の概念的反映にすぎないという誤解が成立する。こうした誤解を、ハーバーマスだけでなく、承認の現代的意義を理論化しようとしているアクセル・ホネットもまた犯している。例えばホネットは『精神現象学』については次のように言う。「『精神現象学』は、それまでの精神の社会化の過程をあらゆる段階を通じて推進していく道徳的な運動力となっていた承認をめぐる闘争に、自己意識の修養Bildungというただ一つの機能だけをゆだねている」。[24]ホネットの理解に反し、ヘーゲルが『精神現象学』で展開しているのは、どのようにすれば相互承認が成立するかという問題であり、自己意識の修養などという抽象的な問題ではないし、相互承認は道徳的運動力なのではない。またホネットは、相互主観的な承認のモデルとして愛、法、連帯を挙げ、「ヘーゲルも、ミードも、集団的な同一性を形成していく連帯の力を失わずに、ありとあらゆる生活目標に対して開かれている倫理的な価値の抽象的な地平を規定するという、自らが設定した目標を達成しそこなってしまった」[25]と断定する。ホネットが直接問題にしていることは、若きヘーゲルはすべての公民による連帯を形式的なものとして提示できたが、それを感情的内容によって基礎づけることはできなかったということである。ホネットは先の『現象学』評価によって、『現象学』以後のヘーゲルの著作を検討しようとはしないが、『法哲学』の根本問題もやはり相互承認であり、そこで市民社会の成員に成立が見込まれているひとかどの人物としての名誉を産み出す「誠実さ」（PdR. [§253] 396）は、次の一文が示すように市民社会の成員が国家の成員でもあるとされることによって、国民相互を結合する感情ともみなされる。「具体的な国家は、それぞれのもろもろの特殊な仲間集団へと分節された全体であり、国家の成員はこうした一身分の成員でもある」（PdR. [§308] 477）。このようにみるならヘーゲルはホネット的観点からは「誠実さ」を持つ市民の相互評価に基づく連帯を構想したとも言えるのである。

ともかくヘーゲルは『精神現象学』において相互承認が成立する要件として自己否定的自己超克的自我を発見し、自我の脱自性を解明したのであり、現在も相互承認が問題となるかぎり、『精神現象学』は、刊行後二〇〇年経た現在においても汲み尽くせぬ意義を有しているのである。

注

ヘーゲルとハーバーマスの著作のテクストは以下の略符号で表示し、その後に頁数を付加する。

PdG = Georg Wilhelm Friedrich Hegel, Phänomenologie des Geistes, neu herausgegeben von H.-F. Wessels und H. Clairmont, Hamburg 1988.

PdR = G. W. F. Hegel, Grundlinien der Philosophie des Rechts, G. W. F. Hegel Werke in zwanzig Bänden, Bd.7, herausgegeben von E.

Moldenhauer und K. M. Michel, Frankfurt am Main 1970. 〔 〕内は節数を示す。

TkH = Jürgen Habermas, Theorie des kommunikativen Handelns, 2Bde., Frankfurt am Main 1981. 略符号の後の数字で巻数を示す。

PDM = J. Habermas, Der philosophische Diskurs der Moderne, Frankfurt am Main 1985.

WuR = J. Habermas, Wahrheit und Rechtfertigung, Frankfurt am Main 1999.

（1） Vgl. E. Tugendhat, Selbstbewußtsein und Selbstbestimmung, Frankfurt am Main 1979, S.27f., 50ff.

（2） Cf. S. Shoemaker, Self-reference and Self-awareness, in : The Journal of Philosophy, vol. LXV, no.19, New York 1968, p.563. D. Henrich, Selbstbewußtsein, in : Hermeneutik und Dialektik I, herausgegeben von R.Bubner, K.Cramer und R.Wiehl, Tübingen 1970, S.206. U.Pothast, Über einigen Fragen der Selbstbeziehung, Frankfurt am Main 1971, S.18f.

（3） Cf. R. Descartes, Les Principes de la Philosophie, en: Descartes Oeuvres et lettres, Paris 1953, p.574.

（4） I. Kant, Kritik der reinen Vernunft, herausgegeben von P. Schmidt, Hamburg 1956, S.416 [B.422].

（5） J. G. Fichte, Grundlage der gesammten Wissenschaftslehre, in : Fichtes Werke, Bd.,1, herausgegeben von I. H. Fichte, Berlin 1971, S.97.

（6） 故廣松渉教授『存在と意味』一九八二年、二二五―二四二頁参照。

（7） ヴェルナー・ベッカーのヘーゲル批判がこの点に集中していることはよく知られている。Vgl. W. Becker, Hegels Phänomenologie des Geistes, Stuttgart 1971, S.50ff.

（8） Descartes, op.cit., p.594.

（9） ハーバーマスの生活世界と相互主観性の関係把握に関する包括的考察としては、竹村喜一郎「ハーバーマスにおける生活世界概念の二義性」（筑波大学比較文化学類『比較文化研究』第3号、二〇〇七年三月、八七頁―一〇三頁）を参照されたい。

（10） E. Husserl, Die Krisis der europäischen Wissenschaft und die transzendentale Phänomenologie, Husseliana, Bd. VI., Den Haag

1962, S.51.

(11) Vgl. Husserl, Cartesianische Meditationen, Husseliana Bd. I., Den Haag 1962, S.182f. Husserl, Krisis, Husserliana, Bd. VI., S.171.

(12) Hegel, Gesammelte Werke, Bd.6., Jenaer Systementwürfe 1, herausgegeben von K. Düsing und H. Kimmerle, Hamburg 1975. S. 318.

(13) Cf. T. Pinkard, Hegel's Phenomenology : The Sociality of Reason, Cambridge 1994, p.252.

(14) Hegel, Gesammelte Werke, Bd.12., Wissenschaft der Logik, Zweiter Band : Die subjective Logik (1816), herausgegeben von F. Hogemann und W. Jaeschke, Habmburg 1981, S.194.

(15) Ibid., S.235.

(16) Hegel, Differenz des Fichteschen und Schellingschen Systems der Philosophie, in : Hegel, Gesammelte Werke, Bd.4., Jenaer Kritische Schriften, herausgegeben von H. Buchner und O.Pöggeler, Hamburg 1968, S.13.

(17) Hegel, Vorlesungen über Naturrecht und Staatswissenschaft, Heidelberg 1817/18, in : G.W.F.Hegel, Vorlesungen, Ausgewälte Nachschriften und Manuskripte, Bd.1., herausgegeben von C.Becker, W.Bonsiepen, A.Gethmann-Siefert, F.Hogemann, W.Jaeschke, Ch.Jamme, H.-Ch.Lucas, K.R.Meist und H.Schneider, Hamburg 1983, S.174.

(18) 二〇〇七年十月のドイツの失業率は、Spiegel Online（www.spiegel.de/wirtschaft/）によれば、八・二パーセントで三百四十三万人に上る。言うまでもなく就業者と失業者との対立だけではなく、ドイツでは失業者内部での旧連邦国（旧西ドイツ）と新連邦国（旧東ドイツ）との格差が存在する。

(19) Hegel, Vorlesungen über die Geschichte der Philosophie I, Werke in zwanzig Banden Bd.18., herausgegeben von E.Moldenhauer und K.M.Michel, Frankfurt am Main 1971, S.74f.

(20) Habermas, Die Moderne - ein unvollendetes Projekt, in : Derselbe, Zeitdiagnosen. Zwölf Essays, Frankfurt am Main 2003, S.16.

(21) 例えば Unkritische Theorie : Gegen Habermas, herausgegeben von G.Bolte, Lüneburg 1989. に収められた諸論文は、この点

に言及している。

（22）以下の著書がこうした試みをなしているものとして挙げられる。D.MacGregor, The Communist Ideal in Hegel and Marx, Toronto 1984. F.Reusswig, Natur und Geist : Grundlinien einer ökologischen Sittlichkeit nach Hegel, Frankfurt am Main 1993. O.-S.Yang, Hegels Technikverständnis und Versöhnungsinteresse zwischen Natur und Geist, Würzburg 1998.

（23）Hegel, Mittelklasse Philosophische Vorbreitungswissenschaften, in : Hegel, Gesammmelte Werke, Bd.10,1., Nürnberger Gymnasialkurse und Gymnasialreden（1808-1816), herausgegeben von K.Grotsch, Hamburg 2006, SS.99-115.

（24）A.Honneth, Kampf um Anerkennung : Zur moralischen Grammatik sozialer Konflikte, Frankfurt am Main 1994, S.104.

（25）Ibid., S.286.

付記　本論は内容上既発表の拙論「ヘーゲル自我論の方位」（筑波大学哲学・思想学系紀要『哲学・思想論集』第十一号、昭和六十一年三月刊）と重複する部分があることをお断りしておく。

Entfremdung と啓蒙の精神——伝統的価値秩序の解体、あるいは新たな着手点

滝口清栄

はじめに

『精神現象学』（一八〇七年）には、時代の帰趨を見定めようとする生成の意識が働いている。意識が学の境地に向かう途上には、さまざまな舞台があり、そこには歴史的視野の豊かさがある。「精神」章は、とくに近代の批判的検討を含んでいる。ヘーゲル左派の思想家がヘーゲル哲学の誕生の現場をここに見て、時代を読み解く鍵を探ろうとしたのもうなずける。このヘーゲル左派の思想圏に、時代批判のキー・コンセプトとして、疎外（Endfremdung）概念が登場する。(1) その後、疎外概念は、K・マルクス『経済学・哲学草稿』（一八四四年執筆）の公表（一九三二年）をまって、あらためて思想界に登場する。そしてマルクスが先の草稿で『精神現象学』の「疎外」論を標的にしていたこともあり、ヘーゲルの疎外論に目が向けられるようになる。

ところで、ヘーゲルの「疎外」概念は、『精神現象学』のなかでもとくに「精神」章Bに集中して現れる。「精神」章Bの疎外概念は基本的な枠組みとその働きという点で、ヘーゲル左派のB・バウアーやL・フォイエルバッハそしてマルクスなどの疎外論と大きく異なっている。しかし、「精神」章Bの疎外概念は、ヘーゲル左派的

な「疎外」概念に引きつけて理解される向きがあった。本稿では、「精神」章BのEntfremdung概念本来の基本的な枠組みとはたらきを明らかにし、法哲学形成史にとっての意味を明らかにしてみよう。[2]

「精神」章Bは、古代ローマの「法状態」を前提とし、フランス革命の「絶対自由と恐怖」にいたる。ヘーゲルは、その途上で、公的なものを善とし、私的なものを悪徳視する伝統的な固定した価値観、諸関係を、Entfremdung概念を駆使して突き崩し、すべてに理性の光をあて批判を向ける近代的啓蒙の意識、すなわち「純粋自己意識」、「純粋明察（reine Einsicht）」を登場させる。この意識は、よるべきものがない現実から逃れた「信仰」の意識を批判し、さら地上に立ち返って世界の変革に向かう。「純粋明察」にとって、彼岸性をもつものは何もなく、世界は自分の意志のうちにある。個別的意志がみずからの普遍性を確信し、それがそのまま普遍的意志となり、主権を打ち立てる（「絶対自由と恐怖」）。以上がもっとも基本的なシナリオとなるであろう。ここには近代的啓蒙の精神とそこから生じる共同体構想についての総括がある。ヘーゲルの共同体構想にとって、「絶対自由と恐怖」はどのような意味をもつのか。「絶対自由と恐怖」の問題は、個別意志の側から〈普遍的なものと個別的なものの統一〉を現実のなかで、これら二つの局面に何ら媒介をおくことなく実現しようとする点に由来する。伝統的な公を善、私を悪徳視する価値観を放棄して、普遍的なものと個別的なものの原理的区別を前提におくことが、「精神」章Bを通して人倫的共同体を構想する上で総括となるであろう。この視点は『イェーナ体系構想Ⅲ』に通じている。

一　固定した価値観の解体と近代的主体の形成――「精神」章Bのテーマ

（一）「精神」章Bの Entfremdung 概念―固定的存在の解体

『精神現象学』には生成の意識が働いていると述べておいた。序文の「現代は誕生のとき」であり、「精神は新たに自分を形成しなおす仕事にとりかかっている」（GW9.14, 上十一）は、それを伝えている。「精神」章Bもこのコンテクストのなかにある。〈自己（自己意識）〉は、「A　真の精神、人倫」（ギリシア的人倫）を出発点として世界経験を重ねて、「C　自己自身を確信する精神、道徳性」、その完成としての「良心」にいたる。「精神」章の冒頭に、「精神は、直接無媒介のありかた（ギリシア的人倫）を越えてその何たるかの意識にまで進んでいかなければならない」（GW9.240, 下七三八）とある。ヘーゲルは、「理性」章B冒頭で述べていた、積極的な意味での「人倫的実体とは何かの意識」（GW9.196, 上三六〇）の成立を、つまり近代の境位に立つ人倫の知の成立を、「良心」に見定めていた。

そこでは、G・ルカーチが指摘するように[3]「外化（Entäusserung）」概念が重要な役割を果たしている。『精神現象学』のなかで、意識は自然的意識から出発して、教養形成をへて、「精神の自己知」（絶対知）に進んでいく。ヘーゲルは、二つの方向がそのなかで必要であると言う。それは、「自己意識が自分を外化して、自分を物つまり〈普遍的な自己〉となすこと」、そして「実体が自分自身を外化して、自己意識となること」（GW9.403, 下一〇九三）という二つの方向の「外化」である。そのとき、〈実体の外化〉とは、「神的実在が人間となること」（GW9.405, 下一〇九八）、つまり受肉（incarnatio）の哲学的意味を問う「啓示宗教」論の境位をさしている。それに対して、〈自己意識の外化〉は、おもに自己意識が「精神」章の対象的世界とかかわるなかで、その対象性を止揚する過程を主宰している。このなかで、意識は「対象の個々の規定を各々自己として把握することによって、対象が意識に対して真に精神的な実在となる。」（GW9.422, 下一一三八）Entfremdung概念は〈外化〉概念とともにこの場面ではたらいている。では、「精神」章Bの特徴はどのような点にあるのか。次の一文を見てみよう。

「この精神は、ただ一つの世界を形成するだけでなく、二重の世界を、しかも分離し対立する世界をみずから形成する。…（現実世界の）それぞれの契機は実在（Wesen）として、その意識を、したがってその現実性を、他方の契機から受けとる。それぞれの契機が現実になるそのとき、その実在は、その現実性と違うものになってしまう。何ひとつとして、自己自身のうちに根拠のある精神をもっていない。かえって自己のそとに出て、（自分とは異なる）よその（fremd）精神のうちに存在する。」（GW9.265, 下七八七-八）

「精神」章Bは一つの世界を扱う。しかし、それはつねに二重の相で、つまり公共の「国家権力」に対して、私的利害の「富」、あるいは変転する現実の世界に対して、それを逃れた安定した、信仰の天上界というように現れる。とくに現実の世界の二つの契機は、その世界をかたちづくる確固とした制度である実在と想定されて、互いに原理的に異なる（fremd）あり方をしている。この実在が、それに自発的にかかわる自己意識によって、現実のものとなると、まさにそのときに、この実在とは異なる（fremd）他の実在に転じてしまう。たとえば、公共の「国家権力」は私的利害の「富」に転じてしまう。あるいは逆に「富」が私的利害にからむばかりでなく、「国家権力」とともにあったような公益的なものに転じてしまう。「精神」章Bの世界では、すべてがこのように自分のうちに根拠をもたない。確固たるものは何ひとつ存在することなく、すべてが変転するなかで、もっとも確固としたものとして「純粋な自己」(GW9.286, 下八三二) が姿を現すことになる。

このように「純粋な自己」、近代的啓蒙の精神は、あらかじめ前提として立てられた固定観念や価値秩序の解体をへて登場する。Entfremdung のはたらきは、そのような確固とした秩序を流動化し、さらにあるあり方をその反対のあり方へと転換する点にある。Entfremdung の用法を次の一文に見てみよう。「(公共的な) 国家権力は die sich entfremdete Selbständigkeit である。」(GW9.278, 下八一七) 国家権力は、私的利益からなる「富」とは異なり、真に公的で善なるもの、自立的なものとされる。先に述べた「自己意識の外化」を通して、この自立したあり方が〈自分から離反して〉非自立的なものとなる。あるあり方が自分のあり方から離れて反対のものに転じる。ここに「精神」章Bの Entfremdung 概念の独自性があり、「精神」章Bに即するかぎりで、Entfremdung 概念に、本質的諸力が自分から失われて、よそよそしい対象の諸力となる、そして主客転倒が生じるというヘーゲル左派的な含意はない。

ところで、「精神」章Bのタイトルは、"Der entfremdete Geist;die Bildung" とある。[4]「精神」章Bで sich entfremden は、自分が自分のあるあり方から身を引き離す、もしくは自分が自分のあるあり方から離反するという意味で用いられる。本章ではこの意味を踏まえて、「自分から離反する」という訳語を使う。「精神」章の展開は、この意味を踏まえることでもっともよく読み解くことができる。

(二) 〈自己〉の変革を通して世界を形成する――離反と外化

「精神」章Bまでの経緯を簡単に振り返ってみよう。「美しい人倫的生活」(GW9.240, 下七三五、ギリシア的直接的人倫) は、人間の掟 (公共的領域) と神々の掟 (家族の領域) という二つの掟からなり、安定した均衡と統一をかたちづくっていた。しかし、アンチゴネーに見られる〈個人の行為の実行 (Tat)〉によって、二つの掟の対立、撹乱が生み出されて、悲劇的運命が訪れる。そうしてローマ的「法状態」が現われた。

個人は、直接的人倫の掟のなかで表立つ存在ではなかった。むしろ影であったが、今や行為の実行を通して、現実のなかに歩みでている。しかし、かつての生き生きとした共同精神は死せるもの、つまり「平等」となり、それとともに諸個人は無数に分散して、権利の主体としての法的「人格」となる。一方にバラバラになった砂粒のような群集、他方に個人の実生活から遊離した抽象的普遍（法 - 権利）に世界が引き裂かれる。そして、実質的なものはすべて、「ひとつの独自の威力」（GW9.262, 下七八一、皇帝権力）に集中する。個人は共同のきずなから離れて、偶然のなかに放り出されている。

「精神」章Bの前提となる「法状態」は、このようなものであった。普遍と個別がこのように分離するあり方は、たとえばヘーゲル左派のフォイエルバッハのように、人間の本質的諸力が人間自身から失われて、神という対象の本質的諸力として独自の力をもち、主体と客体の転倒が生まれるという事態ではない。個人たる〈自己〉は、共同のきずなを失い、存在のリアリティを失う。しかしそれと引きかえに、〈法的人格〉としての承認を手に入れている。ヘーゲルは、この個人のありようが、抽象的法、抽象的普遍としての対象的世界を支えている、あるいはこの個人のありようと対象的世界のありようが対応しているとする。これらの間に、とくに生きたつながりはない。

「この世界はそれ自体としてみれば（世界という対象的な）存在と個体性が浸透したものである。世界のこのあり方は、自己意識のなせるわざ（Werk、作品）である。しかし、同時に、直接目の前にある、自己意識にとってよその（fremd）現実、固有の存在をもち、そのなかで自己意識が自分を認識することのない現実である。」（GW9.264, 下七八六）

自己意識のありようと現実は、互いに他のあり方に支えをもっている。ここにヘーゲルは、自己意識が自分を変えることによって、対象的世界を変える可能性を見てとって、この現実の「否定的本質は、まさに自己にある。自己がその主体であり、行為であり、生成である」（ibid. 同前）と言う。分裂が生まれたからこそ、〈自己〉は「それだけで遊離している対象的現実についての意識」（GW9.265, 下七八七）として、対象的現実に能動的にかかわることができる。たとえば、国家権力と富について、自己意識は次のような態度をとることができる。「自己意識は、これらの対象から自分が自由であることを知っている。それらのうちのいずれかを選べると思っているし、何も選ばないこともできるとさえ思っている。」（GW9.271, 下八〇〇）「法状態」の分裂は新しい可能性なのである。

〈自己〉が主体となるためには、自分の現にあるあり方を変えなければならない。「（法的）人格の疎外（Entfremdung der Persönlichkeit）」は、この〈自己〉の変革にかかわる。ここに言う「疎外」は、ヘーゲル左派的な含意で、つまり本来的な法的人格というあり方が自分から失われて、対象の属性となって自立化することとは読めない。ヘーゲルは、〈自己〉が、抽象的な内実をともなわない法的人格というあり方から〈距離をとり、身を引き離す〉ことを語っている。Entfremdung der Persönlichkeit は、「（法的）人格からの（身を引き離す）離反」と訳したほうがヘーゲルの意図に沿うであろう。また、ヘーゲルは、この〈離反〉（疎外、Entfremdung）とともに「外化（Entäusserung）」も術語として使う。「外化（Entäusserung）は、ひとつの世界へと自分を秩序づけて、自分を維持する精神的威力である。」（GW9.265, 下七八六）〈外化〉は、おもに〈自己〉がみずからの自然性を放棄して、かえって主体性を発揮する行為をさしている。〈離反〉あるいは〈外化〉はそれを通して、〈自己〉が自分を変える論理であり、〈自己〉はそれらを通して、世界とかかわり、形成し、自分の主体性を発揮する論理となっている。「自分からの離反」としての Entfremdung 概念を通して、この事情を見てみよう。そこには、ある世界を形成する面と、そのある世界をその反対に転じるという反転の面がある。この二つの面から、固定した秩序の解体が完成するであろう。

二　〈自分からの離反〉を通して世界の形成と反転が生じる

（一）観念と現実を媒介する――〈形成〉としての〈自分からの離反〉

〈自分からの離反〉の意義をもう少し詳しく見てみよう

「自己意識はみずからの（形式的に承認された）人格性を外化（放棄）して自分の世界を創り出し、そして自己意識はその世界を今や自分のものとしなければならない。このように自己意識は、（自分とは）異なるもの（eine Fremde）としてのその世界に対してふるまう。世界の定在ならびに自己意識の現実性は、このような運動にもとづく。…あるいは自己意識は、自己から（身を引き離して）離反するかぎりで、ひとかどのもの（Etwas）であり、実在性をもつ。」（GW9.267, 下九七一-二）(5)

〈自己〉は自然的自己からから身を引き離し、それから離反するときに、表現をかえるならば、自然的自己を放棄するときに、社会性のある教養を身につけて、自分を普遍化できる。「個人は教養をもてば、それだけ現実性と威力をもつ。」（GW9.267, 下九七二-三）そのときに、〈自己〉は初めて普遍的なものとかかわり、それにリアリティを与えることができる。「個々人に関して教養形成として現れるものは、実体における思想上の普遍性がそのまま現実性に移行することである。…このようにして、即自（抽象的普遍）は承認されたもの、存在するものとなる。」（GW9.268, 下九七四）しかし、さらにめざす地点はこの先にある。いくたの舞台をくぐり抜けて、自己とは異なる（fremd）世界を自己のもとに捉えきる地点である。

今述べた形成の場面は、「思惟の上での実体」としての「国家権力」によく見ることができる。よく指摘されるように、「精神」章Bは、フランスにおける封建制の解体、封建貴族の宮廷貴族への移行、絶対王政の成立、商人階級の勃興、国家権力への富の力の浸透、伝統的身分秩序の解体、フランス革命という時代の流れにある。精神は、かつてのギリシア的人倫のような有機的な構成を失って、バラバラになり、生気のないかたまりとなっている。ここにあるのは、①あくまで個別的なものの根拠として、普遍（即自）を本領とする「自己同等的な（自立的な）精神的実在（Wesen）」、それから、②普遍的なものを個別的なものに委ねる実在（Wesen）、そして③「火の力を身につけた」「自己意識としての主体」（GW9.269, 下七九七）である。共同体をかたちづくる二つの制度（Wesen）は、現実としては、公共的な「国家権力」と、私的利害が満ちあふれる「富（Reichtum）」、思想としては、善（das Gute）と悪（das Schlechte）に結びつく。これはけっして近代的な見方ではない。公共的政治の場面を善とし、私的利害の富を悪とする思想は、近代以前のものである。私的存在あるいは利己心を倫理的に悪徳とみなすのが伝統的な見方であった。[6]「精神」章Bは、このような枠組みの解体もねらう。

さて、自己意識はこれらの実在に自由にかかわることができる。そこに二つの典型的な意識が、すなわち〈自己〉と実在に〈同〉を見る意識と〈不同〉を見る意識が生まれる。国家権力におのれの本分を見て、富がもたらす恩恵に感謝の気持ちをもてる意識、「高貴な意識」、そして前者に束縛と抑圧を見てとり、富に執着し、その恩恵に軽蔑の念をいだく「下賤な意識」である。

国家権力は、高貴な意識にとって、さしあたり「思惟の上での普遍的なもの」にすぎない。イデアールなもののために、高貴な意識は、個別的な私的なものを、みずから進んで犠牲にして、献身する（奉公のヒロイズム）。

それは、名誉に生き、「忠言（Rat）」をあえておこなう「誇り高き封臣」の態度を表わしている。あるがままの自分から身を引き離し、それから離反して、大義にふさわしい人士たらんとする。イデアールなものとしての国家権力は、熱心に担がれて、生命を吹きこまれ、「存在する普遍的なもの、現実的な権力」（GW9.274, 下八〇八）に生まれ変わる。

しかし、〈自分からの離反〉、〈自己意識の外化〉は、これで完成したわけではない。封臣は名誉に生きるにしても、世評を気にして「自分の特殊な福祉を留保している」、つまり私心を残しているために、国家権力は「決裁する自己（君主）」（GW9.277, 下八一五）をもつにいたらない。この離反と外化をさらに進めた地点で、「玉座に坐る者に向かって、彼が何であるかをいつも口にすることによって」、この「決裁する自己」が現実となる。この「追従の言葉」が誇り高き封臣を宮廷貴族に引き下げ、国家権力は一人の君主によってあまねく知られる（「朕は国家なり」）。ヘーゲルは、このように観念的な普遍的なものが現実的なものに生成する経緯を〈自分からの離反〉の論理で描きだす。

（二）価値秩序の転倒と〈自己〉の登場

ところが、この公共的な国家権力は、高貴な意識の外化（ないし自分からの離反）を通して、現実的な権力となったとたんに、この高貴な意識がそこから恩恵を受け取り、享受を引き出すもの、言いかえれば、悪としての富に変質してしまう。公共的な国家権力は私腹を肥やす手段と化して、「自己意識の契機」となってしまう。そして高貴な意識はこのような下賎な意識になりさがり、「権力の外化（放棄）」（GW9.279, 下八一七）、つまり空洞化が進み、国家権力や君主は空語と化していく。国家権力は、それだけで価値ある自立性であったのに、一転して「自分から離反した自立性」（GW9.278, 下八一七）、つまり非自立性となる。

こうして、国家権力は富に、善は悪に、高貴は下賤に、つまり普遍的「即自存在」たらんとした意識は、個別的私的な「対自存在」になりさがった。固定的な枠組の流動化、そして価値の転倒、これらは、あるあり方からの〈離反〉を通して遂行された。また「精神」章のコンテクストからすれば、この経験の意味は、自己意識の外部で真理とされた〈即自〉が、個別的な〈対自存在の契機〉となった点に、世界が自己のもとに捉えられる一歩となった点にある。

さて、富はこれまでの表向きの世界を飲み込むように、独自の威力となって日陰から日向におどりでた。富は、個人の享受のために差し出されるだけの存在ではない。富は、富を分かち与えること（Mitteilung）によって吸引力を手にして、実在（Wesen）としてのあり方を打ち立てる。欲求と労働の相互依存性のうちで、人々は他者が享受するものを与え、他者のために労働する。富は現実のうちに普遍を生みだす。悪としての富は、善としての公共的性格をもつ富に姿を変える。公共的政治を善とし、私的利害の経済的行為を悪しきものとする近代以前の固定観念がここにくずれさる。[7]

ここでこれまでにない新しい意識形態、つまり「恩恵を施す富」と「恩恵を受け取る意識」が生まれる。富める者も、それに寄食する者も、卑しさという点では変わりはないが、富める者は、「一度の食事で、他の自己そのものを掌中に収めたと思いこみ、そうして心底からの服従をものにしたと思いこんでいる高慢ちき」（GW9.281, 下八二三）のために、他の自我の内面的な反抗を見落としてしまう。表向きの感謝には、「見下されているというどん底の感情と心の奥底からの反逆感」（GW9.280, 下八二二）がこもっている。ここにあるのは「分裂の言葉」であり、寄食者の自己は、富める者にすっかり握られ、まったくの気まぐれにさらされる。「この人格はすっかり引き裂かれている。」（GW9.282, 下八二五）自己は自己でありながら、すっかり他者の自己になりさがり、深刻な自己分裂が、寄食者をおそう。

ヘーゲルは、これまでの展開を振り返ってこう述べる。

「教養の実在的世界の精神は、現実（国家権力と富）、そして思想（善と悪）における絶対的な余すところなき転倒（Verkehrung）であり、離反（Entfremdung）である。…これらの契機は、いずれも互いに他方のものに転倒し、自己自身の反対になる。」（ibid., 同前）

ヘーゲルが問題としてきたのは、非本来的なあり方から本来的なあり方を回復する、いわゆる疎外の克服ではない。そうではなく、現実と思想についての固定した秩序を突き崩し、そこから新しい主体を取り出すことである。それを推し進めるものが〈自分からの離反〉であった。そして、この転倒をもっともよく映し出し、もっともよく知る意識として、ヘーゲルは、この分裂の意識、屈辱と分裂のまっただなかで反抗に立つ意識をクローズアップする。引き裂かれては抗い、抗いながら自己を回復するこの意識は、下劣さから転じて、「もっとも教養を積んだ自由がもちうる高貴さ」（GW9.283, 下八二六）となる。その典型をヘーゲルは、ゲーテが一八〇五年にドイツ語訳したばかりのディドロ『ラモーの甥』のうちに見た。ここに高貴と下賤という固定観念はすっかりくずれさった。確固たるものは何もない。そのなかで拠り所たりうるもの、それは「純粋な自己」（GW9.286, 下八三三）以外にない。ここに近代的啓蒙の精神が登場することになる。

「精神」章Bの展開は、いかなる意味でも疎外論的な枠組みをとっていない。[8] 基本的なシナリオは、主体が変わり、対象的世界にかかわるなかで、その世界が変わり、固定した価値秩序が解体する点にあり、その舞台を〈自分からの離反〉の論理が貫いている。ヘーゲルは〈自分からの離反〉の論理を機軸にして、近代以前の価値秩序―公的なものを善とし、私的なものを悪とする点にその特徴が出ていた―を崩壊させて、ここから近代的啓蒙を登場させる。それは、信仰との闘いをへて、近代的啓蒙の実現として「絶対自由と恐怖」に行きつく。次に、それが人倫の思索にとってどのような意味をもつかを検討してみよう。

三 「絶対自由」と近代的人倫の起点

(一) 世界を自己としてとらえる――近代的啓蒙

これまでつねにあるものは自分を形成しながら、ただちに自分の反対のものに転じていった。よるべなく変転する現実の世界から逃れて、安定した「純粋意識の、現実ならざる世界」(GW9.286.)を立てる意識が生まれる。「純粋な意識」、つまり「絶対実在」に向かう信仰の意識は、あくまで自己同一という静止の局面に身をおこうとする。現実から見れば、彼岸にある絶対実在(神、Wesen)はなにも現実味をもたないとしても、この信仰の意識のなかでは「現実的な実在」となる(信仰の世界)。

しかし、この純粋意識には、ただちにその反対の意識が立ち現れる。自己にとって他的なもの(fremd なもの)一切を自己のもとに概念把握しようとする〈純粋自己意識〉あるいは〈純粋明察(reine Einsicht)〉である。信仰と対立するときに、この意識はとくに〈啓蒙〉となる。その積極的な要求はこうなる。

「ここに二つの側面がある。対象的なものはすべて、ほかならぬ自己意識という意義をもつ、そして、自己意識は、普遍的なものであり、純粋な明察がすべての自己意識自身のものになる(共有される)べきだという。」(GW9.292, 下八四六)

啓蒙はこのような姿勢をもって世界に向かう。しかし、現実の世界の変革に向かう前に、信仰の世界が立ちはだかっている。信仰が向かう絶対実在と、そこに成り立つ信仰の意識は、啓蒙にとってははなはだ不可解なものだからである。啓蒙が現実の変革に向かうまでの経緯を簡単に振り返っておこう。

信仰の〈逃避〉の本性は、現実と対立しながら、現実をそのままにしておく点にある。信仰は現実を越えようとしながら、地上の感覚的なものを受け入れている。石像や木像、あるいは聖餐式のパンに「聖なる精神」が宿るとされる。また、信仰にとって絶対実在は信頼を通して自分とぴったり一体感をもてると同時に、彼岸にあるものでもある。この天上的なものと地上的なものという二面性をもつ点に、信仰の特性がある。啓蒙は信仰に闘いをいどみ、地上的な感覚的なもので天上の世界を照らし出してみせる（石は石にすぎない）。そして、二つの面のへだたりを持ちこんで、信仰のもつ美しい統一を引き裂いてみせる。信仰の意識は分裂した意識であることが明るみに出て、信仰はなりをひそめる。こうして啓蒙は絶対実在がそなえるさまざまな規定を次々と剥ぎ取って、ついに「啓蒙にとって、絶対実在は真空になる。」（GW9.303, 下八六九）地上のものは地上に返されて、地上のものがそれ自体として価値あるものとして現れる。啓蒙の「照明に照らされて、いたるところに個別的な存在が発生した。」（GW9.310, 下八八四）そして啓蒙は、信仰という敵の原理（絶対実在）を、「述語をもたない絶対者」（理神論）や「純粋物質」（唯物論）というかたちでみずからのうちに取り込むにいたった。

啓蒙としての〈自己〉に手の及ばないものは何もない。すべて〈自己〉にとってのものとなる。「有用性」はこの証しでもある。啓蒙はこうして現実の世界のうちで〈自己〉の実現に確かな手ごたえをつかむ。

「有用なもののもつ対象性の形式を撤回することは、潜在的にはすでに生じており、この内的な変革（内的な確信）から、現実的な変革つまり絶対自由という新しい意識形態が出現する。」（GW9.316, 下八九八）

（二）新たな着手点—個別と普遍の分離

では、普遍性を確信する〈自己〉の実現はどのようなものとなるのか。この場面が〈意志論〉として展開されていることから、まずはルソーの個別意志‐普遍意志が念頭におかれているとみることができよう。(9)「世界は、この自己意識にとって、端的に自分の意志であり、この（世界を自己とみる）意志が、普遍意志である。」（GW9.317,下九〇〇）このような確信をもった意志が、そのまま直接的に、共同体全体の意志つまり普遍意志となる。「絶対自由という（単一）不可分な実体は、なにひとつ権力の抵抗を受けることもなく、世界の玉座に高められる。」（ibid. 同前）フランス革命である。そこでは、身分そして社会組織がすべて崩壊して、〈自己〉と共同体がぴったり一致する。一人一人が、普遍意志に直接かかわり、普遍意志を自発的に担う。ヘーゲルの念頭にあるのはルソーの「共和国」的な体制であろう。

「普遍意志は、現実的に普遍意志であり、すべての個々人の意志そのものである。…各個人は、つねにすべて分け合わずにおこなう。（共同体）全体の行為として登場するものを、各個人が直接、意識的におこなう。」（GW9.317,下九〇〇）

このあり方をより詳しく見ると、問題がふきだしてくる。個人が、全体を分割した、ある限られた職務をおこなうとする。そのとき、個人と共同体全体の直接的な結びつきが失われる。では、個と共同体全体との直接的な結びつきを可能にするために、すべてを取り除くなら、そこには、具体的な法律や制度をもった「肯定的な仕事」（GW9.318,下九〇三）は生まれようもない。生まれるのは「アナーキー（無政府）」しかない。

「絶対自由」の意識は、普遍性を確信して、そのまま全体の意志であろうとする。この共同体全体の意志である〈普遍意志〉を現実のものとするならどうなるか。それは、「個体性の一者に収斂せざるをえないし、また一つの個別的な自己意識を頂点に立てざるをえない（ロベスピエールの独裁）。」（GW9.319, 下九〇四）〈普遍意志〉は、単一の意志として一者の掌中に収まるほかない。それとともに他の個々人はそこから締め出され、この〈普遍意志〉の実行にごく限られた範囲でだけかかわる。「この実行は、現実的に普遍的な自己意識の実行ではなくなるだろう。」（GW9.319, 下九〇四）すなわちすべての自己意識による実行ではなくなる。そしてこれら締め出された個々人は、普遍的なものではない個別的なものとして否定されざるをえない。またこの場合、統治（政府）を立てようとするならば、統治は勝利を収めた「徒党（Faction）」（GW9.320, 下九〇六）によるものとなり、対立するものは特殊なものとして嫌疑を受け、有罪を宣告される。ここにあるものは、

「普遍的なもののうちに存在する個別的なものを否定することである。普遍的自由のなしうる唯一の仕事と行為は、それゆえ死である。…この死は、きわめて冷酷かつ平板な死であり、キャベツの頭を割るとか水をひと飲みする以上の意味をもたない。」（ibid., 同前）

〈自己〉の普遍性を確信して、自己をいきなり普遍意志に結びつける絶対自由は、テロリズム、「死の恐怖」（GW9.321, 下九〇九）を生みだしてしまう。このあと、対象的な現実をくまなく経験した意識は「純粋な知」の境地に移ることになるが、「絶対自由」の意識は、実体的なもののすさまじい威力に打たれて、区別をそなえた「実体的現実性」に立ち返る。つまり「精神的な集団（さまざまな制度）の有機組織がふたたび形成され、そこに個々人が配属される」（ibid., 同前）ことを受け入れる（ナポレオン体制）。

さて、『イェーナ体系構想Ⅲ』で、ヘーゲルはすでにルソーの個別意志‐普遍意志論を取り上げていた。そこ

では個別意志と普遍意志を区別した上で、社会契約論は前者から出発して「知的な必然性」をもって普遍意志との結びつきを説いていないと見ていた。それに対して、『精神現象学』の「絶対自由と恐怖」は、個別意志がそのまま自己の普遍性を確信して、それをそのまま直接的に現実化する場面を扱う。この現実化にともなう問題性が余すところなく示される。人倫の構想にとって、ここにどのような意味があるだろうか。

すでにヘーゲルは『精神現象学』[10]「精神」章Aで古代ギリシア的な人倫を、また「理性」章C「査法的理性」で「財産共同体」の現実性を、そして「精神」章B「絶対自由と恐怖」でルソー的共和国の現実化がかかえる問題点を検討した。ヘーゲルは『精神現象学』で近代的人倫のあり方について語らないとしても（この点については、拙著『ヘーゲル「法（権利）の哲学―形成と展開』（御茶の水書房、二〇〇七年）第五章を参照のこと）、今自分が構想しつつある人倫的共同体が何を克服すべきかについて語ったことになる。「絶対自由と恐怖」は、近代の主体性の原理を極限にまで推し進め、個別性と普遍性の直接的一体化が「肯定的な仕事」[11]を生みだすことができない所以を明らかにした。とするならば、この二つの局面を原理的に区別して、具体的な構想を立てることが新たな課題になる。そこには伝統的な公と私の関係に代わる新たな関係を構築することも合わせて課題となる。「精神」章BでEntfremdung概念が遂行したのは、伝統的な公と私の関係の解体でもあったのだから。

結び

『精神現象学』は、ヘーゲル法哲学形成史のなかで、近代の人倫について語っていない、あるいは道徳性と人倫の関係が『法（権利）の哲学』と反対になっているなど扱いにくい問題をもっているが、本稿では、Entfremdung概念の再検討を通して、「精神」章Bの基本的構図を明確にしようとした。この概念が伝統的な固定した価値秩序を流動化し、解体する論理であったこと、そこには伝統的な公と私の関係を問い直すという視点がはたらいていたことを見ておいた。また、「絶対自由と恐怖」は、「道徳性」への移行を準備する舞台であるだけでなく、法哲学的視点からは、普遍意志と個別意志の局面を原理的に、そして具体的な人倫構想の上でも区別する――この問題は権利と法、市民社会と政治的国家の区別に通じるであろう――、そして新たに関係づけるという課題を提出していた。この新たな課題は、今あげた公と私の新たな関係づけという問題とも絡むであろう。

注

引用は次の略号と、巻数、頁数で表わす。邦訳がある場合はそのあとに漢数字を付した（訳文はそのままではない）。

GW G.W.F.Hegel Gesammelte Werke, in Verbindung mit der Deutschen Forschungsgemeinschaft, Hrsg. von der Reinisch-Westfälischen Akademie der Wissenschaften, Hamburg, 1968ff.

引用のあとに、邦訳頁数を『精神現象学』（金子武蔵訳『精神の現象学』上下、岩波書店、一九七一、七九年）で示す。

（1）ヘーゲル左派の疎外論について、拙論として以下のものがある。「ヘーゲル批判の思想圏――シェリング、バウアー、フォイエルバッハと疎外論」（石塚正英編『ヘーゲル左派――思想・運動・歴史』法政大学出版局、一九九二年、所収）。なお、ヘーゲル以前の概念史については簡単に触れておこう。ドイツ語の疎外 Entfremdung は外化 Entäusserung とともに、その語源を、他人のものとするという意味のラテン語 alienatio、ギリシア語 *αλλοτριωσις* などにもつ。すでに中世ドイツ語に用例がある（ルター訳聖書では「entfrembden されてはならない財」）。日常語として、古くから不和や疎遠、断念や譲渡などの意味で用いられた。alienatio は神学的術語としてではないが、神から離反し疎遠になるという意味で、また地上的なものから離反して神の恩寵に与る経験の開示という意味で使用されることもあった。近代では alienation, alienation が、英仏の経済学において商品の譲渡を、また社会契約論の場面で自然状態から成立した社会に対する自然権の譲渡を表すようになり、外化も術語性をもつようになった。ルソーの場合、社会契約による各人の諸権利の「全面譲渡」は共同体成立の核となる。疎外は、18世紀末頃から文献上散見されるようになる。W・v・フンボルトは遺稿（一七九三年）で「自分自身から出て外なる対象に移行する」ことを人間の本性として「この疎外の内で自己を喪失しないことが課題」と述べ、ゲーテはディドロ『ラモーの甥』独訳（一八〇五年）で alienation d'esprit（正気の喪失）に Entfremdung des Geistes をあてた。フィヒテ『あらゆる啓示の批判の試み』（一七九二年）に、カントの道徳哲学に依拠し、神の命ずるものは道徳法則であり、宗教が意志の規定に関わる限りで「神の理念とは我々の内なる道徳法則による立法者であり、我々自身のものの外化に基づく」という外化の用例がある。（Historishes Wörterbuch der Philosophie, hrsg. von J.Ritter, Basel, 1972. による。）

（2）K・フィッシャー『ヘーゲルの精神現象学』（玉井茂・宮本十蔵訳、頸草書房、一九九一年）の訳者注に「ここでのヘーゲルの叙述は紆余曲折してまことに理解困難である」（二一七頁）とある。一般に「精神」章Bの印象はこのようなものであろう。ヘーゲル左派的な、あるいはマルクス的な疎外概念が、「精神」章Bの読解を妨げる要因の一つと思われる。

（3）ルカーチが「外化」概念の重要性を指摘した点は評価されるであろう（G.Lukács, Der junge Hegel, Bd.2, Suhrkamp Taschenbuch Wissenschaft33, 1973, Ebner, Ulm.『ルカーチ著作集十一　若きヘーゲル』（下）生松敬三・元浜清海・木田元訳，白水社、一九七二年）。ただし、ルカーチは『精神現象学』の展開に即してその用法を検討するというよりは、K・マルクスの視点で「外化」概念を取り上げている。ルカーチは「外化」概念が「人間のあらゆる労働、つまり人間のあらゆる経済的、社会的活動と結びついた、複雑な主観＝客観関係」（S.830, 五〇三頁）にかかわっていることを指摘して、「ヘーゲルは『外化』と『物性』ないし対象性とを誤って同一化する」（S.834, 五〇八頁）と批評する。なお、ヘーゲルの外化概念は、『イェーナ体系構想Ⅲ』で成立した「此岸的な、自己を物となすこと」としての労働論と結びついている。この事情については第一章第三節と取り上げておいた。

（4）ヘーゲルは〈自分を自分から離反させる sich sich entfremden〉をベースにして〈自分から離反する sich entfremdet〉

を引き出していると見ることができよう。表題の訳には、次のようなものがある。「自分から疎遠になる精神」（金子武蔵訳『精神の現象学』下巻、岩波書店、一九七九年）、「自己疎外的精神」（樫山欽四郎訳、『世界の大思想十二　精神現象学』、河出書房新社、一九六九年）、「疎外された精神」（長谷川宏訳、『精神現象学』、作品社、一九九八年）。なお、『精神現象学』における Entfremdung の用法について、すでに加藤尚武氏はこう指摘している。「疎外 Entfremdung の日常語としての意味は「離反」である。哲学用語として用いられても、ほとんど常に「離反」という意味が残っている。…『精神現象学』における「疎外」の実際の用例は、ほとんど常に、「転倒、倒錯」という意味を含んでいる。」（『ヘーゲル哲学の形成と原理』未来社、一九八〇年、一四九頁）

（5）fremd はよく「よそよそしい」と訳される。その背景にはいわゆる疎外論的な理解があるように思われる。とくに「精神」章Bの用法としては、〈自分と異なる他的な〉という意味でよい。

（6）思想史的に見るならば、「私悪すなわち公益」をかかげるマンディヴィル『蜂の寓話』（一七一四年）が引き起こした反発などを思い起こすとよい。

（7）「ヘーゲルは、富とか国家権力などを人間的本質にとって疎外された存在としてとらえる…」、したがって、この「対象的世界を人間のために返還請求する…」（Marx-Engels Werke, Ergänzungsband, 1, Diez Verlag, Berlin, 1977, S.572.『経済学-哲学草稿』城塚登・田中吉六訳、岩波文庫、一九六‐七頁）というマルクスの読み方は、本稿での読み方を踏まえるならば、独特の読み込みによって成立していることが分かるであろう。マルクスの疎外論はもちろんマルクスに即して理解される必要がある。

（8）ここで『精神現象学』の疎外論についての言及を二つほどあげておこう。

（i）Rudolf Ružička, Selbstfremdung und Ideologie, Zum Ideologisproblem und den Junghegelianern, Bouvier Verlag, Bonn, 1977. Ružička によれば、「自己疎外は、ヘーゲルにとって次の意味をもつ。みずからの活動が意識にとって活動との連関のうちにあると意識されていないがゆえに、みずからの活動が意識にとって疎遠になる。この自己疎外から引き続いて生じる、みずからの所産の疎遠性もまた考えられている。それだけでなく、自己疎外は、自己と対象に分離するという、精神的自己の分裂態を本質的に考えている。」（S.26）そして、結局のところ「疎外の主体」は「意識の自己」ではなく、「実体と主体の統一である精神の自己」となっていると言う。これは主に「序論」を念頭においている。ただし、ヘーゲルに「自己疎外」概念はない。「序論」に次のような個所がある。神的生命が「にごりなき自己との統一にあるかぎり、他的存在（Anderssein）も疎外も重要な問題とはならない。」（GW9.18, 上十八）「精神とは、みずから他のもの、つまり自分の自己の対象となり、そしてこの他的あり方を止揚する運動である。…経験を経ていないもの、つまり抽象的なものは、（自分を）自己から離反させて（sich entfremden）、それからこの疎外から自己に還る。」（GW9.29, 上三四）この「疎外」に、本質諸力が主体から失われて対象自身の諸力と化すというヘーゲル左派的な含意はない。「対立的な二重化」（（GW9.18, 上十八）、あるいは概念の自己区別‐分離と言いかえられもしよう。ヘーゲル左派的な疎外論が投影されているように見える。

（ii）Charles Taylor, Hegel, Cambridge University Press, Cambridge, 1975.「疎外は以下の点で成り立っている。…つまり、人はこの社会的現実を他なるものとして経験し、その現実のうちで〈自己のもとに（bei sich）〉いるとは感じない。〈自分が自分であること（identification）〉が疎外されて、それは、社会と明確な一体性のうちでそれを表現することがない。…人は個人の特殊性を断念して、より広い大義に奉仕するなかで自分たちの生活の本質的実体に近づかなければならない。」（p.178）自己の外部に実体があるということが「疎外」の本質とされる。この克服として「精神」Bが理解される。

（9）ここで扱われるのが、思想としてはルソーの『社会契約論』、歴史的出来事としてはフランス革命という見方はほぼ一致したものとなっている。たとえば、イポリット（J.Hypolite, Genése et Strudture de la Phénoménologie de l'Esprit de Hegel, Paris, Aubier, c1946, p.422.『ヘーゲル精神現象学の生成と構造』（下巻）市倉宏祐訳、岩波書店、一九七五年、一九六頁）金子武蔵（『精神の現象学』（下巻）金子武蔵訳、岩波書店、一九七八年、「訳者註　その二」一二六九頁）、チャールズ・テーラー（Charles Taylor, Hegel, Cambridge University Press, Cambridge, 1975, p.185）。ただし、新全集版『精神現象学』の編者は、注で、共同的意志がすべての個別者の意志の総和であることが求められるという論点に絡んで、シェーエスの名前をあげる（Hegel Gesamelte Werke(hrsg.von Reinisch-Westfalischen Akademie der Wissenschaft), Bd.9, S.515.）。

（10）「財産共同体（Gütergemeinschaft）」について「理性」章C「c　査法的理性」で原理的な検討を加えている。そこでは、二つの可能性が考えられる。まず、各人に自分が必要とするだけのものが行きわたる場合、ここに生じる不平等と、諸個人の平等とが矛盾する。つまり、欲求に応じて分配すれば、諸個人の平等と矛盾する。また、諸個人の平等の原理にしたがって分配される場合、その持ち分は欲求との関係をもたなくなる。形式平等に即すると、分配が欲求との関連をもたなくなる。財産共同体は、こうして個別性と普遍性という相矛盾する契機をかかえているというのである。（GW9.233, 上四三二-四三五）財産共同体の現実性について、ヘーゲルはこのように指摘して退ける。

（11）この区別を、後年の『法（権利）の哲学』（一八二〇年）二五八節注解は、次のように言う。ルソーが意志を国家の原理として立てたことに高い評価を与えたあとで、意志を個別意志という形式で捉えたために、普遍意志を「個別意志から出てくる共同的なものとして捉えたにすぎない」（二六〇節）と批判する。そのとき、ヘーゲルは、個別意志に含まれている「自由の主体性」は、「理性的意志の一方の、それゆえ一面的な契機」である点を、また二つの位相の端的な区別を強調する。意志は、個別的意志と客観的意志の両面をそなえてこそ理性的意志だというのである。

ヘーゲルの有機体論と社会——現象学は有機体の夢を見るか?——

野尻英一

一　たとえば、フーコーとヘーゲル

今日、「ヘーゲルの社会有機体説」という言葉遣いに、われわれは慎重になる必要がある。そのような言い方はときに、社会を有機体としてとらえる伝統がヘーゲル以前にすでに存在し、その伝統をヘーゲルが踏襲したかのような錯視をもたらす。だが、ヘーゲル(一七七〇—一八三一年)の時代には、いわゆる「社会有機体説」はまだ生まれていない。社会という対象を「機械」の比喩ではなく「生物」の比喩によってとらえる「視角」、社会を合理的に設計可能な建築物としてではなく固有の生命力とダイナミズムを内蔵するシステムとして見る「まなざし」が明確に成立したのは、フーコーの指摘するように十九世紀の初頭であり、いわゆる「社会有機体説」が一般化するのは、十九世紀半ばからである。つまり、ヘーゲルのちょうど一世代後から社会有機体説は世に流布した。ヘーゲルはまさに「社会有機体説」が受胎し誕生を迎えるようとするその現場にいたと言えるだろう。彼は社会を有機体にたとえる慣行がまだ一般的ではなかった時期に、おそらくは奇異に響くことを承知で、ヽヽヽあえてそれを行なった先駆者の一人である。ヘーゲルと社会有機体説をめぐるこのような精密な測位は、ヘーゲルの有機体論と社会哲学との関係を正確に把握するためにふまえておくべき第一の点である。

それでは、ヘーゲルをいわゆる「社会有機体説」の先駆者として位置づけて良いのかというと、それには次に述べるような難点がある。たしかにヘーゲルは『法哲学要綱』(一八二一年)で国家を論じるのに、有機体の比喩を盛んにもちいた。しかし、彼の有機体概念の用法は、のちに見るように、『精神現象学』(一八〇七年)における綿密な有機体批判に裏打ちされており、十九世紀後半の実証社会学が近代社会の運動をとらえるために単なるイメージとして有機体の比喩を使ったのとは、方法論としての自覚のレベルが異なる。ヘーゲルの有機体論は、同時代はおろか半世紀後の社会有機体諸説をはるかに凌ぐ水準を示している。社会有機体説の先駆者であるどころか、ヘーゲルは社会有機体説の誕生以前に、すでにその観念論/イデオロギーとしての「構造」を分析する地点にまで到達していたという見方が妥当である。

ヘーゲルはロマン主義の影響を大きく受けているが、自己の思想を確立する過程でロマン主義を批判するようになり、自然や社会に対して有機体の比喩が使われる傾向を、近代の観念論に特有の事態として把握した。『精神現象学』の「有機的なものの観察」の箇所で、彼は大きな紙幅を割いて、有機体の観念を徹底的に批判し解体している。そこでは、単なるイメージとしての有機体ではなく、「有機体」という概念の発生構造が現象学的に分析されており、これは今日的観点から見ても独創的な仕事である。『精神現象学』の後に執筆された『法哲学要綱』における有機体概念の使用は、このヘーゲル独自の概念分析にもとづいた上でのものであると読まれるべきである。そうした視点であらためてその文面を読めば、彼が有機体概念の構造に知悉した上で、方法論としての確信を持ってその比喩を使用していることがわかる[(1)]。

「市民社会」による普遍化の運動を内部生命としてはらんだ近代国家の構成を説明するために、ヘーゲルは有機体概念を、その発生構造をふまえた上で使用していた。しかし、このようなヘーゲル有機体論の水準は、その後の実証社会学の始祖たち（コント、スペンサー）には継承されなかった。また社会学もその勃興期には有機体の比喩を必要としたが、やがて有機体の比喩から離れて、その実証科学としての精度を高めていく。しかし、キャノンのホメオスタシス理論やウィーナーのサイバネティクス理論がパーソンズの構造—機能主義社会学に与えた影響、またマトゥラーナ／ヴァレラのオートポイエーシス理論がルーマンの社会システム論に与えた影響を顧みれば、「自己言及性」に要約される有機体の概念が社会についての理論構成をなにかしら刺激する本質をもっていることが伺える。いったい有機体概念というのはどのようなイデオロギーとしての構成をもっているのか、その核心にあるものをとらえ、発生の構造を解明することが課題となる。

その際に重要と思われるのは、有機体概念の近代性をふまえることであろう。すなわち、有機体概念の誕生と近代社会の運動との関連性が指摘されなくてはならない。そのとき有機体という概念を近代に特有の現象として見る「現象学」の視点が必要とされる。このような視点は、フッサール現象学を源流の一つとする仏ポストモダン思想の中で、特に、近代社会の「知」による「生」の囲い込みを論じようとしたフーコーの仕事に見出すことができる。ところで現象学といえば、のちにフッサールによって継承関係なく再発明されるとはいえ、何と言ってもヘーゲルが哲学的方法として確立したものである。先にも述べたとおり、『精神現象学』では早くも有機体を「現象」として分析する試みがなされている。またフーコーはビシャ『生と死に関する生理学研究』（一八〇〇年）に代表されるパリ病院学派の仕事においてひとつのエピステーメー（知の枠組み）の転換が起こり、「内的生命」を見つめる近代生命科学のまなざしが成立したと論じるのだが[2]、興味深いことに、『生と死に関する生理学研究』についてはヘーゲルが早くも『エンチュクロペディー』（一八一七—一八三〇年）において多数の言及を行い、有機体における内的生命とは何かを論じる材料としている[3]。ヘーゲル自身のもつ形而上学への志向と、そしてフーコーのもつ形而上学一般への批判的姿勢（それは本当はマルクス主義に対する批判を本質とするのだが）

とは、表層的には対立するように見えるのだが、生気論や有機体論に対する好事家的とも現象学的とも言える粘着質な関心の点で両者はシンクロしている。このように考えたとき、社会有機体説や近代市民社会を擁護するのかしないのかという軸によってではなく、十九世紀以降の思想や社会のもつ一つの構造、すなわち「生」を囲い込み社会を「有機体」としてとらえるエピステーメーを分析する理論の深度によって、ヘーゲルと現代思想との位置関係を測位し直す視点が開けるだろう。

本論考はそのための粗削りな整地を提供するために、以下、社会有機体説をめぐる経緯と、ヘーゲル『法哲学要綱』における有機体メタファーのポジション、またヘーゲル『精神現象学』における有機体論の特徴に論を進めていく。

二　社会有機体説の誕生――有機体概念の換装――

十九世紀後半の社会有機体論、とくにスペンサーのそれ（『社会学原理』一八七六―一八九六年）が、社会科学（社会学）という新しい学問領域の発生と自立に果した役割に、富永健一は現代システム論の立場から注目する。(4) 富永のまとめによれば、スペンサーの功績は、有機体の比喩を使うことで、社会という対象を諸部分の機能と全体の構造というつかみ方で論じることを可能にし、社会（の）科学という学問分野の役割をはっきりと示したことにある。スペンサー以前にも社会有機体という語は社会学の創始者とされるコント（『実証哲学講義』一八三〇―四二年）によってすでに使われていたが、コントにおいては社会有機体は、個人や家族などの構成要素が有機的に連関して社会という全体をかたちづくっているという程度のゆるい比喩にとどまっており、スペンサーのように有機体の比喩をもちいながら部分と全体のあいだの機能的連関から社会を説明するというシステム論的な手法にまでは到達していない。コントの後継者であるデュルケム（『社会学的方法の基準』一八九五年）は社会の有機的連帯を唱え、機能主義社会学の最初の明示的な定式者となったが、それはコントとデュルケムの間にスペンサーが介在することによって可能になったのだと言う[5]。スペンサーの理論は有機体という比喩に依存している点で、「社会システム」という方法的概念の自覚にはいたっていないが、その内容は、「有機体の部分をなす諸機関が有機体全体の生命維持に必要な諸機能を分担しているという、部分と全体のあいだの『機能』的連関をとりだすことに成功[6]」しており、社会システム論の先駆として重要であると富永は評価する。

　スペンサーの「社会有機体」（一八六〇年）[7]という論文を読むと、彼はそこで社会を自律的な生命力を持った有機体として見る方法の重要性を主張している。彼は、プラトンやホッブズのように国家を人間の魂や人体の構成にたとえて論じる例はこれまでにもあったが、プラトンもホッブズも国家を時計のような人工の「機械」として論じており、「生物」としては論じていないと述べている。スペンサーのこの指摘は、生命力を内蔵した生物体という思想そのものが啓蒙主義以降の近代の産物であることに正しく対応している。言い換えれば、プラトンやホッブズの時代には人間の身体は機械のようなものとみなされており、今日われわれが考えるような意味で「有機体」とはみなされていなかったのである。プラトンやアリストテレス、また中世のソールズベリのジョンや近世のホッブズの例などを挙げて、国家や社会を生物にたとえる慣行を遠く古代ギリシアから連綿と続くものとして論じる向きもあるが、それは現代の生命観のフィルターで過去を着色してしまっている傾向があり、注意が必要である。ここでは生命と有機体についての西欧思想の変遷を緻密に論じる余地はないが、必要と思える程度に、次のようにふまえておく。

　西欧にかぎらず古代においては、生命は大地に満ちており、いわば世界は生命で充満していると考えられていた。このような世界観のもとでは、そもそも「生命」は対象化されない。いわば世界そのものが生命であるからだ。ところが、紀元前後から、ユダヤ・キリスト教によって生命は彼岸にあるものとして対象化されるようになり、神のみが生命を与えるものであるという西欧独特の生命思想が生まれた。やがて近世になると、ルネサンスの影響から、ガリレオ、デカルトに代表される機械論的な自然観が生まれた。機械論は神の自然への干渉を除去することで自然科学的な探索を可能にしたが、多くの場合、自然の外に原因力、あるいは創造力としての神を措定していた。したがって機械論は必ずしもキリスト教と背反するものではなく、両者は相互に補完しあう側面をもっていた。しかし、近代に入り啓蒙主義の時代になると、神の力はいっそう世界への直接的な関与から遠ざけられることとなり、それと呼応するようにして、啓蒙主義は自然界に「力」を措定する思想となる。機械論的な分析だけでは世界の秩序を説明することが出来ず、統合の原理が「力」として求められたのである。啓蒙主義の「力」の思想は、ニュートン物理学、カント哲学がその典型である。ニュートンはデカルト派がけっして認めなかった自然界における力を「重力」（万有引力）として措定し、それによって近代物理学の沃野を拓いた。カントは自然界に「力」が存在することを認めず、その代わりに、人間主体のうちに理性の諸力（実践理性、判断力、構想力など）を見出し、近代西欧哲学の範型をつくった。カントは、啓蒙主義者たちのあいだで生物の再生実験が流行し、自然に存在する生命的な力に関心を寄せる思潮が広がるのを見るとそれに抵抗し、自然界に「生命」を認めることを拒否した。カントにとって有機体は「認識」ではなかった。彼は生命を持った存在である有機体のごときものが見えるのは人間が道徳能力である理性を自然界に投射しているからだ、という立論を行なった（『判断力批判』一七九〇年）。その後、ロマン主義は、自然界に見られる「力」を理性的なものとして理解しようとする啓蒙主義に反発し、それを「生命」という、理性的なものと非理性的なものをともに含む根源的な威力（**Potenz**）として見出そうとした。カントが人間の理性的な道徳能力の所産として理解しようとした「有機体」を、ロマン主義は人間の理性を越える自然の根源力を表現する象徴として使用するようになった。(8)

このようにして、生命力を内蔵し、自己同一性を保つ統一体としての生物という考え方は、近世の機械論と、その後の啓蒙主義を経てから成立したのである。世界そのものが生命であるという古代の考え方から下り、キリスト教やルネサンス思想、そして近世機械論は、生命を世界から排除し世界の外部に配置してきた。その上で十九世紀以降、生命は世界に挿し戻されたのである。「有機体」（英 organism、独 Organismus、仏 organisme）は、小さな部分（パーツ）によって構成された組織体でありながら、機械とは異なり自分自身で全体の構成を維持しようとする存在を指す用語として成立した。語源の点から言えば十七世紀の成立である。[9] 思想史の流れとしては、カントが十八世紀末に有機体を哲学上のトピックとして扱ったことを契機に、「有機体」は十九世紀ロマン主義の重要な概念となる。その後、有機体は十九世紀の後半に、「社会」という新しい対象を指し示す「比喩」として使われるようになる。

機械は特定の用途・目的のために全体が構成されているが、有機体は自分自身を目的としているというちがいがある。機械は壊れたら修理されるのを待たなくてはならないが、有機体はある程度の範囲内であれば自己を修復することができ、また生殖によって自己自身を再生産する。有機体モデルは一般に、近代科学、近代哲学がその興隆期に範を取った機械論モデルに対し、その限界を指摘するものとして登場したと理解できるだろう。

さてこのように近代における有機体概念登場の背景を理解したうえで、スペンサーに話を戻すと、彼は有機体の比喩を使うことで、イギリス古典市民社会論（アダム・スミス）のとらえた、市場経済のダイナミズムを「生命」として織り込んだ社会の構造をよくとらえたと言える。近代市民社会の成立を所与の前提とし、その構造分析に力を注ぐ十九世紀社会学および二十世紀社会システム論のラインを中心に学説史を描いたとき、スペンサー社会有機体説がシステム論の始祖であると「認定」される所以であろう。しかしながら、右に見たように、もともと思想史的には「有機体」はロマン主義の鍵概念として普及した経緯がある。それはおおまかに言えば、非理性的、無意識的、前近代的なものの力を表象するシンボルであったと言っていいだろう。そのようなシンボルがなぜ近代市民社会の比喩として使われるようになったのか。そこにどのような認識論的な転換が起こったのか。

国家を有機体にたとえた嚆矢としては、スペンサーよりも以前にロマン主義者のアダム・ミュラー（『国家学綱要』一八〇九年）を挙げることができる。先の富永の叙述によるとミュラーは有機体の比喩をスペンサーのようには有効に使えず、現代的な社会学の始祖とはなりえなかった。富永は、ミュラーはたしかに国家を動的にとらえる必要性を強調し、国家は生き物であると考えたのであるが、彼の国家のイメージは拡大された家族であり市民社会の介在が排除されていると述べる[10]。これは同じ有機体の比喩を使っていてもスペンサーとはまるでちがうものと理解されなくてはならない。「ミュラーの国家有機体説は、反啓蒙主義の立場に立つドイツ・ロマン主義の系譜に属するものであったが、スペンサー社会学はこれとはまさに逆に、ホッブズ、ロック以来のイギリス啓蒙主義の系譜に立つ近代思想であり、したがって明確な個人主義および自由主義に立脚するものであった[11]」という。

もともとロマン主義に発したはずの「有機体」の比喩が啓蒙主義の嫡子たる実証主義社会学によって使用されることになったとなれば、そこに起こった概念の「換装」（コンバージョン）の構造が論じられねばなるまい。そのためには、啓蒙主義、ロマン主義、市場経済（市民社会）の三者の関係についての新たな見方が必要となる。ニュートンやカントの啓蒙主義が先にも述べたように「力」の思想であるとするならば、その思想と市民社会／市場経済の運動との連動性が論じられてよいであろうし、あるいはまた、一般にロマン主義は啓蒙主義に反発して生じた思想だと言われるが、ロマン主義の唱える「自然」や「生命」は、実は啓蒙主義と同じものを異なった視点から見ていたにすぎないと言えるのかも知れず、ロマン主義の逆説的な近代性が指摘できるのかも知れない。

ミュラーの政治思想については、カール・シュミットの批判によって、懐古的、心情的であり、時代状況（市民革命、市場経済）への具体的な分析思考に欠けたロマン主義的政治思想の代表格として紹介されてきた。[12] たしかに、ミュラーは中世的な職業団体の誇りある職人魂にもとづく連携や封建制における領主・農民間の高貴で人格的な精神的紐帯など、ドイツ諸国における前近代的な諸制度を擁護した。しかし、近年の詳細な研究[13]によれば、ミュラーの政治経済思想には体系性が欠ける嫌いはあるものの、単純に懐古的、心情的、文学的な旧体制擁護のアジテーションと見るのはまちがいであるという。ミュラーは、アダム・スミスに代表されるイギリス市民社会論を研究し、市場経済の拡大を理解した上で、それが営利主義、商業主義、貨幣主義によってドイツの歴史的、地域的な特質をもつ経済と政治を破壊しつつあることに警告を発したのであった。そして、市場経済に対抗して、中世的封建制のもっていた有機的な連帯をもって国家を統治することを唱えたのである。ロマン主義を非理性的、無意識的、反近代的なものへの志向とすれば、近代的な市場経済の浸透に抵抗するミュラーの思想は正しくロマン主義的であり、その有機体の比喩の使用もロマン主義的であったと言えよう。このようにミュラーの思想を理解した見地からするならば、のちのスペンサーらにはじまる実証主義社会学の有機体メタファーの使用には、ひとつの「転倒」がある。なぜなら、スペンサー、デュルケムらは市民社会／市場経済をその「生命」として取り込んだ近代国家のシステムを「有機体」として論じているからである。実証社会学の誕生に際して、有機体はロマン主義から切り離され、近代市民社会のダイナミズムを表現する表徴へと転換されたのである。その経緯は次のように理解できるだろう。

アダム・ミュラーの時代には、まだ市民社会／市場経済はドイツに流入しつつある状況であった。それゆえミュラーはそれを対象化してとらえ、それを排斥したところに有機的な連帯を構想することが、まだ出来た。しかし、その後、イギリスを先頭に市民社会／市場経済は西欧の諸国家に強力な浸透力で広まり、もはやそれのもつ「力」を織り込まずして国家の構成を構想することは出来なくなった。そこで、市民社会／市場経済のダイナミズムを取り込んだ社会が所与となったとき、そのあり方をとらえるための学問がイギリスやフランスで実証的な「社会学」として興隆し、そこで有機体という語がロマン主義から換装され、「社会」という対象を示すタームとして使われるようになったのである。

近代市民社会のダイナミズムは、いちど有機体という比喩を経由することで実証社会学の俎上に載せられた。社会学が社会もしくは国家への市場経済の織り込みを所与の事実とするようになると、比喩の使用は不要となった。スペンサーは「社会有機体説」のプロパガンダを展開することで実証社会学誕生の土壌を形成したにもかかわらず、その役割はすみやかに社会学史から忘れさられた。富永のようにそれを社会システム論の始祖として評価する試みを除けば、社会有機体説は社会学の黎明期に無造作に使用された素朴な比喩として学説史に残るのみとなったわけである。

社会学においてはこのようにして忘却された有機体の比喩であるが、十九世紀末から二十世紀になると、たとえばJ・デューイのように民主主義政治や自然科学さらに人間社会の営み全体を、みずからの生命力によって環境に適応しながら発達していく有機体的なプロセスであると論じる思想も現われ、さらにはアレキサンダー、ホワイトヘッドのように宇宙全体を有機体的なプロセスとしてとらえる思想も登場する。これら有機体思想の特徴は、静的・閉鎖的な全体性としての有機体概念ではなく、生命を内蔵した個体、すなわち独自の過程を進む動的・開放的な有機体概念を基盤とするところにある。歴史学者コリングウッドのまとめによれば、二十世紀の思想は有機体モデルの拡散と滲透がその特徴である(14)。こうして「有機体」という概念は、ロマン主義の鍵概念から近代市民社会の鍵概念へと換装された。直喩としての有機体は社会思想からは消えたけれども、その認識論的な構造は二十世紀思想の諸側面にわたって刻印されたのである。

三　ヘーゲル有機体メタファーの特異なポジション――法哲学における――

さて、以上のように有機体概念の「換装」の経緯を論じた上で、論をヘーゲルに及ぼすと、彼の有機体思想のユニークなポジションが明らかとなる。次に示したフローチャートは、有機体思想の形成と実証主義的社会学の誕生との関係を図式化したものである。右に論じた、有機体概念のロマン主義から実証的社会学への「換装」は、このチャートで言えば、右方にあるミュラーからスペンサーへの太い矢印が表現している。ミュラーの『国家学綱要』（一八〇九年）からスペンサーの「社会有機体」（一八六〇年）までおよそ半世紀の時間が経っているが、この半世紀が、西欧主要国において、市場経済を国家構成に組み込んだ近代市民社会のシステムが所与の事実と化すのに必要な時間であったと考えることができる。それはまた、フーコーが「生―政治」（bio-politique）と呼ぶ、非理性的、無意識的、前近代的なものを社会の制度で囲い込む近代的な布置が成立した期間でもある。フーコーの言い方に倣えば、十九世紀以降、「生命」や「有機体」といった言葉が鍵概念となるのは、社会の構造がその根源にある「生命的なもの」を取り込み、制度を通じてコントロールし、社会の動力源とする包囲網が完成されたことを意味するのである。(15)

このように有機体概念の「換装」の動きをとらえた場合、注目に値すべきはヘーゲルの有機体思想の位置である。チャート上では、ヘーゲルはミュラーと完全に同時代に位置する。そして、ヘーゲルもまた、『法哲学要綱』（一八二一年）において国家の行政組織に対して有機体の比喩を使った。しかしながら、ヘーゲルの有機体の比喩の使い方は、まったくロマン主義的ではないと言わなければならない。それはミュラーと比較したときに明らかである。

ヘーゲルの有機体論と社会

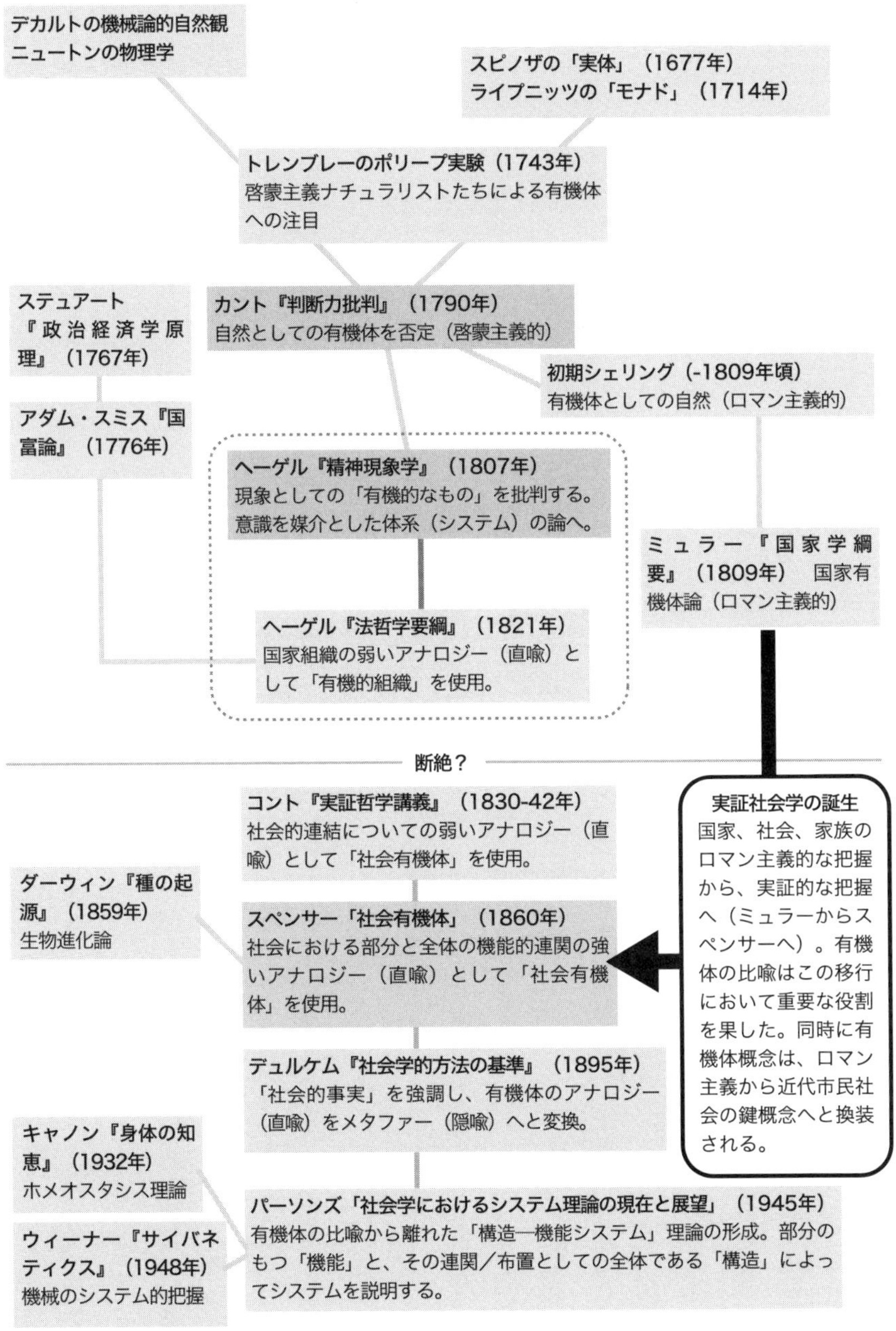

デカルトの機械論的自然観
ニュートンの物理学
スピノザの「実体」（1677年）
ライプニッツの「モナド」（1714年）
トレンブレーのポリープ実験（1743年）
啓蒙主義ナチュラリストたちによる有機体への注目
ステュアート『政治経済学原理』（1767年）
カント『判断力批判』（1790年）
自然としての有機体を否定（啓蒙主義的）
初期シェリング（-1809年頃）
有機体としての自然（ロマン主義的）
アダム・スミス『国富論』（1776年）
ヘーゲル『精神現象学』（1807年）
現象としての「有機的なもの」を批判する。意識を媒介とした体系（システム）の論へ。
ミュラー『国家学綱要』（1809年） 国家有機体論（ロマン主義的）
ヘーゲル『法哲学要綱』（1821年）
国家組織の弱いアナロジー（直喩）として「有機的組織」を使用。
断絶？
コント『実証哲学講義』（1830-42年）
社会的連結についての弱いアナロジー（直喩）として「社会有機体」を使用。
実証社会学の誕生
国家、社会、家族のロマン主義的な把握から、実証的な把握へ（ミュラーからスペンサーへ）。有機体の比喩はこの移行において重要な役割を果した。同時に有機体概念は、ロマン主義から近代市民社会の鍵概念へと換装される。
ダーウィン『種の起源』（1859年）
生物進化論
スペンサー「社会有機体」（1860年）
社会における部分と全体の機能的連関の強いアナロジー（直喩）として「社会有機体」を使用。
デュルケム『社会学的方法の基準』（1895年）
「社会的事実」を強調し、有機体のアナロジー（直喩）をメタファー（隠喩）へと変換。
キャノン『身体の知恵』（1932年）
ホメオスタシス理論
パーソンズ「社会学におけるシステム理論の現在と展望」（1945年）
有機体の比喩から離れた「構造―機能システム」理論の形成。部分のもつ「機能」と、その連関／布置としての全体である「構造」によってシステムを説明する。
ウィーナー『サイバネティクス』（1948年）
機械のシステム的把握

ミュラーの政治経済思想の内容をもう一度確認しておくと、彼は市場経済の侵入を脅威ととらえ、それが国内の階層間、成員間における精神的紐帯を断ち切り、国民経済を一元化することを恐れた。そして商工業と農業がそれぞれ独自の自律性を有する中世社会の多元性を讃え、商工業の近代的マニュファクチュア化は農業と工業のバランスを崩し、国民経済の有機的構成を破壊すると考えた。ミュラーの政策論の主眼は、旧来の中世的職業団体（ツンフト／ギルド）による手工業的生産様式と共同体的所有を維持することで、近代工業的な生産様式が社会関係の中心となることによる弊害をできるかぎり緩和する、というものであった。このようにミュラーは、中世封建的な社会秩序を指し示すのに有機体の比喩を使っており、その点で正しくロマン主義的であると言えよう。

一方で、ヘーゲルの国家論（法哲学要綱）においては、市民社会／市場経済の発達による商工業の近代化は所与の前提として論じられ、旧来の手工業的生産様式が賛美されたりはしない。むしろヘーゲルは、中世的な封建君主制のもとでは、国家と市民社会を構成する諸々の職務と権力が種々のギルドや各種自治組織に分散しており、国家全体は有機体ではなくたんなる「寄せ集め」であったと批判している（§二七八）。彼はミュラーと同じく、市場経済や近代的工業が社会秩序にもたらす弊害についても認識していたけれども、旧来の封建的諸制度はこれらに対応できないと考えていた。ヘーゲルは、ツンフト／ギルドといった中世的職業団体や各種自治組織による統治を、市場経済の浸透に対応した「コルポラツィオーン」（国家の統治に属する職業団体）や「ポリツァイ」（国家による福祉行政）といった行政機構に再編していくことを提唱した。これら行政機構はそれなりの自律性を有するけれども、最終的にその制御を行なうのは教養を具えた官僚である。すなわちヘーゲルにおいては、優秀な官僚機構による行政と市場の中央集権的なコントロールこそが、真に国家を一個の有機体たらしめるものだったと言えるだろう。

『法哲学要綱』においては、「市民社会」は近代の産業・経済活動が生みだしたまったく新しい原理にもとづく関係性として論じられており、これに対して、中世封建的な関係も含む古い種類の人間関係は「家族」の領域に集約されている。ヘーゲル「法哲学」とは、この新しい関係性である「市民社会」の原理と、人間存在が深く根を下ろすところの「家族」という旧い関係性の原理とが、どのようにして絡み合い近代「国家」という現象を生み出すのかを描いた作品であると要約できる。市民社会の原理は「普遍性」であり、その「欲求の体系」は、特殊性を普遍性に変換するシステムであり、個人を人格的に自立した主体として成立せしめる。一方、家族の原理は「愛」であり、その関係性においてはすべては人倫的な合一の中に溶け込んでいる。家族的な「愛」は市民社会の「普遍性」に浸透されることによって、その土着性と閉鎖性を濾過され、近代的な関係性へと変換され、近代国家を形成する基盤となる。ヘーゲル「法哲学」はこのように、ロマン主義的な復古主義とは無縁であり、市民社会の原理を近代国家のエッセンスとする点で近代主義である。一方、市民社会の原理を、自己意識的な相互反照による個の成立を可能にする場、すなわち「欲求の体系」であると見る視点は、社会契約論の原子論的個人主義ともまた異なるものであり、この点でヘーゲルの社会論は、ロマン主義とも社会契約論とも異なる独自の路線を進んでいる。(16)

ミュラーとヘーゲル両者の国家論を対比するとき、正しくロマン主義の復古主義路線に属するミュラーが有機体の比喩を国家に使うことには何の不思議もないが、ヘーゲルが彼の国家論に有機体の比喩を使うことの異様さが浮上する。ミュラーに言わせれば、市民社会を積極的に取り込んだ官僚主導の国家像に、ロマン主義由来の「有機体」の比喩を使うなど、奇妙な転倒以外の何ものでもないだろう。

だが、それは本当に「転倒」だったのだろうか。十九世紀後半における実証社会学の興隆を概観したわれわれの視点から見るとき、この「転倒」をめぐる光景は反転する。ヘーゲルはロマン主義的な復古主義とは絶縁したポジションから、市民社会を内蔵した新しい国家像に対して有機体の比喩を使った。この洞察は、市民社会が西欧諸国家にとって不可欠の心臓部となってから有機体の比喩を使いはじめた実証社会学に半世紀、先駆けている。後世の視点から見るならば、市民社会の浸入を排除したところに有機的な秩序を見たミュラーの方こそが、比喩の使い方をまちがえたことになる。もっとも、たんなる比喩として「有機体」の概念を使うかぎりは、それを非—市民社会的なものを指すのに使おうとも（ロマン主義的国家論）、市民社会的なものを指すのに使おうとも（実証主義的社会学）、その資格は同等であり、どちらの使い方が正しいということは断定できない。両者においては、ただ比喩の指し示す対象がちがうのだということが言えるだけである。

したがって、ここで重要なのは、ロマン主義と実証主義のどちらが転倒していたかを追求することではない。重要なのは、ヘーゲルにおける有機体概念の特異なポジションに注目することである。なぜ、ヘーゲルは有機体の比喩がまだロマン主義的用法の圏内にあった時代において、すなわち、それが実証主義的用法に換装される以前の時代において、ひとりそれをロマン主義から切り離して市民社会的なものを指すのに使うことが可能であったのか。この問いに答える鍵は『精神現象学』の有機体論にある。『法哲学要綱』におけるヘーゲルの有機体の比喩の使い方を理解するには、『精神現象学』においてヘーゲルが行なった「有機体批判」をふまえる必要がある。彼はそこで、自然の有機体にも社会の有機体にも共通の構造を見出すことに成功している。

四　『精神現象学』の有機体論

『精神現象学』は、西洋哲学史上の諸問題を継承し、当時流行の諸思想もとりあげながら、すべてを「精神」の「現象」という構成に組み換えていった作品である。また、「実体は主体である」というテーゼのもとに、特にライプニッツ・ヴォルフ学派やカントらの提起した実体についての理説をことごとく批判し、解体していった書物であるとも言える。さらにまた、ヘーゲルが若き日のシェリングらとの交友によるロマン主義の影響圏から脱した書物でもあり、ことに序文におけるロマン主義批判、シェリング批判は有名である。このような作品を出世作としたヘーゲルが、哲学史上の実体問題を継承し、かつロマン主義の鍵概念でもあった「有機体」について、批判的な視点をもっていなかったとすれば、むしろその方が不思議と言えよう。

しかしながら、『精神現象学』における有機体論は、これまで有機体批判であるとは受けとられてこなかった。その理由はさまざまに考えられる。一つにはこの箇所の叙述が難解であり読解に少なからぬ労を要する箇所であること、また『法哲学要綱』でヘーゲルが盛んに有機体の比喩を用いていることから、ヘーゲルより後代の社会有機体説をヘーゲル法哲学に遡行的に投射して、ヘーゲルを単純に社会有機体説の始祖として理解する傾向があるのではないかということ、さらにはまた、青年期におけるロマン主義との影響関係から、『精神現象学』や『エンチュクロペディー』の有機体論をロマン主義の影響の残滓と見る傾向があることなどが挙げられる。これらの傾向が『精神現象学』の有機体論に「批判性」を読み取ることを妨げてきた可能性がある。だが、もし『精神現象学』の有機体論が有機体批判であることが明らかになるならば（それはこの書物の現象学という手法にも、ロマン主義への訣別書であるという性格にも一致する）、『精神現象学』以後の『法哲学要綱』や『エンチュクロペディー』においてヘーゲルが有機体を語るときのポジションがとらえ直される必要がある。以下、このような問題意識で、『精神現象学』の有機体論を読み直してみることとしよう。

本来、『精神現象学』の有機体論の思想史上の意義を精測するには、カント『判断力批判』の意義から論じなければならないが、本論考ではその余裕はない。ここでは簡単にライプニッツ・ヴォルフ学派を経てカントへ至る実体論の系譜と、自然の中の有機体という対象を興味を持って観察する流行が重なり、ドイツ観念論で有機体を哲学的にとりあげる伝統が生じた、とまとめておく。(17) そうした中、ヘーゲルは『精神現象学』の「観察する理性」の章で、相当な紙幅を割いて有機体を論じる。

まずヘーゲルは一貫して「有機体」（Organismus）という言葉を使わず、「有機的なもの」（das Organische）という表現をする。内容を概観すると、そこでは、カント的な目的論が批判され、実体として魂や生気論的な生命を論じる所説が「内なるものと外なるものの思想」として批判され、自然を有機的生命の系列として類と種と個に分類し、理性的な体系を自然に見出そうとする博物学的な思想が批判されている。

カントは、『判断力批判』で、道徳論への架橋として有機体論を扱った。それゆえ、有機体論は目的論として論じられている。ところが、ヘーゲルは有機的なものを理性の「偶然的な運動」[18]であると言っている。また有機的なものの運動には、「全体がない」[19]とも言う。ヘーゲルの哲学を、有機体論的、目的論的、あるいは全体論的な思想である等と断じることは簡単にはできない。彼は『精神現象学』において、道徳論への接続を意図して論じられる目的論的な有機体論を批判し、有機体を「現象」としてとらえることを主張したと言える。

「有機的なものの観察」[20]の箇所で、生物を類と種の体系に分類しようとする試みは、「地」のエレメント＝「普遍的な個体」（allgemeines Individuum）に裏切られると言い、これをヘーゲルは「地の暴力」（Gewalt der Erde）と呼ぶ[21]。たとえば、博物学的な種の系列のごときものは、現実の生物個体の観察にあたれば、つねに更新を余儀なくされるということだ。カントであるならば、この失敗をもって、反省的な判断力の使用はあくまで統制的に使用されるべきで、認識とは関わるべきではないことの証左とするだろう。むしろ、カントはそこに理性の「自由」を見いだしていく。われわれが現実の生物個体の奇形、欠損を含めた多様性を前にしながら有機的生命の「統一」を看取できることは、人間主体の自由につながる通路として確保される。ヘーゲルにおいては、この「食い違い」は「地の暴力」によるものと呼ばれ、隙間だらけのみすぼらしいものと言われる。この屈辱を理性たらんとする自己意識が克服しようとするならば、対象につねにすでに与えられている「普遍的な個体」とは何であるかが追求されなければならない。これが、「観察する理性」以降の課題となる。観察する理性の失敗を契機として、意識は「行為する理性」へと移行する。そして、行為する理性は、己れの行為が人倫的な実体のうちにあることを理解することで、「精神」の境地へと高まるとされている。

このように『精神現象学』の流れをみると、有機体思想の「批判」が、『精神現象学』の展開の上で一つの転回点となっていることがわかる。カント的理性主義の帰結は、有機体という対象に実践理性へとつながる理性の積極的な作用を見出すことであった。一方、そのようなカントに対してヘーゲルは、「有機的なものの観察」の場面で、理性の限界を指摘し、有機体論を批判することで彼特有の「精神」への経路を示したと言ってもよい。

先にも述べたように、ヘーゲルは『法哲学要綱』で、国家における政治体制に有機的組織体の比喩をさかんにもちいた。政治体制が一つの有機的な組織体であると言うことは、それが、個人の恣意を離れた自立性をもち、かえって個人を規定するものであることが認識されていることを意味する。言語にしろ、概念にしろ、個人とは別にそういったものが有機的な組織性をもって存在しうるとする認識は、明確にカントの圏外であると言える。それは単に、生物的な比喩を社会組織に対して用いたという以上の意義を持つ。理性的な観察に依拠した体系の構築が失敗すること、ここにヘーゲルが見出している「意識」と「精神」との距離＝ズレこそが（後にその距離は絶対知において消去されるとは言え）、決定的にカントとヘーゲルをわけ隔てるものだと考えるからである。ごく単純な言い方をすれば、カントは人間主体一般と個人との区別をしなかったが、ヘーゲルは区別をした、と言える。このヘーゲル哲学の特徴は、『精神現象学』のまさしく「有機的なものの観察」における「地の暴力」の箇所を端緒としている。

このような経緯をたどる「理性」から「精神」への移行は、カント批判として出色である。また理論的には、あらゆる社会科学は、カントからヘーゲルへのこの「飛躍」によって、はじめて可能である。というのは、人間によって作られながら、個人から独立した組織性、運動性を社会が持ち、かえってその中で生きる個人を規定していくということ、これがすべての社会科学を支える根本的な「哲学」であるはずだからだ。そのような、意識と、意識よりも大きなものとの間の「ズレ」、このズレを意識が「力という仮象」や「叡智界への飛翔」によって解消してしまわないこと、その時に、「社会」という対象は可能になる。ヘーゲルはカントの有機体を「非理性化」し、同時に「社会化」したのだ。このように、カントとヘーゲルにおける有機体論の差異を読み解くとき、初めてわれわれは、ヘーゲルが社会に有機体の比喩を用いたことの意義を精測する基準線の一つを得る。

五 「地」のエレメントとは何か？

以上、カント有機体論との差異を中心にヘーゲル有機体論のポジションを明らかにした。それでは、ヘーゲル有機体論とロマン主義的有機体論とはどのような関係になるのか、次にこれを述べたい。

ヘーゲル有機体論の最も特異な点は、それが反ロマン主義的だということである。われわれが有機体を見ているときに、われわれの表層的「意識」とは別種のある種の判断がはたらいているとヘーゲルは考えており、それを「地」のエレメントと呼ぶ。そして、それが有機的生命という表象の核においてはたらいていると考えている。ロマン主義、たとえば初期シェリングならば、それを自然の根源的な威力であると位置づけるだろう。そして人間精神の働きも、そのような自然のもつ根源力から生じると考える。そもそも地水火風のうちの「地」のエレメントが個体性の要素であるという考えは古代ギリシア哲学の自然論に由来し、ヘーゲルがそれをアリストテレスから引っ張ってきているであろうことを考えれば、「地」とは自然力の一つと捉えるのが妥当であるように思われる。しかし、ヘーゲルの「地」のエレメントとは、どうやら自然的なものではない。そのことは、次の二点からわかる。

第一に、ヘーゲルは『精神現象学』（一八〇七年）直前のイェーナ体系構想期（一八〇三―一八〇六年頃）の初期には、シェリングのロマン主義的自然哲学に範をとり自然という根底の威力から意識が生じ、精神へと成長するプロセスを叙述しようと模索していたが、末期には自然と精神との間には次元の違いがあり、精神は初めから精神であるという思想に転向した様子が窺える。そして、『精神現象学』では「意識」を叙述の主人公とする現象学の方法論を採用し、公然とロマン主義批判を開始する。『精神現象学』の後に書かれた哲学体系『エンチュクロペディー』（一八一七―一八三〇年）の「自然哲学」における有機体論は、内容的には、イェーナ体系構想期の蓄積が生かされ詳細を極めるが、同時に自然の有機体からはけっして精神は生じないことが強調される。そして「自然は無力である」というフレーズが何回も出てくる。ヘーゲルは、『精神現象学』においてロマン主義と訣別し、自然の有機体に見切りをつけ、自然の有機体はむしろ精神の現象であると論じるようになったと捉えてよいだろう。したがって、有機体という現象の核にある「地」のエレメントも当然、自然的なものではなく精神的なものであると考えられる。そしてまた「地」は、「地の暴力」という「意識」にとって企図せざるものとして現れるのだから、非―意識的なものである。

第二に、「地」のエレメントは「普遍的な個体」であると言われるのであるが、それが何であるか、『精神現象学』の叙述を精査すると、「有機的なものの観察」の前と後の二箇所にヒントになると思われる叙述が見出される。

一箇所目は「自己意識」の章であり、不変なるもの（神）と特殊なるもの（自己）の間の乖離と矛盾に悩む「不幸な意識」と呼ばれる意識形態が「普遍的な個別性」（allgemeine Einzelheit）と呼ばれる契機を得ることによって、世界を否定的に捉える「自己意識」から肯定的に捉える「理性」へと転換するとされる場面である。この普遍と特殊とを結ぶ要素である「普遍的な個別性」が何であるかは不明なのだが[22]、いずれにしても、これと出逢うことで意識は普遍的なものへの憧れと自分自身の特殊性とを統一するきっかけを得る。おそらくは、この「普遍的な個別性」は意識が始めから素養として持っているものである。ただし、意識は自分自身のうちに分裂を統合する契機があるとは考えずに、それをいったん他者に投射することによって見出す。この他者に見出された「普遍的な個別性」はいわば意識自身の鏡像であるのだが、その鏡像を意識が自分自身へと縫い付けるためには「媒体」（das Mitte）が必要であると言われている。この「媒体」が何であるかもヘーゲルは直接には語らないが、文脈から判断すると特定の共同体や規範集団における伝統、習慣、言語などを考えていることが伺える。そうした「媒体」に身を投げ出し、自己を順応させることで意識は「普遍的な個別性」を得て自己の分裂を統一し、世界を肯定的にとらえる契機を得ると言われている。興味深いのは、しかし、その後、意識は「媒体」によって「普遍的な個別性」を得た経緯を忘却してしまうと言われる点である。理性という世界に対する肯定的な態度は、自己意識の経た過程の「忘却」によって成り立っている[23]。

理性が精神へと至る過程とは、つまり、その忘却を取り戻す過程にほかならない。自己意識という形態において世界に対する否定的な態度を有していた意識は、「普遍的な個別性」の侵入によって自己の個別性を滅却して普遍性を得る契機を得たが、その経過を忘却することによって世界への肯定的な意識形態である「観察する理性」となった。しかし、先に述べたように、この世界への肯定性は、観察する理性が有機的なものの観察においてみまわれる「地の暴力」という「普遍的な個体」によって挫折を余儀なくされる。これを契機に、理性は精神へと移行する。自己意識において「普遍的な個別性」と呼ばれていたものが、理性において「普遍的な個体」として戻ってきている。両者を同じものであると言ってよいのか、そこに変化があるのかは、詳細な検討が必要である。しかし、いずれにしても、自己意識の否定性を理性の肯定性に変化させるものが「普遍的な個別性」と呼ばれるものであり、そのことが忘却されると言われ、次に観察する理性の肯定性に躓きの石を与え止揚を促すのが「普遍的な個体」と呼ばれるものであること、以上のことは確かである。そして、この「普遍的個体」が、理性章の最後で「事そのもの」(Sache selbst)として現れることで、意識を人倫的実体の自覚へと導く働きをするのである。

観察する理性の「有機的なものの観察」の箇所は、忘却されていた「普遍的な個体」が、「地の暴力」をリマインダーとして(もしかすると形を変えて)再浮上してくる過程である。あるいは、潜在していた「普遍的な個体」が再び顕在化する場面であると言っても良い。全体の流れからすると、ヘーゲルはそれを精神的なものとして考えており、自然的なものとしては考えていないと言って良いだろう。

「地」のエレメントについてヒントになる二箇所目は、「精神」章の「人倫的世界」である。ここでは、人間の共同体の基盤をなす「人倫的実体」として「家族」と「国家」の二つが考えられており、両者はそれぞれ人間の裡の異質な原理である「神々の掟」と「人間の掟」に基づく。簡単に言えば、「神々の掟」とは女性原理であり、「人間の掟」は男性原理である。女性原理に基づく家族的な絆と、男性原理に基づく国家の人間関係は、人間が双方に足をかける異質な存在の次元であり、両者は対立する。興味深いのは、「神々の掟」、すなわち女性原理による家族的共同体は、死者の埋葬という義務を果すことで、個人の死を自然的な消滅から救い、その個別性を「普遍的な個体」に高める役割を果すと言われている点である。[24] 家族による弔いによって、死者は自然の冷徹な否定の力からすくい上げられ、「地」という共同体に迎えられ、不滅の個体性である「地」の母胎(Schoß)と結ばれる(結婚させられる)と述べられている。

ここでイメージされているのは、文明化の所産である意識化された現実的な人間関係、つまり理性的な人間関係である「国家」と、文明化以前から社会性ほ乳動物としての人間存在の基盤であった愛情的な関係である「家族」とが、互いに絡み合い、構造化されて、人間社会をかたちづくる様である。そのときに、ヘーゲルは後者「神々の掟」を「地」のエレメントで指している。都市文明発生以前の母系制社会や、ユダヤ・キリスト教以前の地中海・オリエント地域に広く存在したと言われる地母神信仰の水脈をそこに見出すのは早計かも知れないが、[25]いずれにしても近代的理性とは別種の原理をヘーゲルが何か考えており、それを女性たちが維持する人間関係の原理として位置づけ、四元素説の「地」と連結して考えていることが窺える。[26]それは啓蒙主義の奉ずる「人間的理性」ではなく、またロマン主義の憧憬する「根源的自然」でもない。ここでヘーゲルは、いわば近代西欧哲学の盲点である、「人間の裡なる自然」とでも呼ばれるべき第三の原理を、「地」というエレメントによって語っている。

『精神現象学』では「神々の掟」（家族）と「人間の掟」（国家）は対立し、そのぶつかり合いは一個人の運命を翻弄し（アンティゴネー）、個人の背負う「罪責」とその「承認」を通して融和するというストーリーになっている。このような悲劇を通した融和の出現という構図が、『法哲学要綱』では、「家族」と「国家」の間に「市民社会」が媒介として入り込むという図式に発展している。「市民社会」は「家族」と「国家」を結びつける媒体であるとも言えるし、あるいは、「地」のエレメントという家族的で非―意識的なコミュニケーションのモードと、社会契約的で意識的なコミュニケーションのモードとのハイブリッドが、「市民社会」という独特のダイナミズムをもつ運動体を構成しているとも言える。

「地」のエレメントは、非―意識的なものであり、非―自然的なものであり、非―理性的なものである。このようにヘーゲルにおける「地」のエレメントを捉えるとき、理性（カント）でもなく自然（ロマン主義）でもないものが「有機体」という思想の核心において働いているとヘーゲルが考えていたことが分かってくる。その仮説としての価値や今日的射程についての検討は本稿の範囲を越えるが、いずれにしても、「地」のエレメントという共通の原理で「自然における有機体」も「社会における有機体」も、その現象としてのメカニズムを説明できるとヘーゲルが確信していたことはまちがいがない。

さらに重要な点は、ヘーゲルが、近代の自我構成や社会構成においては、「地」のエレメントは一つの構造に包囲され、潜在化された状態で機能していると見ている点である。言って見れば、家族的な関係を国家的な関係が取り込むことで市民社会の動力を引きだす内燃機関（エンジン）のような構造を形作りつつあると認識すること、また、そうした構造のリバース・エンジニアリングを経由することでドイツ社会を再編することが必要だとヘーゲルは考えていた。このたとえで言えば、ロマン主義は、すでに稼働しつつあるエンジン（市民社会）の燃料を「根源」として見出そうとする試みであると言える。しかし、大事なことは、燃料が何であるかではなく、その燃料がどのような新しい「構造」に充填され燃焼されようとしているかの解明である、というのがヘーゲルのポジションであろう。

こうしてカントの理性的な有機体論からも、ロマン主義の自然的な有機体論からも距離をとり、独自の路線を進んだヘーゲルは、結果として、理性的でも自然的でもない、「社会という有機体」を見出したのだと言えよう。同時に、ヘーゲルは「有機体」を何か根源的な存在のイメージとしてではなく、人間意識の重層構造が生みだす「現象」として冷徹に見る点において、カントの超越論哲学のスタンスを忠実に受け継いでいる。ヘーゲルの「意識」はカントの超越論的主体の観点を徹底し、悟性や感性といった人間能力すら「現象」として見る地点にまで後退した視点である。この視点によって、「意識」は自分自身のうちに、自分に対して「否定的なもの」を基底として見出すことになる。このような視点を叙述の主人公とする「現象学の方法」を導入することによって、ヘーゲルはカント、ロマン主義双方の有機体論を批判しうる独自のポジションを得た。現象学は有機体の夢は見ないのである。

以上、ヘーゲル有機体論がロマン主義の思想圏を離脱しつつ、社会有機体説の普及に先駆けて近代市民社会のダイナミズムを捉えるものとなった経緯を見てきた。ヘーゲルが「現象学の方法」を採用したことによって、有機体という現象の基底において作用している「地」のエレメントが露頭したわけだが、ヘーゲルはそれが何であるかは追求しなかった。この点は忘れずに指摘しておかなければなるまい。

『精神現象学』の叙述の後半のベクトルは、のちに書かれる形而上学としての論理学（『大論理学』一八一二―一六年）へと向かっている。自然や精神、生命や理性の「根底」にあるものを積極的（ポジティヴ）に見極めようとした後期シェリングとは異なり、ヘーゲルは意識の底において働いている「意識ならざるもの」、「意識にとって否定的なもの」を否定的（ネガティヴ）に示唆しただけである。彼は意識と意識ならざるものとが相互作用して意識の諸形態を生みだすこと、そして、その運動の軌跡を「論理」かつ「存在」の諸様態として叙述するという形而上学の構想へと向かった。有機体的現象の核心、「地」のエレメントと呼ばれる「それ」が何であるかは、仮説のまま放置されることとなった。[27]

「ロマン主義」を起点とし「現象学」を経由して「形而上学」へと向かうヘーゲル哲学全体のベクトルにおいて、「地」のエレメントはそのベクトルが描く曲線の「極限」として指摘される以外にないものである。われわれが今日的視点から、ヘーゲルの形而上学を志向するベクトルを相対化したうえで、その仮説的空白を埋める余地は残されていると言えるだろう。[28]

注

（1）『法哲学要綱』§二六九、§二七八など。G. W. F. Hegel, *Grundlinien der Philosophie des Rechts*, 1821 [Suhrkamp, Bd. 7], S.414, 443, et al.（G・W・F・ヘーゲル『法の哲学』岩崎武雄責任編集『世界の名著44 ヘーゲル』中央公論社所収、一

九七八年、四九七、五二九頁ほか）

（2）Michel Foucalt, *Naissance de la clinique* (1963), Quadrige.（ミシェル・フーコー『臨床医学の誕生』神谷美恵子訳、みすず書房、一九六九年）、Michel Foucalt, *Les mots et les choses*, Éditions Gallimard, 1966.（ミシェル・フーコー『言葉と物』渡辺一民ほか訳、新潮社、一九七四年）などを参照のこと。

（3）G. W. F. Hegel, *Enzyklopädie der philosophischen Wissenschaten II*, 1830 [Suhrkamp, Bd. 9], SS.445-459.（G・W・F・ヘーゲル『自然哲学・下巻』加藤尚武訳、岩波書店、一九九九年、五八一―六〇〇頁）

（4）富永健一『行為と社会システムの理論』東京大学出版会、一九九五年

（5）同右、一〇四―一〇五頁

（6）同右、一〇四頁

（7）Herbert Spencer, *The Social Organism* [1860], in *The Man Versus The State, with Six Essays on Government, Society, and Freedom*, Liberty Fund, Inc. 1992. (First published 1884.) この論文については鈴木栄太郎『個人対国家・諸科学の分類・社会有機体』（一九二三年）に翻訳が所収されているようであるが、今日ではインターネットで原文が容易に入手できるので、そちらを参照するのが良いだろう。The Library of Economics and Liberty (http://www.econlib. org/index. html) など。

（8）ここにまとめた生命論と有機体論についての知見は筆者独自の研究に基づいているが、参考文献として以下の書物を挙げておく。Ernst Cassirer, *Die Philosophie der Aufklärung*, Verlag von J. C. B Mohr, 1932.（カッシーラー『啓蒙主義の哲学』中野好之訳、筑摩書房、二〇〇三年）、R. G. Collingwood, *The Idea of Nature*, Clarendon Press, 1945 [Reprint: Oxford University Press, 1960].（R・G・コリングウッド『自然の観念』平林康之ほか訳、みすず書房、一九七四年）、Franklin L. Baumer, *Modern European Thought: Continuity and Change in Ideas 1600-1950*, Macmillan, 1977.（フランクリン・L・バウマー『近現代ヨーロッパの思想』鳥越輝昭訳、大修館書店、一九九二年）など。

（9）古代ギリシア語において「道具」を意味していた ὄργανον「オルガノン」が、英語、仏語、独語などに取り入れられる過程で、「内蔵」、「器官」、「機関」という意味を強くもつようになった。英語に的を絞ると、英語 **organ** の初出は十

二世紀頃であるが、これが政府などの一機関、一部署などを表す言葉ともなる。十五世紀に中世ラテン語 organizatio から organization（組織）、organize（組織化する）という語句が生まれ、十七世紀に organism（組織されたもの）という言葉が生物有機体を指す言葉として使われはじめた（J. A. Simpson, E. S. C. Weiner, *The Oxford English Dictionary; Second Edition,* Clarendon Press, 1989 による）。これは、organ-（= organize 組織化する）+ -ism（結果）= organism（組織されたもの）という派生である（大修館書店『ジーニアス英和大辞典』二〇〇一―二〇〇二年による）。オックスフォード英語辞典によると、英語における organism の初出は John Evelyn, *Sylva, or A discourse of Forest Trees,* 1664 である。これはフランス語における organisme の初出一七二九年よりも早いので、これに依拠すれば、有機体（organism）という語が初めに使われたのは英語においてであるということになる。なお、ドイツ語 Organismus の初出はグリムの辞書を見てもはっきりせず、オーケン（Lorenz Oken, 1779-1851）やヘルダー（1744-1803）、ゲーテ（1749-1832）の用例が載っている。しかし、彼らの活躍はカント（1724-1804）よりも一世代遅い。オーケンの著作 *Grundriss der Naturphilosophie* は一八〇二年の出版である。カントは一七九〇年に『判断力批判』で Organismus を論じているのだから、もっと早くにドイツ語の用例があったと考えられる。有機体概念の起源については以下も参照のこと。加藤尚武「有機体の概念史」『シェリング年報'03第11号』所収、晃洋書房、二〇〇三年。

（10）富永健一『現代の社会学者』講談社学術文庫、一九九三年、四〇三―四〇四頁

（11）富永健一『行為と社会システムの理論』東京大学出版会、一九九五年、一〇五頁

（12）Carl Schmitt, *Politische Romantik,* 1919（C・シュミット『政治的ロマン主義』橋川文三訳、未來社、一九八二年）

（13）原田哲史『アダム・ミュラー研究』ミネルヴァ書房、二〇〇二年。本論考におけるミュラー国家論についての叙述は主に本書を参考にしている。

（14）Collingwood, *op. cit.*（コリングウッド、前掲書）

（15）Michel Foucalt, *Naissance de la clinique* (1963), Quadrige, 1997 [5e édition], p.36（ミシェル・フーコー『臨床医学の誕生』神谷美恵子訳、みすず書房、一九六九年、五九―六〇頁）。この箇所でフーコーはベルクソンを批判しているが、ベルク

ソン批判の一文は初版を底本とした邦訳本にしか見出せず、筆者の入手しえた原書の第五版にはなかった。第二版以降に削除されたようである。削除の事情は推察するしかないが、フーコーのベルクソン批判はつとに有名であるから、基本的な考えが変わったわけではないものと思われる。

(16) ミュラーとヘーゲルの国家論の比較については、原田前掲書「補論一ミュラーとヘーゲル」や、伊坂青司『ヘーゲルとドイツ・ロマン主義』(御茶の水書房、二〇〇〇年)の第六章「国家」、またヘーゲル国家論の特性については加藤尚武「スピノザの実体とヘーゲルの国家」(『ヘーゲルの国家論』理想社［二〇〇六年］に所収)も参照のこと。加藤は、ヘーゲル国家論の有機体モデルは通常とは異なり「否定」が組み込まれていると指摘している。

(17) 以下を参照。渡辺祐邦「ドイツ観念論における自然哲学」『講座ドイツ観念論第六巻・問題史的反省』弘文堂、一九九〇年。

(18) G. W. F. Hegel, *Phenomenologie des Geistes*, 1807 [Suhrkamp, Bd. 3], S.225.(G・W・F・ヘーゲル『精神の現象学』金子武蔵訳、岩波書店、一九七一年、二九七頁)

(19) *ibid.*(同右)

(20) *ibid.*, S.196-226(同右、二五七―二九八頁)

(21) *ibid.*, S.224(同右、二九六頁)

(22) 神と人を結ぶイエスのことを語っているとも解釈される(金子武蔵訳における訳注や加藤尚武編『ヘーゲル「精神現象学」入門』有斐閣選書［一九八三年］における解説などを参照のこと)。ただし、ヘーゲル自身はここでひと言もイエスやキリストの名は出していないことに注意が必要である。ヘーゲルが「普遍的な個別」という概念をキリスト教の論理から発想していることは確かであろうが、それをヘーゲルは文明化された人間の意識に一般的な契機として考えていると思われる。

(23) *ibid.*, S.180(同右、二三四頁)

(24) *ibid.*, S.333(同右、七四六頁)

(25)「母系制」(より正確には「母権制」)という概念は一般にバッハオーフェンの発見であるといわれている(Johann Jakob Bachofen, *Das Mutterrecht*, 1861. 邦訳:J・J・バッハオーフェン『母権論』岡道男ほか訳、みすず書房、一九九一年)。筆者(野尻)はここで、ヘーゲルの「神々の掟」を母権制概念の「先駆」と見ることを提唱しているわけではない。「神々の掟」という言葉でヘーゲルは、共同体における女性的原理の司る領域を示唆しているのみであり、いわゆる「母系制社会」や「母権性」を論じているわけではない。とはいえ、ヘーゲルがギリシア悲劇の読解から、女性的な原理による人間関係の次元を「地」「神々の掟」「母胎」というタームで抽出している点は興味深い。

(26)厳密には、「地」のエレメントは「意識」や「悟性」と対立する原理と考えられるべきで、「理性」は「地」と「意識」、「悟性」との構造化されたカップリングによる現象と見るのが妥当と思われる。そうした意味では、ヘーゲルの「理性」はカントの明るい啓蒙的理性とは異なり、「地」の翳りをもつ理性であると言えるだろう。

(27)たとえば、ハイデガーは『芸術作品の根源』において、意識や理性によって照射しえず、人間的実存の構成する「世界」と抗争関係にあるもの、芸術行為の核心にあるものとしての「大地」(Erde)について語る(Martin Heidegger, *Der Ursprung des Kunstwerkes*, 1935. 邦訳:M・ハイデガー『芸術作品の根源』関口浩訳、平凡社、二〇〇二年)。ハイデガーにおいて「大地」は「本質的に開示されないもの」「己れを閉鎖するもの」「顕現せず、解明されず」あらゆる開花するものの根底に潜む「秘蔵するもの」と表現されることによって、彼の哲学における「存在」(Sein)と同じように、距離化/神秘化される傾向にある。一方、ヘーゲルにおいては「地」のエレメントは精神的でありかつ非―理性的、非―意識的なものであると示唆されるにとどまる。そこにヘーゲルが仮説的な空白を置いたことによって、かえって今日の精神分析学や言語哲学、脳神経科学など諸理論との接続もやりやすいように思われる。

(28)コジェーヴの言う自己意識成立を可能とする欲望の共反射の次元、ラカンの言う鏡像段階から象徴的去勢による自我の成立といった人間精神についての理論がいずれも、『精神現象学』をその淵源としていることが想起されるべきである。ヘーゲルが「普遍的な個体性」や「地」のエレメントと言ったタームで解析しようとした人間精神という「現象」についての仮説構築の営みを、二十世紀思想の資産を活かして継承・発展することが必要である。

神々を摸倣する装置
――『精神現象学』「宗教」章の悲劇論――

大橋　基

「神々の永遠の掟への信頼も、特殊な〔日常雑事〕について知らせてくれた託宣も黙り込んでいる。彫像は今や、それを活気づけていた魂が脱け出た死体であり、賛歌も信仰のこもらぬ空語である。神々の食卓に精神的な飲食物〔供物〕はなく、意識にとって、神々の上演や祝祭から自分と本質存在との喜ばしい統一が戻ってくることは、もう二度とない。詩神の作品群からは精神の力が失われてしまった。この力こそが、神々と人間を〔叙事詩や祝祭劇のなかに〕凝縮することで、精神に対してその自己確信を現れさせていたのに。これらの作品は、今日、我々の目の前に在るにせよ――美しくはあれ、樹から摘み取られた〔死せる〕果実である〔……〕運命がそうした芸術作品をもって我々に与えるのは、それらの果実の〔生命力あふれる〕世界でも、果実が花咲き熟したところ、つまり人倫的生活の春や夏でもなく、これらの現実を封じ込めた追憶にすぎない」（547 f., 1090f.）[1]

ヘーゲルが『精神現象学』のなかで古代ギリシアを振り返る言葉は、目の前に広がる神殿や劇場がすでに廃墟と化してしまったことを、自分自身に言い聞かせているかのように響く。それは告別の言葉でありながらも、なお、都市国家の自由な生活や美しい祝祭への憧憬や愛惜を拭い切れていない。なぜなら、彼にとって古代の人倫、特にそこで神々と人間との統一を確証させていたギリシア悲劇は、生涯、人々が欲望に駆られている近代社会や形骸化したキリスト教を乗り越えるための、手掛かりであり続けたからである。

若き日のヘーゲルは古代ギリシアを理想化し、近代批判の根拠として対置することから出発し(『キリスト教と民族宗教』『キリスト教の実定性』)、やがて、全体性のなかで自己の存在価値が認められることを自由とみなす古代の発想を、個々人の反省的な主観性を破棄することを通して、近代社会に回復しようと考えるに至った。しかもそれは、人々の倫理的な絆を強め、共通の神に祝福されていると実感させるような「民族宗教(Volksreligion)」として、ギリシア悲劇を呼び戻すほどの徹底ぶりであった(『自然法論文』『人倫の体系』)。しかし、そうした姿勢は、イェーナ大学在職時後半、年齢にして三十代半ばに転機を迎える。彼は、近代的な主観性を抹消するのではなく、諸個人の相互的な自己否定を通して到達される精神的共同性に、古代の自由のより発展した姿を見出し、そのようにして獲得した視座からキリスト教を再構成するという道筋を歩み出す(『信仰と知』『イェーナ体系構想Ⅲ』)[2]。こうしてヘーゲルは性急な復古主義を捨て、ギリシア人が無自覚であった古代の最良な部分を取り出し、近代に活かそうという構えに転じたのである。

『精神現象学』はこのような態度変更が行われた時期に書かれた。したがって、そこには、古代の共同体やその宗教がそれ自体で含んでいた限界についての認識が語られていてしかるべきだろう。ところが、「宗教」章Bで提示された芸術宗教の終焉は十分に検討されぬまま、都市国家という現実的土台の喪失がその存続を立ち行かなくした、といった程度の解釈で済まされることが多い。そこには、この著作でもヘーゲルは若き日と同様、アリストテレスの『詩学』を模範にしながら悲劇を積極的に評価しており、その崩壊を歴史的事実として心ならずも受け容れたのだ、という先入観が働いている[3]。しかしながら、『精神現象学』における悲劇像は、アリストテレスを下敷きにしながらも、決定的な点で先達の説に従ってはいない。しかも、この相違こそが、悲劇を解体させた契機として、啓示宗教が克服すべき芸術宗教の限界を明らかにする手掛かりに他ならないのである。本稿では、そのようにして切り拓かれる視野から、ヘーゲルがかつての理想を否定して見せたその厳しさを詳らかにしていきたい。

一　芸術宗教の基本設計

『精神現象学』の悲劇論の検討に入る前に、それにまつわる先入観の背景を確認しておくことにしよう。それは、プラトンとアリストテレスの間での悲劇評価の相違に端を発する。プラトンは『国家』において、自らが理想として掲げた哲学の共和国を論ずるに当たり、詩人とその作品の追放を法とした。その理由は、善のイデアを頂点として秩序づけられた範型に従う自己形成という市民教育のプログラムに対して、詩をはじめとする摸倣がもつ有害さにあった。プラトンによれば、イデアそのものを志向することなく、単に何らかの存在者に似せただけの再現芸術は、たとえそれが、基本的に真似びによって獲得される人間の徳を摸倣した詩（叙事詩や悲喜劇）であったとしても、単にその影を描写しているにすぎないとされる。それどころか、詩は感情という魂の低劣な部分だけに働き掛け、それを昂ぶらせることで、理知的な部分を麻痺させてしまうがゆえに、かえって、人々を真実から遠ざけてしまう。したがって、詩は国家から排除されなければならない。やや単純化しすぎてはいるが、以上がプラトンの詩人追放論の概要である。

これに対してアリストテレスは詩人とその作品を高く評価した。模倣することや摸倣されたものを見ることは、人々に単に感情的な喜びだけでなく、自分自身の生についての新たな知を与える。そうした視点からアリストテレスは、『詩学』のなかで、詩に備わる倫理的意義を認め、その一形式として悲劇を取り扱う。彼によれば、悲劇は厳密な因果関係によって構成された出来事の再現であり、舞台上で演じられる英雄の「災厄（pathema）」を目にした観客が、過酷な裁きに翻弄される英雄への「憐れみ（eleos）」を、そして、その凄惨さへの「畏れ（phobos）」を抱き、それらを通して災厄の「浄化（katharsis）」を遂行する場面として理解される。この場合の「浄化」は、なぜ英雄の行動が災厄を引き起こしたのかを観客自身が納得することで、自分自身を倫理的に教化する、という意味をもつ。そして、そうした知によって観客が抱いた感情は沈静化され、当初の極端に否定的な状態から、中庸を得たものへと行き着く。「畏れ」は、法を侵犯したさいに生ずる罰や災厄を正当なものとして認めつつ、同じ事態を起こさぬよう自らを戒める忌避の感情となり、「憐れみ」は、自分に似た他人の境遇に自らを重ね合わせ共に苦しむこととなる。(4) これらは、共同生活を送る者たちが同じ規範に従いつつ、互いを思いやるために必要な、共感の感情であると言えよう。つまり、アリストテレスは知性と感情の両面から悲劇の教育的効果に期待を寄せていたわけである。

このようにプラトンとアリストテレスはそれぞれの哲学的視座から悲劇に関して対照的な評価を示した。後のドイツ観念論者たちは、プラトンの理性主義にカント倫理学のリゴリズムを重ねみて、ギリシア悲劇に新時代の生のモデルを求めた。青年ヘーゲルもアリストテレスの影響を受け、悲劇の復権を目指していたことは、すでに触れたところである。しかし、イェーナ後期以降も、そうした態度がそのままの形で継続されたという保証はない。そこで次に、『精神現象学』において悲劇が置かれている文脈を概観していきたい。

『精神現象学』の哲学的主題は、物事の根底に横たわり、それを支えている実体が主体であることの論証にある。そこには、真理についての当初の確信の破綻を通して、意識がその必然性を知り、より高次の境位へと高まる、という「経験（Erfahrung）」の方法が貫いている。その第一の局面は、対象的事物の側に真理があると前提している「意識」が、自己自身を物事の本質と確信する「自己意識」へと転じた上で、やがて、普遍性と個別性の統一こそがあらゆる事象の統一原理であるとみなす「理性」へと高まり、そうした確信を吟味した末に、人々の織り成す精神的な共同性こそが実体であると知るまでの道程である。次の局面は、「理性」が行き着いた「精神」の直接無媒介な姿としての古代ギリシアの人倫にはじまり、その崩壊の後に成立した共同体と自己意識の分裂が、やがて自己自身を実体として過信する「道徳性」へと収束し、その自己破綻の末に、相互承認に基づく精神的共同性が近代における人倫的実体として生成する過程である。したがって、その運動を起動させるのは、自己意識の「外化（Entäußerung）」、すなわち自己の個別性を放棄して普遍的なものへと還帰する営みであり、それは漸次、徹底されていく。「宗教」章は、そうした第二の局面と対を成し、その都度の時代における「精神の自己意識」、つまりは各々の時代で人々が生の実体に対して抱く宗教的な「表象」の変遷を扱う第三の局面である。そこでは、人間が様々な形で神人一体の理念の実現を試みるのと相即しながら、神と称されたものが徐々にその真実態を明るみに出していく、という実体の「外化」が生ずる。その過程は、第一に、人々が自然現象に実体的なものについてのイメージを見出し、それを崇拝する「自然宗教」、第二に、神的表象に姿かたちを与える技能を基盤とした「芸術宗教」、第三に、神の受肉という事態を中心に据える「啓示宗教」という経過を辿る(5)。そして、この後、表象の形式が廃棄されたとき、実体であると同時に主体であるところの、精神的共同性のうちに自己を自覚した「絶対知」という最終局面が生成する。それは、実体たる精神自身が、自己意識を通して、自分自身を十全に展開した状態で知る境地でもある。

以上のような『精神現象学』の歩みのなかで悲劇が置かれているのは、古代ギリシアに対応する「芸術宗教（Kunstreligion）」という場面である。そこには次の三つの段階が含まれる。まず「抽象的芸術作品」では、工匠による神像の作製とその観照、神をたたえる合唱における和声を普遍者として実感する賛歌、それらの統一態たる「祭祀（Kultus）」が取り上げられる(6)。それに続くのは、スパルタやアテネといった個々の共同体の育む人格特性を越えた躍動美に普遍的な神性を見出す段階である。その具体像は、オリムピアに集う競走や格闘の選手の身体という「生命ある芸術作品」である。これらの芸術作品は、人間の創作物や人間自身の理想像を神の似姿として立て、それを賛美することで、両者の統一を確証しようとするが、そこで立てられる普遍者が人間の個別的な事情に左右される存在であるがゆえに、安定的な定在を得られずに終わる。実体的なものは、それに見合った自立性を獲得しなければならない。こうして芸術宗教は、精神的なもの、換言すれば、神の意思を表現するのに最も適するだろう言葉という媒体に依拠した「精神的芸術作品」へと移行していく。そして、それはやがて、叙事詩から悲劇を介して喜劇へと至り、人間と神の区別が崩れうることを露呈させ、神人イエスの登場を準備することになる。(7)

では、こうした文脈のなかで悲劇はどのように叙述されたのか。次章では、悲劇に先立つ叙事詩の検討から開始する。ヘーゲルは叙事詩のうちに悲劇の基本モチーフの生成を捉え、そこに付随する難点を克服するという形で、悲劇の成立を跡付けていくからである。

二　英雄神話の立体造形

(一)　回想装置としての叙事詩

ギリシアの都市国家での市民生活は、基本的に、実体的なものと不可分の情動（パトス）として個別者のうちに根づいている。したがって神々も意識によって対象化されざる状態で日常生活のなかに現実性を得ている。しかし、そうした安定は、なぜ両者が一体であるのか、という点が人々に自覚されていないため、いつ個別的な欲望に攪乱されるかしれない、という脆弱さをもつ。こうした状況で人々に神々との統一を知らしめること。これが芸術宗教としての「叙事詩（Epos）」の課題である。その具体像は、詩人ホメロスによる『イリアス』や『オデュッセイア』である。物語の素材は、ヘラスという文化圏の中で各々の都市国家が独立共存するようになった状態の由来、すなわちトロイア戦争を背景とした英雄神話であり、そこに登場する神々は、ゼウスの統治下にありながら、完全には支配されずに各々の領域を司る十二神である。これに対するのは、神々と拮抗しうる卓越さを備えた英雄たちである。英雄は、過去の人間であるという意味で個別性の面をもつと同時に、表象されているという意味で普遍性の面も備える。それゆえ彼らは普遍的な神々と個別的な人間をつなぎうる中間項である。英雄が神々と出会い、様々な出来事を体験していく冒険譚を聞きながら、人々は自分自身がとるべき神々に対する態度を学ぶ。そのさいにあらかじめ必要とされるのは、両者の分裂である。それが生ずるのは、英雄が自分のパトスに背いたり、ある神への帰依が行き過ぎて他の神の領域を侵害したりした場合である。それゆえ、実体的なものは罰という否定的形式をとって現れざるをえない。この対立が再び統一へと至る過程を描き出すというモチーフに、叙事詩が芸術宗教たる所以がある。

英雄神話は単なるフィクションではなく、ポリス共同体の存立に関わるがゆえに、民族の記憶のなかに共有されている。叙事詩は、詩人の言葉を介して、共同体の集合的な記憶に明確な表現を与える回想装置であると言えよう。ただし、ここで注意すべきは、叙事詩を語る詩人、つまり、英雄たちの科白を述べたり、情景描写を与えたりする「歌人」が、物語の「内容のなかに消えていく器官」にすぎないことである。なぜなら、物語の展開を決する「自己」は神々という「実体」ないしは「詩神（Muse）」に他ならないからである。したがって歌人を創作へと駆り立てるのは「ムネモシュネ（Mnemosyne）、かつて〔人間が神々との一体性を実感していた頃の〕直接無媒介な本質存在に思いをはせ、それを〔自分の〕内面性たらしめる状態、したがって想い起こし心に刻むこと（Erinnerung）」というパトスなのである（531, 1963）。

（二）　自己を欠いた必然性

　ところが、叙事詩の内実はそうした目標とは程遠いものであった。そこでは、英雄が現在する人間よりも神々に近い存在として描かれる一方で、神々の方も人間味を帯び、世俗の出来事へと介入する。したがって、両者は明確な対立項にはならず、神々が英雄に与える罰や災厄にも不確定要素がつきまとう。たとえば、英雄が神々を欺き自分の責や難を逃れたりできる、といった具合にである。実体が自分を傷つけた英雄に与える罰は「必然性（Notwendigkeit）」であるにもかかわらず、実体が罰せられる者から自身の生の基底として実感されるがゆえに支配権をもつ、という意味での「自己」を欠くわけである。このことは各々の神が統御しうる圏域の縮小を意味する。そして、そこでは他の神々が登場して争いあう余地が生まれ、神々は各々が普遍性を主張しながら共に妥当性をえられない、という状態に陥る。過剰になり、特殊化した神々の前で、英雄は自分を守護してくれる土台を失ったことからくる早世の予感に襲われ、悲嘆にくれる。そのさい、表現されるはずだった神人一体の理念は実現すべくもない。英雄自身が罰を自分にとって内的なものとして受け容れないのだから、叙事詩を聞く現実の人間からしても、それを理不尽で「必然性を欠いた空虚」としか理解できないからである。

　それゆえヘーゲルは「一方の極である必然性は〔自己を備えるに足る〕内容によって充実されねばならず、他方の極である歌人の言葉は内容に参加しなければならない」と述べる（534, 1068）。ここで注目すべきは、ヘーゲルが叙事詩の不安定さの理由を、詩人の神話世界に対する外部性に見出している点である。詩人は神々と英雄の織り成す出来事を語りながら、神話をなぞるだけでなく、英雄の行動に元々はなかった演出を施したり、異なる物語を混合して登場人物を増やしたりできる。そして何よりも、実体から与えられる罰は詩人自身には及ばぬものだから、詩人は神々や英雄について批評を加えることすらできるのである。詩人の個別性は、彼が詩神に奉仕しているつもりであっても、神話の解釈者である限り払拭し難い。この難点の克服が悲劇の構造を規定する土台となる。

（三）　再現装置としての悲劇

こうして、叙事詩に埋め込まれていたモチーフを彫琢すべく「悲劇（Tragödie）」が登場する。すでに述べたように、叙事詩が神々と英雄を乖離させてしまったのは、それを語り伝える歌人が物語に対して第三者的な立場にいることに端を発していた。それゆえ、問題の解決は、詩人が神話世界に入り込むこと、すなわち、役者として英雄の仮面を着け、舞台に上ることから始まる。彼は英雄に扮し、その災厄と苦難を自ら受けとめ、英雄に対する神々の怒りを体現する。演技に特化することで詩人の言葉は、英雄の科白に限定され、情景描写の機能や複数の役柄をこなす多声性を失う。かつては様々な英雄や神々の科白を使い分け、それらの批評すらなしえた詩人の言葉が、必要最小限の人数で上演できるだけの登場人物、彼らが織り成す出来事に対する民衆の心情を代弁する合唱団、物語の背景を形象化した舞台装置へと分節化され、英雄の境遇に立体的な造形を与えるべく調整されるのである。そうした条件下で悲劇は次のような特徴を具える。

第一に、こうした舞台構成は悲劇が扱いうる素材を限定する。ヘーゲルはそれを「内容の対立」として、ギリシアの共同体を支える二つの原理の相克であるとする。その一方は、地下の神々を代表する女神エリーニュスであり、それは祖先の霊とともに地上の人々の生活を守護している。そうした神々の掟を履行するのは、家族の法に従う女性である。他方は、地上の神々を代表するアポロン神であり、それは公共の討論によって正義がなされるようポリス市民を見守る。このような人間の掟を履行するのは、国家の法を立てる男性である。現実の人倫では、両方の対立軸は婚姻によって連結され、男女がおのずと互いの領域にも属することで、家族が国家を支え、国家が家族を支える、という調和が暗黙のうちに成り立っている。これを背景としつつ、舞台上に、各々の属する領域の掟を徹底的に身につけた「性格（Charakter）」をもった英雄たちが登場する。英雄が、自分のパトスに導かれて、他の領域の掟に抵触する行動を為したとき、悲劇は起動し始める。そこでは、国家の法と家族の法という最小限にして根本的な掟どうしの葛藤が主題化され、その解決のなかに人倫の存立構造が浮き彫りにされるのである。

第二に、英雄が被る災厄が、その理由を十分に理解できるような「運命（Schicksal）」に転ずる。ヘーゲルは英雄が巻き込まれる葛藤を「形式の対立」として次のように特徴付ける。実体的なものから罰を被る英雄は、自分の行動が他の掟に違反したという事実は認めながらも、その行動が正当な義務だったと確信している。それゆえ、英雄にとって罰は極めて不当なものと映り、なぜ自分が罰せられねばならないか、納得できない。しかし、知には同時に無知という側面が隠されている。彼に襲いかかる罰は、そうした無知の現れであるという意味で、英雄があらかじめ抱え込んでいた個別性の露呈である。このことに気づくと、英雄は自分の犯罪行為を、たとえそれが前もって知りえなかったがゆえに引き起こしてしまったものだったとしても、自らの「罪責（Schuld）」であると承認する。[8] つまり、罰を自分にとって内的な「運命」と理解して、境界侵犯へと導いた個別的な知への固執を放棄し、他の領域の掟を侵害することの不当性を受け容れるわけである。そうした自己否定をもって、人倫は逸脱者を許し、自己内に立ち返らせることで、元来の調和を取り戻すのである。

こうして詩人が役者に成ることを土台として、舞台上で英雄の運命が再現される。そこには、外側から詩人の私念が入り込む余地がない。劇場では、神話世界を中心に置いて、観衆と合唱団が向かい合う。合唱団は、英雄の行動や物語の顛末について民衆がどのように感じるかを表明する。そこには、運命に苦しむ英雄の姿に自分を重ねみて、英雄が神々から許しを受けるとき、それを祝福する、という流れが備わっている。民衆は合唱団という「模範像（Gegenbild）」を通して、自分たちと人倫およびその神々との関係を再発見していく（536, 1071）。

これが悲劇の作り成す祝祭空間である。若き日のヘーゲルはここで満足し、ギリシア悲劇を民族宗教の理想とみなした。ところが、『精神現象学』では、そこに亀裂が入り込んでいることが指摘されるのである。

三　祝祭劇場に潜む他者

（一）　怖れと同情という亀裂

以上のように、『精神現象学』の悲劇論には、英雄の運命への態度から人倫に不可欠な倫理が再認識される、というアリストテレスを連想させる構図が備わっている。しかし、悲劇を役者中心の舞台芸術として捉え、叙事詩をその先行形態と位置付けるヘーゲルの視座は、悲劇の本質を詩に見出していたアリストテレスとは明らかに異なっている。そして、そこには、やがて生ずる悲劇の解体への見通しがある。だが、それに触れる前に、観衆のなかに湧き上がる感情についてのヘーゲルの理解を確認しておく必要がある。それこそが、ヘーゲルの独自性を明らかにする手掛かりであるにもかかわらず、これまで十分に省みられてこなかった論点に他ならない。

ヘーゲルによれば、舞台上で繰り広げられる英雄の災厄を目の当たりにして、観衆はそれを自分にとって「疎遠な（fremd）」運命として意識し、「気休めの空虚な願望と慰めの弱々しい語らい」にふける。そこで彼らが抱くのは、舞台遠方から英雄を蹂躙する実体的なものの威力に対する「怖れ（Furcht）」、ならびに、自分の近傍で苦しむ英雄を気の毒に思うことしかできぬ無力な「同情（Mitleiden）」という感情である（535, 1070）。ヘーゲルはこれら二つの感情を、微妙な距離感を含ませながら、英雄の運命を他人事とみなす民衆の自己了解が喚起されたものとして捉える。そこにおいて運命に付せられた「疎遠な」という形容詞は、単純に舞台上の英雄という「他人の」という意味、換言すれば、その運命が自分に「縁遠い」という意味ではない。悲劇がまがりなりにも祝祭を可能にするのならば、そこには、英雄と民衆との間で、程度の差はあれ、パトスの共有が確保されているはずだからである。災厄は、それが自分と似た他人が被る苦しみであるからこそ、いつ自分に襲いかかってくるかわからない、という「怖れ」をもたらし[9]、それに刃向かえないからこそ、何も援助できないという諦念が「同情」に伴うことになる。したがって、先の形容詞は、自分に似た英雄の境遇を「さしあたり今は免れている」という含意をもつ。民衆は「英雄の運命」の潜在的な被害者としての不安を感じながらも、ともかくも自分が無事でいることに安堵する傍観者である。こうした第三者的な感情は、神々に対して不信の目を向ける知を伴い、自分の個別的な生を保とうとする欲望を隠しもつ。民衆は祝祭に参加することで、逆に、人倫の他者としての自我を芽吹かせてしまうわけである。

以上のような分析は、その典拠であるはずのアリストテレスの見解から大きく逸脱している。なぜなら、「怖れ」や「同情」が浄化される様子についてはまったく触れられていないからである。しかもヘーゲルは、観衆が英雄とその運命に対して抱く違和感を、悲劇に内在する欠陥と捉える。英雄の運命を媒介とした実体と自己の統一は完遂されておらず、祝祭には統合されざる外部が残されている。悲劇は芸術宗教の完成態とは言えない。そこでヘーゲルは、この亀裂を埋め合わせる条件が整えられる過程を追尾し始める。その叙述は、様々な作品の部分を集めて悲劇の一般構造を提示するという手続きを踏むが、同時に、悲劇が変質していく様子を巧みに織り込んでいる。

(二) 再現装置の機能不全

悲劇作品の英雄は、純粋無垢なオレステスであれ、スフィンクスの謎を解いた賢者オイディプスであれ、自分に囁きかけるパトスに従い、それを疑おうとはしない。その様子は、近代演劇の主人公たち、たとえばハムレットが亡父の霊の言葉を聞きながら、それすらも「悪魔かもしれない」と疑い、自らの知のみを恃んだのと対照的である（538, 1074）。しかし、とヘーゲルは、そこに疑問の目を向ける。英雄が自分のパトスに盲目的に従い、犯罪をおかしてしまうのは、英雄自身の問題であるだけでなく、同時に、パトスを支えている神々の問題でもある。知と無知の対立に巻き込まれるのは、英雄だけでなく、彼らの背後にいるアポロンやエリーニュスでもある。したがって、悲劇作品のなかには、英雄に警戒を呼びかける声が、巫女の狂乱・木々のきしみ・鳥のざわめき、といった形で生じていたはずである。それらは悲劇の構造が変質していく予兆である。(10)

ここから物語の骨組み自体が揺らぎ始める。隠れて見えないものを照らす神として、ゼウスが召喚されるのである。その具体像は、ゼウスの力を借りてエリーニュスの劣位を正そうとする、エウリピデス作の『ヒケティデス―嘆願する女たち―』であろう。そこにおいて第三の神は、アポロンとエリーニュスとの対立を治め、両者を同等のものとして妥当させる全体性たることを期待される。従来の悲劇では、英雄が自分の属していない別の領域を侵害したとき、他方から運命を差し向けられ、その罪責を認めることで許されてきたが、それは罰せられる側の実体がないがしろにされることでもある。そこで、各々の掟を等しく妥当させる威力が真の「運命」として立てられるのである。ところが、事態は思わぬ方向へと急転する。というのも、犯罪に対する罰という現象形態をとる限りで、運命は常にどちらか一方を否定するという不平等を招いてしまうからである。運命が全体性として完遂されうるのは、むしろ、すべてを知るゼウスの下で両方の神々を「等しく不正をもつ」ものへと貶める、という形にならざるをえないのである（539, 1077）。

以上のような調停は、地上と地下、男性と女性という対立図式の意味合いを一変させる。観衆から見た場合、舞台に登場する神々はさしあたり、英雄の行動によって表現される両方の神々なのだが、真理はゼウスにあり、他の神々は知と無知の対立のなかで、それらの個別性を露呈するからである。このような単一なる運命の導入は、叙事詩で過剰になっていた神々の削減の完成である。なぜなら、ゼウスのみが真の実体となるからである。ここでヘーゲルは、既存の秩序を前提とした悲劇の結末、すなわち、罪責の承認による調和の回復という「地上の忘却」からも、またその裏返しである、運命を拒絶した英雄たちの死という「地下の忘却」からも、はみ出してしまう第二の「地上の忘却」を主題化する。それは、ソポクレス作『コロノスのオイディプス』のように、自分の被った災厄やその由来となった行動、そしてそれを導いた情動すら忘却に委ね、単一なるゼウスへと回収されることを願うという結末である。運命の単一性が露わになった後、悲劇本来の解決は成り立つべくもない。そしてパトスの忘却は、既存の人倫的秩序の否定を意味するのだから、葛藤の根本的な解消は、アポロンとエリーニュスが並び立つ以前の状態へと向わざるをえない。しかし、歴史は巻き戻せない。それゆえ悲劇が帰着しうる世界は、都市国家が朽ちた後の茫漠たる未来となる。

こうして悲劇は徐々にその構造を組み換えていった。人倫を支えてきた両方の神々は、もはや、人々に何を為すべきかを方向づけうる本質存在ではない。悲劇は、人倫を構成する二つの掟に頼って、両者の均衡を再現する、という本来の機能を果たしえない。ただしそれは、傍観者として舞台の成り行きを見守る民衆を、再び、祝祭のなかに立ち返らせるための準備でもある。人倫の全体性を再生産すべき祝祭劇は、民衆の個別的感情を反映すべく、英雄に代えて市民を新たな主役に据える。ここでようやく、民衆が舞台上に自分の姿を見出す条件が出揃う。こうして今後は、ゼウスと民衆という新たな対立項を背景としながら、舞台の上では弱体化した神々と、それらの権威を疑う登場人物との駆け引きが繰り広げられる。その具体像は、アリストファネスの喜劇『騎士』や『雲』である。悲劇の目指した祝祭劇としての完成は、喜劇への移行という形で成就されるがゆえに、皮肉にも、悲劇の解体を意味するのである。そして、その顛末は次のようなものであった。

（三）　反転装置としての喜劇

ヘーゲルによれば、「喜劇（Komödie）」の本領は「現実的自己意識が自分を神々の運命として表現する」という点にある（541, 1080）。喜劇では、市民生活のなかで国家の法や家族の法、そして、双方の神々がそれらの権威を人間によって剥奪される様子が描かれる。そこにおいて中核をなす演技は、もはや英雄の苦悩を真似ることで神々の姿を表現することではなく、むしろ、そうした演技そのものの放棄、すなわち「仮面を落とす」という所作に転ずる（542, 1080）。主人公が表向き既存の掟に従い、神々やその威を借りる者が驕り高ぶるとき、俳優は仮面を外し、素顔をさらけ出す。そこに現れるのは、自分を掟に従わせるのは神々ではなく自分自身である、という確信に満ちた表情である。かつて悲劇の成立とともに排除されたはずの詩人の個別性が舞い戻ってくる。その驕慢な表情は神々の面目を潰し、劇場を笑いに包み込む。この笑いは、今まで身を固くして悲劇を見守ってきた観衆が、役者の素顔とその狡猾さを目の当たりにして、そこに自らの胸中に秘めてきた自己の実像を発見し、鬱憤を晴らしたことを意味する。ここに舞台上の俳優その人と観客席の民衆との統一が成立する。しかも、このとき同時に、神々と人間の壁も取り払われる。なぜなら、神々はかつて「運命」を一手に司っていたのに、今や、人間の方が神々の命運を左右する実権を握っているからである。喜劇は、運命の送り手と受け手を反転させる装置である。そして、そうした観点から振り返ってみると、ゼウスですら民衆が便宜的に立てた神にすぎないことになる。人間は自己自身を実体として理解するのである。

こうして喜劇は神人一体の理念を実現する。ただし、ヘーゲルの描く喜劇像は、神々との統一を喜ぶ祝祭劇というよりは、むしろ、刹那的で残酷な笑劇と言った方が実情に近い。なぜなら、そこでは、運命を媒介とした実体と自己の同一性が、人間の中に吸収され、自己完結してしまっているからである。喜劇という芸術宗教の完成態が、真の実体を喪失した自己意識の成立として、実際には、芸術宗教の崩壊を意味していたことは、それが上演されていた時代状況のなかで明らかにされる。

人間が神々を貶めるや否や、共同体は戦争の只中で崩壊し、人々は離散していく。実体を喪失した自己意識は、歯止めなく欲望の満足へと向かい、剥き出しの「個人」として争い合う。しかし、他者を否定することでしか自分を確証しえない自己意識が作り成す現実は、物理的な力がもたらす死の恐怖を軸とした支配と隷属の関係以外ではありえない。奴隷となり、労働を足掛かりとして主従関係の逆転を空想してみても、現実逃避して思考の世界に逃げ込んでも、その都度、確信している自由を実現しえないという事実は微動だにしない。ときは、一つの帝国ないし一人の皇帝が君臨し、ポリスの残骸に住まう人々を蹂躙するローマ時代へと突入する。絶望した人間は現実から隔絶された彼岸に実体を立て、それによる救済を切望することとなる。したがって高慢な自己満足に浸る「喜劇的意識」は、真の実体を喪失した「不幸な自己意識」という裏の顔をもつ。人間は過酷な現実と虚しい哄笑の循環に陥る。しかし、その後、実体喪失の苦痛に打ちひしがれた意識は、「自己意識として生まれつつある精神」、すなわち神であると同時に人間でもある存在、イエスの誕生を待ち焦がれる情況を培っていく(549, 1093)。こうして宗教は、神自身が自らを啓示する段階へと移行するのである。

四　宗教からの詩人追放

以上が『精神現象学』「宗教」章に描かれたギリシア悲劇の帰趨である。今や、ヘーゲルの独自性は明らかであろう。確かに、彼は『精神現象学』でもアリストテレスに類似した悲劇像を提示してはいる。しかし、それは、悲劇の教育的作用を肯定するためではなく、むしろ、その構造の内側に入り込み、悲劇が解体せざるをえぬ必然性を明るみに出すことを狙っていたのである。次の二つの論点をめぐる両者の見解の違いは、このことを裏付ける。ヘーゲルが「怖れ」と「同情」に倫理的浄化の可能性を認めなかったのは、悲劇が自壊していく萌芽が、それらの感情のうちに懐胎していたからである。悲劇は、英雄の運命を傍観する他者たる民衆を再び祝祭空間に迎え入れようと、神々から権威を剥奪していった。しかし、その裏側では、客席に芽生えた漠然とした自我が、舞台上に再現されることで民衆自身にとって自覚的になり、彼らの個別性を肥大させた。そして、その結果、悲劇は自らの存立構造を放棄して喜劇へと転じ、神人一体の理念は歪んだ形で実現されたのである。そこにおいて共同体の語り部たる詩人は、英雄の仮面を脱ぎ去り、神々を打ち捨てた個人の代弁者へと変貌する。それゆえヘーゲルが、悲劇の本質を詩ではなく役者に見出したのは、悲劇が喜劇に転換する最終局面が、その演技に掛かっていたからなのである。

このようにヘーゲルは悲劇を解体すべくして解体するものとしてプログラムした。そこには古代の人倫への未練がましさより、むしろ、冷徹なまでの破綻宣告が見出される。では、彼をこれほどに徹底した態度へと導いた理由は何だったのだろうか。それは、悲劇の解体が、その後の『精神現象学』の推移、すなわち芸術宗教から啓示宗教への移行において有する意義から類推できるであろう。従来、この論点は以下のように語られてきた。悲劇の破綻は喜劇の生成条件である。喜劇がもたらす神と人間が同一であるという知は、神が抽象的な普遍性としての自分を否定して個別性をもった人間に成ること、すなわち受肉という宗教的表象の先駆であり、さらには、イエスの死後、信者たちが遍く自己と実体を同一と知る共同性たる原始キリスト教団を暗示するものに他ならない。したがって、悲劇の崩壊を語るヘーゲルの意図は、そうした実体と自己の障壁を切り崩した喜劇の生成を解き明かすことに収斂していたのである、と。(11) このような理解は、後続する高次の知をもって、先行する低次の知の破綻を肯定する、という論法に立脚している。悲劇は喜劇によって、喜劇は啓示宗教によって、その意義を保証される。こうした評価の仕方は、『精神現象学』の論理展開からして、むろん正しい。しかし、そうした深層への固執は、悲劇の解体という表層がこの移行にもたらす陰翳から、われわれの目を逸らさせてしまう。

そもそも芸術宗教の基本姿勢は、人間が模倣行為を通して対象化した神と向き合うことで、自己と実体との統一を確証しようと試みる点にある。そうした神々の摸倣のなかで、悲劇は、再現行為に関与する人間の個別性が入り込まないように構造化された最も厳密な形式であった。ところが、そこで生じたのは、神々に対象性を与えるはずの模倣が、模倣者自身の恣意や欲望を妥当させるための擬態へと転倒し、神々からその実体性を奪い取ってしまう、という逆説だったのである。この経験は、自己意識の側からみれば、模倣という手段が人間をして自己を超えた実体を消失させてしまうことを意味する。喜劇的精神は、自分たちを縛りつけてきた神々や規範から解放された「軽やかな心」と引き換えに、等しく自分を実体とみなす自己意識どうしの争いに陥ったからである。また、実体の側からみれば、この事態は模倣という行為を通して表象された神が抱える難点を示している。つまり、人間によって真似られうる神は、その座を人間に簒奪されると同時に、人間を見捨て絶望の淵へと追いやってしまうのである。こうした自己意識と実体の両面で生ずる転倒こそが、悲劇を通して露呈させられた芸術宗教の限界に他ならないのである。

このような限界は、啓示宗教において克服されねばならぬ課題である。なぜなら、そうした破綻の知は、古代ギリシアではなく、それが崩壊した後に生成する宗教のうちで活かされねばならないからである。悲劇の行く末が明るみに出た後、もはや宗教において神に代わってその言葉を語ったり、その意思を再現したりする特権的な人間は存在してはならない。それゆえ、神人一体の理念が実現されるのは、実体が個人的な自己に回収された形ではなく、むしろ、神と人間の区別が保たれた状態で、神性と人性が同一であることの知が成立したときのことであろう。そして、そうした可能性を備えるのが啓示宗教である。なぜなら、神自身がイエスという自己意識の姿をとり、他の人間の自己に還元されえぬ自立性をもつ、という契機をもつことで、啓示宗教は実体と自己の間での絶対的区別を定立し、イエスの死後、この区別の統一を確証すべく生成する共同性では、神の意思が誰か特定の人間によって僭称されることなく、それが信者たちの精神的営為のなかで遍く実感されるはずだからである。ギリシア悲劇の解体はこのような形で啓示宗教を規定する。つまり、ヘーゲルが悲劇論を通して試みたのは、精神の歴史的帰趨に即して古代ギリシアの宗教形態の過去性を明るみに出し、喜劇の生成をもって、啓示宗教が生じうる土壌を切り拓くと同時に、そこに詩人のごとき存在の追放という方向性を与えることだったのである。

だが、ここで次のような疑問が生ずる。模倣芸術と混然一体となった状態から解放された宗教として登場するキリスト教こそが、歴史上、自分だけが神の言葉を知り伝えうるという権威を掲げた者たちが、それ以外の民衆に儀式への形式的な追従と教会への盲目的な献身を強要する、という腐敗に陥ってきたのではないか、と。ヘーゲル自身、青年期以来、そうした実定化の問題を批判してきた。そして、そこには神の模倣という契機が混入していたことが予想される。それゆえ、悲劇の解体が啓示宗教に託した課題は、芸術宗教の破綻をもって、ただちに成就されているとはみなし難い。啓示宗教は、喜劇に含まれた可能性の展開としてだけでなく、悲劇の陥穽を免れえたのか否か、という視角からも検討されねばならないのである。ともあれ、ヘーゲルはこのようにしてギリシア悲劇への憧憬を断ち切り、その限界の克服をキリスト教に求める、という隘路にあえて踏み入った。今や、本稿の冒頭に挙げた言葉には、当初は聞きとれなかった響きが加わっている。それは、たとえ困難であろうとも自分が生きる現実のうちに希望を見出そうという、決意を刻みつけるアクセントである。

注

(1)『精神現象学』からの引用は本文中の括弧内に、ズールカムプ版ヘーゲル選集第三巻、金子武蔵訳の岩波書店版の順に、頁数のみ記した。ただし訳語・引用文には、その他の邦訳書も参考にした上で、筆者の判断で変更した箇所がある。

なお、亀甲括弧内は、筆者による補足である。

(2) 青年期ヘーゲルの研究としては、細谷貞雄『若きヘーゲルの研究』未来社、一九七一年、および、笹澤豊『ヘーゲル哲学の生成と構造』哲書房、一九八三年、が分かりやすい。

(3) こうした偏りを示す文献は、本稿の註釈で参照されるものも含め、枚挙に暇がない。芸術宗教の難点に言及している、J・N・シュクラール「ヘーゲルの『精神現象学』—ギリシアへの挽歌—」Z・A・ペルチンスキー編『ヘーゲルの政治哲学—課題と展望—』御茶の水書房、一九八九年、一五一—一八四頁、ですら同様である。また近年の研究として、小川真人『ヘーゲルの悲劇思想』勁草書房、二〇〇一年、を挙げておくが、当該論点に関しては従来の枠組みを出ない。

(4) ここでのアリストテレス解釈は、神崎繁「ドラーマとパトス　悲劇と哲学の関わりをめぐって」『現代思想』一九九九年八月、一六一—一七二頁、を参考にした。

(5) 自然宗教から芸術宗教への移行に関しては、『啓蒙の弁証法』におけるアドルノの神話理解との関連で興味深いが、本稿では取り上げない。さしあたり後者については、徳永恂『社会哲学の復権』講談社学術文庫、一九九六年、一一〇—一二七頁、を参照されたい。

(6) 山崎純氏は、祭祀の核心をなす「供犠」において神人一体の理念が一応の成立をみていたとして、その回復というモチーフを精神的芸術作品に見出している。また、氏は「宗教をイデオロギー操作の道具とみる見方はヘーゲルにはそぐわない〔……〕現にある和合を具体的に対象化して、和合を自覚的に満喫するのが、祭祀や国民的祝祭の働きなのである」という重要な指摘をしている(山崎純「精神の自己意識の完成—宗教—」加藤尚武編『ヘーゲル「精神現象学」入門〔新版〕』有斐閣選書、一九九六年、二四三—二四四頁)。

(7) 芸術宗教から啓示宗教への移行にはヘーゲルのキリスト教観の一側面が照らし出されており、ヘーゲル左派の思想の引き金になった。滝口清栄「ヘーゲル宗教哲学解釈論争とヘーゲル左派」『現代思想』一九九三年七月臨時増刊、二六〇—二六三頁、参照。

(8) このような意味での「運命」概念は『キリスト教の精神とその運命』や『自然法論文』に詳しく、対応するのはアイスキュロス作『オレステイア』である。ただし、『精神現象学』における「運命」概念の用法には、次の二つの特徴がある。まず、葛藤の解決に与えられた表現は、上記著作で用いられた「運命との和解」ではなく、「罪責の承認」にとどまっている。それは、「和解」という術語の回避から分かるように、キリスト教を古代の祝祭劇に引き付けて改釈する、という青年期の試みの断念を反映している。次に、『精神現象学』では、ギリシア崩壊の必然性が見通されているがゆえに、「運命」は人倫を再建するより、むしろ崩壊させる威力として強調される。「精神」章で古代の秩序に亀裂を入れたアンティゴネーの「運命」がそれに当たる。そこでは、一方で、血縁にある死者の霊を鎮め、共同体の守護神とする埋葬という女性の義務が、敵国の将として戦死した兄を葬ったがために犯罪として罰せられ、他方で、そうした罰を命じた国家も敵国からの復讐によって滅ぼされる、という形で双方の掟を没落させる単一にして全体的な威力としての「運命」が暗示されるのである。こうした用法は、「宗教」章にも登場し、本稿では第三章第二節で扱う。なお、近代以降の『アンティゴネー』解釈の変遷については、G・スタイナー（海老根宏・山本史郎訳）『アンティゴネーの変貌』みすず書房、一九八九年、が参照になる。

（9）　若きヘーゲルは「怖れ」を、市民が私情を捨て国家への服従を受け入れるさいの政治的成熟を捉える概念として、自分には為しえぬことを成就する者への尊敬に満ちた「畏怖」という意味で用いていた。大橋基「ヘーゲル『自然法論文』における「服従」の概念」『倫理学年報』第四八集、一九九九年、五九―七三頁、参照。

（10）　これ以降の悲劇の変遷は、『ヒケティデス』が遺体凌辱を主題としていることからも推測されることだが、「精神」章で語られたギリシア崩壊の過程と連動するものとして理解できる。以下の概要に見られるように、そこでは女性の法の抑圧の知から、個別性への固執が生じ、悲劇はそれを舞台上に再現するからである。このような理解は、ヘーゲルにおける宗教が、人々に精神的紐帯を自覚させる作用だけでなく、場合によっては、共同体に潜んでいた矛盾を明確にし、その崩壊を加速する作用をもつことを示している。それは、註釈六で挙げた山崎氏の視座からは捉え切れぬ奥行きであると言えよう。――アンティゴネーの「運命」を機縁として、女性たちは、二つの掟が対立したとき、掟そのものが疑問視されることなく、ある一人の女性を犠牲にすることで人倫が存続していく、という蜥蜴の尻尾切りのごときカラクリを知る。彼女たちは誇りを傷つけられ、個別的な欲望を抑える理由を失うと同時に、次は自分の番かも知れぬという不安のなかで、国家への不信をつのらせる。そこに芽生えるのは、国家が自分たちを好き勝手に扱えるのなら、表向きそれに従いながら、裏から男性を操ろうという企みである。女性は妻として夫に従い、娘として父に従うが、他方で、母として息子を、姉妹として兄弟を、子女として恋人を唆しうる。ならば、市民として政治参加する夫ら老人の権威を失墜させ、息子ら若者に実権を握らせればいい。そして、それが現実になるのは、通常の状態では未成熟な男らしさや思慮のなさを馬鹿にしている老人が、若者に助けを求めざるをえぬ状況、すなわち戦争である。こうして、各人の欲望を満たすためならば戦争すらいとわない、という風潮が生まれ、都市国家は戦乱に巻き込まれ、崩壊へと向っていく。

(11) こうした視点から金子武蔵氏は、「現象学が喜劇を悲劇の上位に置いたのは、神性と人性は同一であることとすることにクリスト教の核心は存するのであるが、ギリシャの芸術宗教はかく神が人間と成ることを準備することをもって使命とするものであり、そうしてこの使命を完遂したものが喜劇であるという見解によることであって、現象学がヘーゲルのヒューマニスティックなスピリットのもっとも昂揚したときの作であるのを示している」と述べている(金子武蔵「総注」ヘーゲル『精神の現象学』(下)岩波書店、一九七九年、一六四六頁)。また、考察の主眼は異なるが、次の文献にも同様の傾向が見出される。加藤尚武『哲学の使命』未来社、一九九二年、一二〇—一五三頁、参照。

ヘーゲルとウィトゲンシュタイン――「論理に関するノート」読解――

川崎　誠

後期ウィトゲンシュタインの思索はヘーゲル論理学とその論理の展開において軌を一にしている、『哲学探究』第二部を例に、筆者はこのように論じたことがある（「『哲学探究』第二部とは何であるか」）。そして前期ウィトゲンシュタインの思索もまた、思弁論理と対応的に進められている、今この点を「論理に関するノート」を例に証してみよう。

一九一三年にものされた「論理に関するノート」は、周知のように二つのバージョンを持つ。そして両バージョン間に注目されるのは使用語彙や文の微細な異同でなく、各文の配列・その順序の大きな入れ替りであり、両者のうち『草稿一九一四-一九一六』第二版に付されたものがオリジナルであると本稿は考える。理由はただ一点、こちらにおいて論理の進展は整合的だからである。(1)

「要約」とそれに続く四部の「手稿」から成る「ノート」は、その全体が『大論理学』概念巻の巻頭、「概念総論」――岩波版では「概念一般について」――と論理的に対応する。本稿で採り上げるのはそのうち「要約」の1～17パラグラフ、「概念総論」では岩波版訳者武市健人が「I序」と題した部分に対応する分量だけであるが、これによっても『大論理学』との対応は明白になる筈である。以下では先ず「ノート」をパラグラフ単位で訳出し、次いで対応する『大論理学』テキストを掲げる。最後に両者の対応関係を読み解く。なお「ノート」がラッセルに向けられたものである以上、その内容は無論ラッセルの理論に関るが、この点を主題にしない本稿でラッセル説への言及は必要な範囲に留まる。

一　論理的なものとしての命題

1　古い表記法が誤りだと考える一つの理由は、どの命題pからも無限に多くの他の命題 not-not-p、not-not-not-not-p 等が帰結する(3)が、それはありそうもないからである(2)。

〈大〉概念の本性が何であるかは、何らかの他の対象の概念が直接に述べられることができるような仕方では、直接に示されることができない。

ヘーゲルが「概念の本性は何であるか」を考究しようとするのと対応的に、ウィトゲンシュタインも「命題の本性は何であるか」の解明を目指し、そのために先ず「古い表記法が誤りである」ことを確かめる。ここで古い表記法とは例示に明らかな如く、二重否定を直ちに肯定とみなす立場である。さて、「どの命題pからも無限に多くの他の命題 not-not-p、not-not-not-not-p 等が帰結する」ということは、一方pから帰結する命題 not-not-p 等が「直接に述べられることができる」それと同じ仕方で、他方それらに帰結する命題pもまた「直接に示されることができる」ということに他ならない。そうであれば古い表記法は、仮に命題が概念として把握されるならば、その時概念を表すことができない筈である（「それはありそうもない」）。そこで命題は概念として把握されるのか、この点が次に問われる。

2　もし固有名を含んでいる諸記号だけが複合的なら、その場合見かけの変項以外何も含んでいない命題は単一であるだろう。するとその否定とは何なのか？

〈大〉　或る対象の概念を示すためには論理的なものが前提されているが、論理的なものは「それ自身が前提されるものなので」それだから何か他のものを再び自分に先立つものとして持ってはおらず、また「何か別のものから」導き出されたものでもありえない、それはちょうど幾何学において大きさに適用されて現れかつこの学において使用されるような論理的諸命題が公理即ち導き出されたのでもなければ導き出せるのでもない認識規定という形式で先立てられているようなものである、とまあそういったように見えよう。

さて、もし「固有名を含んでいる諸記号だけが複合的」なら、「見かけの変項以外何も含んでいない命題」は固有名を含んでいないのだから、当然複合的でなく「単一であるだろう」。つまり後者は前者の否定である。だがウィトゲンシュタインと共に「すると（更に）その否定とは何なのか？」と問うてみるなら、二重否定の下に前者複合物が答えとして与えられるのだろうか。古い表記法であれば確かにそうである。しかしウィトゲンシュタインは既に古い表記法を斥けていた。そこで『大論理学』である。

ウィトゲンシュタインの探究する命題は論理的なもの Logisches であるから（ラッセル宛手紙一九一三年一月・『論考』三・〇三等）、「何か他のものを再び自分に先立つものとして持ってはおらず、また何か別のものから導き出されたものでもありえない」、つまりそれは概念である。そこで固有名を含む諸記号・例えば「ソクラテスは人間である」を採り上げれば、一方この主語-述語命題は複合的で、他方「人間」は「見かけの変項 apparent variable 以外何も含んでいない命題（ｘは人間である）」として単一ということになる（ラッセル宛手紙一九一三年一月）。だが変項に入る値次第で真である（「ソクラテス」）・または偽である（「(アザラシの) たまちゃん」）、そのような命題が単一とは如何なることか——より根源的に問えば、（命題）関数 function〈fungī（［関りにおいてそれぞれが］役割を果す）が単一であるとは如何なることか——。「その否定とは何なのか」の問いは、このアポリアに直面してのタイプ理論への疑念でもあるだろう。そこで一先ずは、幾何学における公理の役割が曖昧に把握されることを真似て、「論理的諸命題は……導き出されたのでもなければ導き出せるのでもない認識規定という形式で先立てられているようなものである、とまあそういったように見えよう es könnte etwa scheinen」とでも言うしかあるまい。

別言しよう。命題は「見かけの変項」だけを含み、「実在的な変項 real variable」は廃棄すべきであるとウィトゲンシュタインは考えていた（ラッセル宛手紙一九一二年六月二二日及び一九一三年七月二二日）。だが見かけの一変項とは文字通り「或る仮象の内にある一つの仮象」（以文社版2一七七頁）に過ぎず、命題をその「肯定的な内的存在 Wesentlichkeit」（同）として持っている。そうであれば、それが何であれ仮象の故に命題（内的存在）は真、と言うのはやはり一面的であるだろう。そこで以下、命題のこの肯定性［積極性］の把捉が探究される。

3　命題の動詞は「真である」または「偽である」ではありえない、しかし真または偽である何ものも既に動詞を含んでいなければならない。

〈大〉さて概念は主観的前提とみなされるばかりではなく、絶対的な基礎とみなされるべきであるとはいうものの、だが概念はそれが自己を基礎にしたというそれだけのことではこうしたもの［絶対的な基礎］であることができない。

前パラグラフで指摘した論理的命題の曖昧さを払拭すべく議論が進められるが、以下では具体的事例に即して読みを続ける。最近若者の間で「違っていた」を「ちがかった」と表現することが広がっているという（井上史雄「日本語新表現の合理性」『日本語教育通信』五六号）。つまり今や「ちがい」が形容詞として使用されており、「ながい：ながかった＝ちがい：x ∴ x＝ちがかった」という比例四項式〔法則〕[4]がここには見られる。これに対して、「まちがかった」という表現は使用されていないから、「ながい：ながかった＝まちがい：x ∴ x＝まちがかった」という比例四項式は通行していない。

このことの意味は次にある。今(1)「『ちがかった』は誤用であるか否か」、(2)「『まちがかった』はどうか」、と問うてみれば答えは人により様々であろうが、ただ(1)と(2)との間には当然有意の差が予想される。「まちがかった」が現に使用されていない以上、(2)に対しては「誤用」の答えのみがありうるからである。

だから「ちがかった」を使用する若者は、それを誤用と判断する者（例えば本稿筆者）に対して、次のように主張することができる。「ちがかった」は「主観的前提とみなされるばかりではない」、何故なら若者たちに使われることでそれは「絶対的な基礎」を持っているのだから、と。他方もし「まちがかった」と表現する者がいたとしても、この場合には「それが自己を基礎にしたというそれだけのこと」に過ぎず、そこに絶対的な基礎の認められることはない（逆には、現に使用されていないという絶対的基礎が認められる）。

かくして命題「『ちがかった』は真である」・「『ちがかった』は偽である」は成り立たない。前者に対しては例えば私が異を唱え、後者に対しては「ちがかった」を使っている若者が疑問を呈するからである。ウィトゲンシュタインが「命題の動詞は『真である』または『偽である』ではありえない」というのはこの意味であった。そして公理が公理である限り、その動詞もまた「真である」または「偽である」でありえない。この意味で形容詞「ちがい」は若者言葉の公理である——これに対して、「『まちがかった』は偽である」に異論の余地は一先ずない。だが何故「余地がない」のか、その解明が公理とも関って以下の課題となる——。

上述のことは、「ちがかった」が比例四項式「ながい：ながかった＝ちがい：x」を充たす（あるいは充たさない）或るものだということである。従って、それが真偽何れであるにせよ、命題『ちがかった』であるところのxは『ながかった＊ちがい／ながい』である」は「既に動詞を含んでいなければならない」――以下では「～であるところのx」を「（xたる）～」と表す――。何故なら、名詞「ちがい」だけが使用され形容詞「ちがい」が通行しない限り、そもそも『ながかった＊ちがい／ながい』であるところの或るものxの存する筈もなく、そうであれば、命題が動詞『ながかった＊ちがい／ながい』である」を含んでいるか否かの問われることもなかったからである。――形容詞「ちがい」を以上の如く両面から考察することで、幾何学の公理に関する一般的理解の不十分さ（それは前パラグラフでのヘーゲルの口吻に示される）が逆に見えてくる。即ち「公理の証明は……概念から導かれるべきもの」（以文社版3三二〇頁）であるが、その「概念は幾何学の固有のものの外部に存する」（同）のだから、要するに「公理は何らかの他の学から採ってこられた命題」（同）なのである。ここで「他の学」を通時言語学、形容詞「ちがい」を共時言語学（若者言葉）の公理と解すれば、ウィトゲンシュタインのヘーゲルに通底することは明白だろう。――

4　演繹は演繹法則に従ってのみ進むが、その法則が演繹を正当化することはできない。
〈大〉抽象的に直接的なものはなるほど最初のものではある。

上の例において、既に形容詞である「ちがい」はそれ故「〇い（終止形）／〇かった（連用形）」という形容詞の活用法則に従う（以下この両形のみを扱う）。この限り「ちがかった」の形成は「演繹法則に従ってのみ進む」ところの演繹である。だが「まちがい」もまた形式「〇い」であることを理由に「まちがかった」と表現すれば、この場合には「〇い／〇かった」の活用法則によって正当化されることはない。活用法則「〇い／〇かった」とは、「まちがかった」の類推（演繹）がそこから発する「最初のものではある」が、あく迄「抽象的に直接的なもの」なのである——再び幾何学の公理に関説すれば、「エウクレイデスの場合にもまた、公理という名称の下に平行線に関する一つの前提［演繹がそこから発する最初のもの］が見出される」（以文社版３三三〇頁）が、これも論理的には同じことである——。

5　一つ以上の独立変項を持つ全ての命題が関係命題であるわけではないと仮定する一つの理由は、もしそうであれば、判断及び推論の関係が任意の数の物の間で保持されねばならないからである。

〈大〉だがこの抽象的なものとしてそれはむしろ媒介されたものであり、それだからこの直接的なものがそれの真理態において把握されるべきならば、それの基礎は先ず媒介されたものに求められるべきである。

二つの比例四項式「ながい：ながかった＝ちがい：x」（命題「（xたる）『ちがかった』は『ながかった＊ちがい／ながい』である」）と「ながい：ながかった＝まちがい：x」（命題「（xたる）『まちがかった』は『ながかった＊まちがい／ながい』である」）との間に何の区別も認めないのであれば、帰結「x＝ちがかった」が得られるのと同様「x＝まちがかった」も帰結する。この時「判断及び推論の関係が任意の数の物の間で保持される」と言えるだろう。だが「ちがかった」の使用を受容し「まちがかった」を誤用と認めからには、これとは逆に「一つ以上の独立変項を持つ命題の全てが関係命題とは限らない」と言わねばなるまい。

つまり形容詞の活用法則を「○い／○かった」という「抽象的なもの」に把握する時、「ちがかった」は受容されるが「まちがかった」は誤用とされ、活用法則は「むしろ媒介されたもの」なのである——ソシュールに藉口すれば、類推形が伝統形に「取って替りうる競争者となる前には、最初の話手がこれをその場で作り、他人がこれを模倣し、反復し、ついにこれを慣用せざるをえなくすることが、必要」(『一般言語学講義』一三五頁。傍点は引用者)なのであり、「ちがかった」だけがこの必要を充たしている――。換言すれば、「○い/○かった」が「それの真理態において把握されるべきならば」、例えば「ながい/ながかった」「たかい/たかかった」等の「(既に通行して)媒介されたもの」にこそ「それの基礎」が求められるべきなのである。さもないと「まちがい/まちがかった」「だかい(打開)/だかかった」等の直接的なもの・他人の模倣しない非媒介的なものを「○い/○かった」の「基礎」に据えることになり、それは恣意的 arbitrary であるだろう。

6 複合物に携わる命題に見えるどの命題も、その構成諸要素と、その複合物を完全に記述する命題と、この両者に携わる命題に分析[分解]されることができる;即ち、そうした命題は複合物が現実存在すると語ることと等価である。

〈大〉それだからこの基礎はなるほど直接的なものであらざるをえないが、しかしこの直接的なものは媒介の揚棄を経て自己を直接的なものにした、そのような[直接的なもの]である。

『大論理学』の叙述を理解する助けが『資本論』に見出される。

商品流通は資本の出発点である。商品生産、及び発達した商品流通――商業――は、資本が成立する歴史的前提をなす。(第四章貨幣の資本への転化 二四九頁)

資本主義的な生産においては資本が「基礎」であり所与であるから、この限り資本は「直接的なものであらざるをえない」。けれどもその資本も歴史的に見れば、商業に前提され、「(商品流通という)媒介の揚棄を経て自己を直接的なものにした、そのような直接的なものである」。

さて「ながい／ながかった」等が媒介されたものとして「○い／○かった」の「基礎」であると同じく、若者言葉においては「ちがい／ちがかった」も既に基礎として「直接的なものであらざるをえない」――「ちがい／ちがかった」を「若者言葉」と呼ぶのもこの基礎の故である――。そして了解は後の例でより容易であろうが、最初の話手のパロールにおける試しが他人に模倣されてラングの中に入るという一連の過程がそこに存するのだから、「ちがい／ちがかった」とは、実は単なる［単一なる］直接的なものでなく、言語使用（流通）における「媒介の揚棄を経て自己を直接的なものにした、そのような直接的なもの」即ち「複合物」である。

このように直接的なもの（資本・「ちがい／ちがかった」）が前提（前史）を持つ時、当のそのことは「複合物に携わる about a complex 命題に見える」――幾何学の公理は、他の学の内にその前提を持つ命題であった。そしてこの命題「幾何学の公理は……命題である」は、幾何学と他の学との連関に言及するのだから「複合物に携わる命題に見える」だろう――。そこでかかる命題は分解され、所与としての直接的なもの即ち「その（不確定なる）構成諸要素（資本・形容詞「ちがい」）」と、「その複合物を完全に記述する命題」即ち直接的なものを複合物として発生的に把握する命題（「資本（の出発点）は商品流通である」・「（xたる）『ちがかった』は『ながかった＊ちがい／ながい』である」）とが析出される。この分解において「ちがい／ちがかった」の「現実存在する（現に使用されている）と語りうる」ことは、「まちがい／まちがかった」との対比において明らかであろう――一方幾何学を探究するエウクレイデスの場合には、前提に対する発生的把握を正当にも放擲した。「概念は幾何学の固有のものの外部に存する」（再掲）からである。同じ放擲が「まちがかった」にも許されるなら、これを誤用とする根拠はない。クリプキの「クワス」また同然――。

二　命題は複合物か

7　命題は複合物の名であるという考えは、固有名でないものは何であれ関係の記号であることを示唆する。何故なら、空間的複合物は諸物と諸関係だけから成り、複合物という考えは空間から採られたからである。［ゴチックはウィトゲンシュタイン。以下同じ］

〈大〉概念はこの側面からは差し当たり一般に存在と本質・直接的なものと反省に対する第三のものとみなされるべきである。

『大論理学』はこれ以降「概念総論」の第二パラグラフに入り、存在と本質との連関で概念がより具体的に論じられる。対応的に「ノート」における考察の重点も、言語論に謂う通時的視点から共時的視点への移行が見られ、命題意義の如何に把握されうるかがその焦点になる。(5)

さて、前パラグラフでの到達は「命題は複合物の名である」という主張であるのか。しかしこの考えは後に（第一手稿）「特に誤りである」として斥けられる。だからウィトゲンシュタインがここで説くことも、ヘーゲルの論述同様「差し当たり」のことである。但し「差し当たり」の叙述が軽視されてよいという意味ではない。むしろ論理が進展し、命題の本性把握を深化する上で必ず通らねばならない段階であり、ただそれが後に揚棄されることをあらかじめ示唆する言葉である。つまりヘーゲルと共に、ウィトゲンシュタインの言説もその個々をコンテキストから切り離してしまっては理解不能になる。一見掴みにくい論旨の中に理路の整然が見出されねばならない。

ともあれ「固有名でないものは何であれ関係の記号である」と差し当たりしておこう。すると論理学の「複合物という考えは空間から採られ」、その「空間的複合物は諸物と諸関係だけから成る」のだから、諸物（前パラグラフの「構成諸要素」）とは「存在・直接的なもの」、諸関係（同じく「複合物を完全に記述する命題」）とは「（諸物の）本質・（直接態への）反省」であるだろう。それ故命題は「複合物の名」として「第三のもの」である。

このことの意味が次に説かれるが、それに先立って先例との連関に触れておこう。或る話手が「試し」に「まちがかった」と言えば、当の試しは「存在・直接的なもの」であり、聞手はこれを（誤用だと）反省的に把握する。つまり「まちがい／まちがかった」は社会的に受容されないのであり、「まちがかった」は形容詞の活用法則「〇い／〇かった」という「第三のもの」において揚棄されえない。それは資本の出発点たる商品流通の「最後の産物として、我々が貨幣を見出す」（二四九頁）時、商品流通の素材的内容即ち使用価値が度外視される「揚棄される」のとは反対である——しかし不良品は揚棄されない——。

8　或る命題において全ての不確定なもの indefinable; undefinierbar を変項に変える：すると諸命題から成る一クラスが残るが、それは全ての命題ではなくて一つのタイプ not all propositions but a type である。

〈大〉存在と本質とはその限りで概念の生成の諸契機である。

今「或る命題」を「（xたる）『たかい』は形容詞である」としよう。この時「不確定なもの」は主語「たかい」であるから、ウィトゲンシュタインはこの命題を「xは形容詞である」に変えてみよと言う。すると「諸命題から成る一クラスが残る」が、そのクラスは「全ての命題ではなくて一つのタイプである」とされる。あらかじめ言っておけば、それが一つのタイプだという指摘は、当然他のタイプを予想した言説である。

さて「全ての命題」に関しては、既にパラグラフ5が「一つ以上の独立変項を持つ全ての命題が関係命題であるわけではない」と説いていた。そしてその理由は本稿での例に即して、全ての「〇い」が形容詞として社会的に受容されるわけではない、ということであった。そこで次のように言うことができる。「『ちがい』は形容詞である」や「『たかい』は形容詞である」等の諸命題から成るクラスと、「『まちがい』は名詞である」や「『だかい』は名詞である」等から成るクラスとは、それぞれ別のタイプである。かくして命題とは、「ちがい」「まちがい」等の語彙即ち直接的なもの・不確定なものたる「存在」と、「形容詞」「名詞」等の品詞即ち語彙の「本質（規定）」とを「生成の諸契機」に持つ「概念」である。――『資本論』にも触れておこう。歴史的には先ず「資本は貨幣財産である」が、これを「xは貨幣財産である」に変えると、変項に入る値は一様でないから、「或る資本は商人資本である」「他の資本は高利貸資本である」等の諸タイプが得られる。（二五〇頁）――

9　かくして諸記号が類似する二つの仕方がある。名「ソクラテス」と「プラトン」は類似している：両者共名である。しかしそれらが共通に持つ如何なるものも、「ソクラテス」及び「プラトン」が導入されるに先立って導入されてはならない。同じことが主語-述語形式等に対しても適用される。従って、物、命題、主語-述語形式等は、不確定なものではない、即ち諸々のタイプは不確定なものではない。

〈大〉だが概念はそれら両者がそこにおいて没落すると共に保持されてもいる同一性として、両者の基礎でありかつ真理態である。

「ちがい」と「まちがい」は「類似している」、何故なら――「ソクラテス」と「プラトン」が共に存在する者即ち名指され・「名」を持つ「物」であるように――「両者共」単語であるから。ここに「諸記号が類似する仕方」の一つがある。けれども「ちがかった」が受容され「まちがかったるのは、両語が「共通に持つ如何なるものも、それらが導入されるに先立って（換言して使用される前に）導入されてはならない」ということである――「まちがかった」即ち形容詞「まちがい」はそもそも非存在なのだから、そこに何かを導入することはできない――。つまり現に使用されている単語は「不確定なもの」・語彙ではない、それは「文法的な語」（森重敏『日本文法通論』五八頁）である。

そしてウィトゲンシュタインは「同じことが主語-述語形式等に対しても適用される」と説く。その意味するところを、「ソクラテスは可死的である Socrates is mortal」（ラッセル宛手紙一九一三年一月）なる「命題」を例に考えよう。今主語と述語を反対にして「可死性はソクラテスである mortality is Socrates」にすると、[6] 後者は前者に類似してはいても無意義である（同）。つまり「命題、主語-述語形式等」は「諸記号が類似する仕方」の他の一つであるけれども、しかしここでも、「それらが共通に持つ如何なるものも、それらが導入されるに先立って（換言して意義を持つ前に）導入されてはならない」のである――命題「可死性はソクラテスである」は非存在――。存在する文［命題］Satzもまた「不確定なものではない」。

つまり「諸々のタイプは不確定なものではない」と説かれるその限り、タイプとは、「両者（存在と本質）がそこにおいて没落すると共に保持されてもいる（自己）同一性として、両者の基礎でありかつ真理態である」・即ち「概念」であると比定されよう、何故なら思弁論理で概念とは、存在や本質が「導入されるに先立って導入されてはならない」からである。[7] そのタイプの論の直接の誕生の地は自己矛盾的なパラドクスであった。そこで次にはこの「自分である」ことが焦点に上せられる。

閑話休題。パラグラフ3で批判されたのはフレーゲの見解であった（『論考』四・〇六二）。哲学を探究するウィトゲンシュタインの視線はエウクレイデスが幾何学の本性に留まったと同じ論理で、だが方向は逆に命題の外部に迄及ぶのだからである。他方8と9で批判を受けるのはラッセルである。確かにラッセルはタイプの別に注意し、その限りフレーゲの轍を踏まない。けれどもタイプ理論では或るタイプと別のタイプとが悟性的に分離して捉えられるに留まり、諸々のタイプ間の動態は把握されない。「物、命題、主語-述語形式等即ち諸々のタイプ」という端的な表現はウィトゲンシュタインの立場の闡明である。即ち命題を自ら生成する運動として把握すること、命題［文］の全的な把握(8)、これである。

10　Aは……と判断する、等と我々が言う時、我々はAが判断する命題全体に言及しなければならない。命題の構成諸要素にだけ言及し、あるいはその構成諸要素と形式に言及しても、それがその正しい順序 Reihenfolge におけるものでなければ、命題全体に言及したことにはならない。このことは、命題そのものが判断される言明の中に生じなければならない、ということを示している：例えば、「p- でない」がどのように説明されようと、何が否定されるのかという問いは意味を持たねばならない。

〈大〉概念は両者の成果であるから、両者は概念の内に保持されているのであるが、しかし最早存在及び本質として［保持されているの］ではない。

「順序」に独語を付すのは、『資本論』の次の一節を想起してのことである。

両方の循環 W-G-W と G-W-G とをもともと区別するのは、同じ対立する二つの流通局面の順序が逆なことである。（二五三頁。傍点は引用者）

またこの少し前には、「購買と販売という形式上の区別」(9)（二五一頁。傍点は引用者）という叙述も見られる。これらを手掛かりに読みを進めよう。

ウィトゲンシュタインの戒める「命題の構成諸要素」や「構成諸要素と形式」だけへの言及とはどのようなものか。先ず「形式」が購買G-Wと販売W-Gであることは引用の通りだから、かかる形式を構成する諸要素はGとW即ち貨幣と商品であるだろう。つまりウィトゲンシュタインの説くところを『資本論』に即して換言すれば、資本の運動の全的な把握は、商品交換（商品と貨幣の交換）やその交換の形式（私は売手なのか買手なのか）に言及するだけでは不十分で、「その正しい順序」即ち「貨幣の商品への転化及び商品の貨幣への再転化、売るために買う」（同）を考察すべしということである。

そこで改めてG-W-Gに目を止めよう。今二番目のGは循環全体の「成果 Resultat」である。と同時にそれはGとして循環の出発点に位置する一番目のGでもある。故に「GはGである」。つまりG-W-GつづめてG-Gは、「命題自身が（「Aは……と判断する」で）判断される言明の中に（成果として）生じている occur」、そのような命題である。

しかしまた、G-Gは「一見したところ無内容に見える scheinen、何故なら同義反復的であるから」（二五五頁。傍点は引用者）。このことも否定できまい。そうであれば、先のG即ちpに対する後のG即ち「p-でない」がどのように説明されようと（議論を先取りすれば、G-Gを「移行的」と言おうと、ということだが）、この時「何が否定されるのか（規定されるのか）という問いは意味を持たねばならない」だろう。仮象 Scheinを仮象として把握するためである。

ところで以上の例で『大論理学』との論理的対応は分りにくい。そこで再び「ソクラテスは可死的である」を参照すれば、この場合にも上述と全同のことが言える。これを「可死性はソクラテスである」としても、両者の構成諸要素（二語と繫辞）と形式（主語-述語形式）は変らない。にも拘らず後者が無意義であるのは、「概念」たる命題は「存在」（構成諸要素）と「本質」（形式）を保持はするが、後二者は「最早存在及び本質として保持されているのではない」からである。今や考察すべきは「可死性を言うためにソクラテスを言う」ことのその順序、その最初なる（主なる）語・「主語」である。

11　命題pを理解するためには、pが「pは真である」を含意するということを知るだけでは十分ではない、我々は～pが「pは偽である」を含意することをも知らねばならない。このことは命題の両極性を示している。〈大〉両者は［存在及び本質であるという］この規定を、両者が両者のこの統一へとまだ還帰していないその限りでのみ、持っているのである。

「可死性はソクラテスである」の無意義であることは、有意義な命題「ソクラテスは可死的である」の「両極性を示している」だろう。だが命題の両極性［双極性］とは何なのか。

前パラグラフでは G-W-G の同義反復的であることが指摘された。では循環 W-G-W つづめて W-W も同じく同義反復的なのだろうか。W-W の両極は「質的に異なる使用価値」（二五五頁）である。例えば、農民が穀物を売りそれで手に入れた貨幣で衣服を買うならば、先のWと後のWの「素材の変換が、運動の内容をなす」（同。傍点は引用者）。そうであれば W-W は同義反復的でない。そして勿論衣服の有用性が穀物の非有用性を含意することはないから、循環 W-G-W においてこそ「pが『pは真（有用）である』を含意する」が「～pが『pは偽（非有用）である』を含意しない」のであった[10]。

そこで対比的に、ウィトゲンシュタインが「我々は～pが『pは偽である』を含意することをも知らねばならない」と言う時、循環 G-W-G がその場合ではないかと予想しよう。というのは、農民は自己の行う運動 W-G-W を無論熟知しており、他方「我々が知らねばならない」こととは我々の熟知していることではないからである。さてG-W-Gにおいて「両極は同じ経済的形態を持つ」(同)。先のG即ちpも後のG即ち～pも同じ貨幣であって、「質的に異なる使用価値ではない」(同)。そうであれば、何故「～pが『pは偽である』を含意する」のか人は知らねばなるまい、ここでは一つなるGが「真である」と「偽である」とを含意するからである。そしてかかる「両極性」への問いの、「両者(真なるGと偽なるG)が両者の統一へとまだ還帰していないその限り」で生ずることは言う迄もなかろう。そこで課題は未だ二つなるGの統一的な把握である。

三　命題の発生的解明

12　どんな分子関数に対してもTF図式[11]が対応する。それ故我々はTF図式そのものを関数の代りに使ってもよい。さてTF図式のすることは、文字TとFを各々の命題に並列することである。これら二文字は原子命題の極である。更に図式はもう一つのTとFをこれらの極に並列する。この表記法において重要なことの全ては、外側の極を原子命題の極に並列することである。それ故not-not-pはpと同じシンボルである。それ故我々は同じ分子関数に対して二つのシンボルを持つことは決してないのである。

〈大〉　存在と本質とを考察する客観的論理学はそれだから本来概念の発生的解明をなしている。

「どんな分子関数に対してもTF図式が対応する」のだから、G-Gは「T-G-G-F」で表され——G-G即ち二つの「GはGである」の何れとは区別できないが、一方が真他方が偽であることは分っている——、その「T-G-G-F」は「T-G-F」であるから——二つのGはその統一において区別され両極的だが、ここではその統一がまだ把握されていない、従って区別は定立されていない——、T・Fの「二文字は原子命題の極である」。

さてウィトゲンシュタインは「更に図式はもう一つのTとFをこれらの極に並列する」と説くが、これはどういうことか。「並列 corelation；Zuordnung」については寺沢恒信が有益な示唆を与えている（以文社版３四〇五頁の訳者注26）。それによれば並列する運動とは定立された存在 Gesetztsein を定立する働きである。ただそれは抽象の働きであり、また定立された存在もそれを一面的に把握すれば——ということは存在と本質とを分離的に捉えるならば——、概念は把握されえない。けれども同時に、この「（並列する運動の）側面だけを見てはいけないということは、この側面を見なくてもよいということではない」（同）。むしろ並列する運動の正しい役割を把握することで、「概念の発生的解明」は理解されるのであった。

そして『資本論』にも同じ論理が見て取れる。両極が共に貨幣である G-W-G の過程は「もっぱら両極の量的な相違によって、その内容が与えられる」（二五六頁）が、或るものの量的規定態とは「限界の自己自身における無関心性と或るもののこの限界に対する無関心性」（岩波版上巻の２一頁）であり、この限界の無関心性においてこそ TF図式は「外側の極を原子命題の極に並列する」だろう。

この並列即ち「定立された存在を定立する働き」が TF 図式の「表記法において重要なことの全て」とされるのは、次の意味である。前パラグラフでは命題の両極性の知られねばならないことが説かれた。そして知られねばならないことは、知られていないこととして知られるべきことである。本パラグラフでは、その Sollen の、並列する運動において生命を想わせる「発生的」であることが明らかにされた。というのは「not-not-p が p と同じシンボルである」時、一方の G-G 即ち p と他方の G-G 即ち not-not-p は同じ分子関数であり、そうであれば先とは異なり、先の G（-G）と後の（G-）G とは統一的に把握されているからである（「我々は同じ分子関数に対して二つのシンボルを持つことは決してない」）。

13　命題の意味は当の命題に現実的に対応するところの事実である。
〈大〉より詳しく言えば実体は既に実在的な本質である、換言すれば本質が存在と合一されて現実性へと歩み入っている限りでの本質である。

剰余価値を生まない貨幣と貨幣の交換は、「ばかばかしくもあれば無目的でもある操作」（二五五頁）であるから、G-W-G'（G+⊿G）こそは「完全な形態」（二五六頁）として「命題の意味が当の命題に現実的に対応するところの事実である」。つまりG-W-Gの真理態とは「或る剰余価値を付け加える」（同）ことである。そこで改めて問われるのは、Gは何故G+⊿Gになるのか、換言してその「自己を増殖する」（同。傍点は引用者）ところの論理であるだろう。

ヘーゲルのスピノザ批判はその一面でライプニッツの説を継承しており（以文社版2二三二頁以下）、「モナドの変化が受動態を欠いた活動・モナド自身の顕現として表象され、自己内反省・乃至個体化の原理が本質的なものとして前面に出ている」（同二三三頁）ことは、ライプニッツにおける「最高に重要な概念」（同）と評価される。循環G-W-GをG自らの変化・個体化と解する論理をここに見ることは容易い。

つまりモナド同様、Gもまた「一Eins・自己へと反省した否定的なもの」（同二三二頁）であり「エンテレケイア」（同）である（「本質が存在と合一されてvereinigt現実性へと歩み入っている限りでの本質」）。別言すれば、「剰余価値を付け加える」（二五六頁）という「本質」が、「存在」する前貸し価値と合一されて「自己を増殖する」（同）運動、それがG-W-G'なる事実である。その意味が「前貸しされた価値を資本に転化させる」（同）ことにあることは言う迄もない。

14　原子命題の ab 関数は両極的な命題であるので、再びこれに対して ab 操作を施すことができる。かくすることで、二つの新しい外側の極を、古い外側の両極を媒介に、原子命題の両極に並列するのである。

〈大〉概念はそれだから実体を自分の直接的な前提としており、実体は概念が顕現されたものとしてあるところのもので潜在的にある。

ab 関数については、ラッセルが「'apb' が p のシンボルなら、~ p のシンボルは 'bpa' か。'bpa' でないとすれば何が~ p のシンボルか」と問うたのに対し、ウィトゲンシュタインは「~ p に対するシンボルは a-b-p-a-b です。命題は二極を有します」と答えている（ラッセル宛手紙一九一三年）。そしてこれが原子命題 p の ab 関数即ち b-p-a に対する再びの ab 操作・「二つの新しい外側の極を、古い外側の両極を媒介に、原子命題の両極に並列する」である。

これはちょうどGがG+⊿Gに成る運動において、その「運動の終りには、貨幣が再び運動の始まりとして出てくる」（二五九頁）ことと同じく、概念（資本・命題）が「実体（貨幣・原始命題）を自分の直接的な前提」とし、その「実体は概念が顕現されたものとしてあるところのもので潜在的（即自的）にある」ことに他ならない。そこで即自的にあるものの顕現の論理――ヘーゲルに倣えば G-G' の「絶対的な仕方」（以文社版2二三三頁）――が以下の課題となる。

15　a-p-b においてシンボルの役割を果している事実は、いわば a* が p の左にあり、b が p の右にある、ということである；この時新しい両極の並列は移行的であるから、例えば新しい極 a が如何なる仕方であれ・即ち如何なる極を媒介にして内側の極 a に並列されるにしても、そのことによってシンボルが変化することはない。

それ故、一つの ab 操作を繰り返し行うことで、全ての可能な ab 関数を構成することが可能であり、かくして我々は、この ab 操作を繰り返し行うことで獲得することのできる全ての関数としての全ての ab 関数について語ることができる。

＊これ「a・b が p のどちらにあるか」は全く任意であるが、一度極が並ぶ順序を定めたら、我々は自らの約定を勿論守らねばならない。例えば "apb" が p と語る場合は、bpa は何も語らない。（～ p と語るのではない。）ところで a-apb-b は apb と同じシンボルである（ここで ab 関数は自動的に消滅する）、何故ならここで新しい極と古い極とは p の同じ側に関係しているからである。問題は常に次にある：古い極の p への並列と比較して、新しい極は p に対して如何に並列されているか。

〈大〉因果性と交互作用を通じての実体の弁証法的運動はそれだからそれを通じて概念の生成が叙述される概念の直接的な発生である。

「因果性と交互作用」は『大論理学』絶対的相関の第二・第三のカテゴリーであり、第一のカテゴリー「実体性の相関」にある実体は、即自的な概念として前二者を経ることで自らを顕現させる――パラグラフ17の「実体の一定の相関様式」は広義のそれとして第一から第三の相関を包括する――。本パラグラフ以下はその論理の展開である。

ab 表記法の存在意義とその移行的 transitive であることの重要性を、ウィトゲンシュタインは随所で説いている。前者については、それが「一つの可能な表記法であることを認める」（ラッセル宛手紙一九一三年一一月）ということ。これはヘーゲルのスピノザ評（以文社版2二二八頁）同様、命題がこの表記法において表象され（「a が p の左にあり、b が p の右にある」）、つまり表象されたものとして「必然的概念においては単なる定立された存在に全く押し下げられる」（同）、その途の披かれる点に要点はある。[12] また後者即ち新旧の極の移行については、ムーアに口述したa-b-a-p-b-a-bを例に、命題の内側の両極と外側の諸極との結合仕方に「一つのシンボル規則」（ラッセル宛手紙一九一三年一一月）を把捉して論理的命題を認識する、これが要点である[13]。ウィトゲンシュタインにとって論理的命題とは偶然的にでなく本質的に規定された命題なのだから、これらの二点は命題の本性の探究にとって枢要なのであった。

そこで『資本論』である。注記に従い以下a-p-bを任意にGのシンボルとする。この時循環G-W-Gにおいて Wは～pつまりb-a-p-b-a、後のGはa-b-a-p-b-a-bである。かくすれば循環G-W-Gにおいて「新しい両極の並列は移行的である」こと、「（この例では一番左の）新しい極aが何らかの極（b-a-p-b-aの左のb）を媒介にして内側の極a（a-p-bのa）に並列される」ことを、人は「前に見出されたもの」（以文社版2二三四頁）として持つ（表象する）。

けれども新しい極が媒介されて定立された存在であるように、「（表象された）直接的なものの絶対的なものへの運動並びに関係」（同。傍点は引用者）こそがG-W-Gである。これは「ab操作」によって「シンボルが変化することはない」ことの一つの例である。従って「資本の運動には際限がない」というマルクスの喝破は、「一つのab操作を繰り返し行うことで、全ての可能なab関数を構成することの可能」を言うに他ならず、「実体（資本・命題）の弁証法的運動」とはこれである。それが「（外的な）因果性と（内的な）交互作用を通じての」ものであることは、資本の運動において前貸し価値とそれの生む剰余価値との「一瞬の区別」（二五八頁）がすぐ消失し、増殖した「一つの価値」（同）が再び価値増殖過程を開始することを想えば容易に了解されよう。

先には「ばかばかしくもあれば無目的でもある操作」（再掲）と見えたG-W-Gだが、今や「資本としての貨幣の流通は自己目的である」（二五九頁。傍点は引用者）と言われる。そして命題の運動においても事情は変らない。一つのab操作こそが、「自己自身のために自己を顕現する絶対的運動」（以文社版2二二八頁）として「全てのab

関数について（現実的に）語る」ことを可能にするからである。

16　名指すことは点を指すことに似ている。関数は平面上の諸点を左右に分割する線に似ている；その場合、「p　または　p-でない」は何の意味も持たない、何故ならそれは平面を分割しないから。

〈大〉しかし概念の生成は、生成が至るところでそうであるように、生成は移行するものの自分の根拠への反省であるという意味を、また最初のものがそれへと移行したところの初めには他者と見えたものがこの最初のものの真理態をなしている、という意味を持っている。

「点を指す」ことは「これ」即ち「このもの」を指すことだが、その悪無限に陥るアポリアは有名であり、同様のことが「p　または　p-でない」にも言える。『論考』は「雨が降っているか、雨が降っていないかである」（四・四六一）をその例に挙げ、この時「私は天候に関して何も知らない」とする。だが何も知らないというのは、「それが平面を分割しないから、何の意味も持たない」ということである。これは a-p-b（雨が降っている）の b-a-p-b-a（雨が降っていない）を経て a-b-a-p-b-a-b（雨が降っている）に移行する過程が、更に b-a-b-a-p-b-a-b-a 即ち b-p-a（雨が降っていない）への悪無限的な移行だからである。[14]

このことは『資本論』で、「貨幣蓄蔵者は、貨幣を流通から救い出そう retten；save とすることによって、価値の休みのない（無限の）増殖を追求する」（二六一頁）と説かれるのに対当する。これを ab 表記法で示せば、移行の途絶（移行からの「救済」）として a-apb-b 即ち「a-p-b と同じ」（前パラグラフ注記）であり、つまり「ab 関数の消滅」（「何の意味も持たない」）に他ならないからである。それは「移行するものの自分の根拠への反省であるという意味を、また最初のものがそれへと移行したところの初めには他者と見えたものがこの最初のものの真理態をなしている、という意味を持たない」、故に「概念（資本・命題）の生成」ではない。

17　特称［特殊な］命題「p　または　p- でない」は意味を持たないが、一般［普遍的な］命題「全てのpについて、p　または　p- でない」を含むのではなく、関数「p　または　q- でない」を含むからであり、これは「全てのxについて、xRx」が関数 "xRy" を含むのと同様である。

〈大〉こうして概念は実体の真理態である、そして実体の一定の相関仕方が必然性であるのに対し、自由は必然性の真理態であり、また概念の相関仕方であることが示されるのである。

資本家は「熱情的な価値の追求」（二六一頁）において貨幣蓄蔵者に劣らず、しかも「合理的な貨幣蓄蔵者である」（同）。それは次の意味である。

「商品の価値が単純な流通においてとる自立的形態——貨幣形態——は、商品交換を媒介するのみであって、運動の最終の結果においては消え失せる」（二六二頁）。何故なら、単純な（単一な）商品流通において、貨幣はそれ自身商品として特殊的なものたる他の商品から区別される他の特殊的なものであり（以文社版３五六頁）、その特殊的なものの交換即ち「商品（p）または商品（p- でない）」とは「降雨または非降雨」同様無意義だからである。

だが貨幣は、「商品世界の内部で一般的［普遍的］等価物の役割」（一一九頁）という「独自な社会的機能」（同）を持っている。そこで一般命題「全ての商品について、商品または商品でない」が商品世界では「意味を持つ」。

というのは、ここでは「一般的等価形態が、今や社会的慣習によって、商品金の独自な自然形態に最終的に癒着している」（二二〇頁）故に、先の一般命題は単純な商品流通を説くのでなく、「全ての商品について、商品は貨幣である（商品は貨幣とのみ交換される・つまり「p　または　q-でない」）」ことを意味するからである。それは「『全てのxについて、xRx』が関数“xRy”を含む」時、関数“xRy”が「xは（yとのみ関係する故にyでないところの）yである」のと同様である。

そしてかかる一般命題が成り立つ時、

価値は、この運動の中で失われることなく、絶えず一つの形態から別の形態へ移っていき、こうして一つの自動的な主体 Subjekt に転化する。（二六二頁）

つまり価値は「絶対的なものであるところの自己との同一性」（以文社版2二三六頁）であり、換言すれば「原価値としての自己自身から剰余価値としての自己を突き出して、自己自身を増殖する」（二六三頁）運動である。そうであれば価値は「自己へと関係する規定態・個別性」（以文社版3六四頁）であるから、ここに「このもの」は把握されよう。そして自己自身と関係する普遍的なものは自由である。[15] そこで「概念（資本）は実体（貨幣）の真理態である、そして実体の一定の相関仕方が必然性（貨幣蓄蔵者・状態）であるのに対し、自由（資本の自己増殖・出来事）は必然性の真理態であり、また概念の相関仕方であることが示される」。

だがかかる論理とは、主語において未分なる事態が「二語以上による通常の文への開展」[16]（『日本文法通論』一八頁）において一層の客観性を得る、そうした文［命題］の論理と別のものではないのであった。

先行する思想家、わけてもヘーゲルに導かれてウィトゲンシュタインを読むことの意義はどこにあるのか。与えられた紙幅の尽きた今それを詳述することは適わず、箇条に記すに留める。(1)緻密な論理の把握。(2)それを通してのウィトゲンシュタインの真意の了解。(3)対照的に、恣意的な読みの再検討——一例として「クワス」。(4)

ウィトゲンシュタインの諸著作間の連関を明らかにする――例えば『論考』の形成は、「論理に関するノート」『草稿一九一四-一九一六』「ムーアに対する口述」等に見られる論理段階の異同を考慮に入れて見通すことができる。(5)先行する言語哲学思想との対比――特にソシュールは重要である。(6)日本語論の成果を視野に納めた言語哲学研究――特に森重敏の論の参看。

もとより列挙した意義の本稿に活かしえていなければ、その空無なること言う迄もない。その判断は読者に委ねよう。

注

(1) 紙幅の制約により本稿では書誌的検討を省略する。

(2) 「論理に関するノート」には関連する『論理哲学論考』の叙述を編者が指示する場合があり、本パラグラフにも「五-四三を参照」とある。本稿では必要な場合に限りこれらに言及する。

(3) 本稿で引用文中の傍点は、初出の場合特に断りのない限り原著者による。再掲以降の場合は引用者によるものをも含むが、一々の明別は省略する。

(4) 「比例四項式」はソシュールの用いる術語である(『一般言語学講義』二二五頁)。ここでのその引用は、しかし「ノート」を執筆した時点でウィトゲンシュタインがソシュール説に親しんでいた、ということを意味しない。私見によれば、ウィトゲンシュタインは『講義』の刊行直後これを読み、『草稿』の一九一六年四月以降の叙述は、その類推説に関するノートという性格を持つ。また「法則」は前パラグラフ「肯定的な内的存在」が、本質的な内容・「単一なもの」(以文社版2一七八頁)と捉えられ、と同時に自己の内で差異された内容として現象の自己内反省と把捉された、「現象の法則」である。「ノート」の論理の、一面においてヘーゲル的現象論の進展と対応することがここに観取される。

(5) 但しこのことが、通時的視点と共時的視点を混同することの戒めに留まらず、更に進んで両視点を悟性的に分離すべしとの主張と解されるなら正しくない。『資本論』が「貨幣を資本の最初の現象形態として認識するためには、資本の成立史を回顧する必要はない。日々、我々の目の前で繰り広げられている」（二五〇頁）と説き、ソシュールが「言語の潮はとうとうと流れて止むことがない」（『講義』一九七頁）と述べるのも、共に共時態における価値把握に通時的変化による補いが不可欠だからなのである（拙稿「『論理哲学論考』の論理」）。約言すれば、前パラグラフ迄の通時的探究の成果を踏まえて初めて価値従って命題意義は把握されうる。

（6）共に名詞である Socrates と mordality の区別については、井上忠「実体と内属性」を参照。なおここで「主語」は狭義文法的に解されてはならない。

（7）「貨幣は商品であるということは、貨幣の完成した姿態から出発して後から分析する者にとっての一つの発見であるに過ぎない」（一五四頁。傍点は引用者）と説かれる分析において、貨幣はタイプとして把握されている。例えば「二〇エレのリンネル＝二オンスの金」なる貨幣形態で、「二〇エレのリンネル」の使用価値（存在）と価値（本質）は「二オンスの金」において「没落すると共に保持されてもいる」。

（8）文の全的な把握は延いては言語とは何かの解明であるから、この問題意識は重要である。ソシュールが形態論と統語論の分離は「困難である」（『講義』一八八頁）と言い、また日本語文法論において森重説が喚体一語文「花！」を「文の原型」（『日本文法』二四頁）と位置付けるのも、同じく文を全的に把握する立場からのものであるだろう。

（9）なおソシュールも言語価値の把握に関って「部分の順序［秩序］l'ordre d'une part」（「第二回講義」一二月二一日）に言及する。即ち現代ドイツ語には Nacht/Nächte・Kranz/Kränze 等を例に、或るタイプの曲用が「○a△/○ä△e」という「部分の秩序」（構成諸要素の順序）よって表されるというのである。これに倣えば、現代日本語の形容詞（単語）は「○い／○かった」なる部分の秩序において把握される。更に日本語の文に関っても「語順の根本法則」（『日本文法通論』一〇五頁）の云為されること、言う迄もない。行論の錯綜を避けるべく、以下の本文で言語的事実への言及は少なくなるが、ここに触れたことを基に言語における自らなる展開も資本のそれに通底する。

（10）ここでは農民にとっての衣服の有用・穀物の非有用は問題でない。今問題は「直接的必要のための諸物の有用性と交換のための諸物の有用性との間の分離」（一五〇頁）だからである。

（11）原文は「WF図式」だが、WareのWとwahrのWとの紛れを防ぐべく、本稿では「TF図式」と表した。

（12）換言すれば、スピノザ的実体が概念を生ぜず、「ただ三つのもの（実体・属性・様態）を発展の内的序列なしに ohne innere Folge 次々と列挙するに過ぎない」（以文社版2二三一頁）ことへの批判である。なお『論考』では真理表が、ここでの ab 表記法使用と同じ立場から用いられる。

（13）これはライプニッツのモナドが向自存在として、その「他者による受動態が絶対的な制限・即自存在という制限に転化される」（以文社版2二三二頁）ことへの批判である。直後に触れる貨幣蓄蔵者の制限［節約］との連関に留意されたい。

（14）本パラグラフ及び次パラグラフにおいても、ヘーゲルのスピノザ・ライプニッツ評との連関で触れるべき点があるが、紙幅の都合により割愛する。

（15）井上忠は「藤の花！」に個体化Ψの働きを見、それは〈わたし〉への「全天地の〈立ち現われ〉以外ではない」とする（「いま一つの講義」三四二頁）。

（16）森重説において、「（藤の）花！」は自同判断「この花は、花であって（p）、花でないものではない（q-でない）」と把握されるが、これは「個別性として概念は判断として定立されている」（以文社版3七七頁）からである。『資本論』の Subjekt も、文論においてはこの自同判断の主語として定立され、更にパラグラフ10に触れた「主語」でもある。そこで、「概念の相関仕方」である命題（主語-述語相関）を主語の自ら開展して述語を分出する運動と解して、ウィトゲンシュタインと日本文法論が触れ合う。

参考文献（引用に際しては先行訳を利用させて頂いたが、文字種・送り仮名等を含め一部変更した場合がある）

テキスト：

Wittgenstein, L., Notes on Logic, in *Notebooks 1914-1916*. 2nd ed. 1979, Basil Blackwell, Oxford.（奥雅博訳「論理に関するノート」

一九七四　大修館書店。但し同訳は『草稿』初版に基く。なおラッセル宛手紙も大修館全集に含まれている）
Hegel, G.W.F., *Wissenschaft der Logik I・II*. 1986, Suhrkamp, Frankfurt am Mein.（武市健人訳全四分冊　一九五六〜一九六一　岩波書店。寺沢恒信訳全三巻　一九七七〜一九九九　以文社。なお寺沢訳の第一巻は初版の邦訳）
テキスト以外：
井上忠「いま一つの講義」『哲学の現場――アリストテレスよ　語れ――』　一九八〇　勁草書房
井上忠「実体と内属性」『哲学の現場――アリストテレスよ　語れ――』　一九八〇　勁草書房
川崎誠「『哲学探究』第二部とは何であるか」『理想』六七六号　二〇〇六　理想社
川崎誠「『論理哲学論考』の論理」『専修人文論集』七九号　二〇〇六　専修大学学会
ソシュール・小林英夫訳『一般言語学講義』改版　一九七二　岩波書店
Saussure, F. de, Cours de linguistique générale（1908-1909）Introduction, en *CFS* 15・1957, Librairie E. Droz, Genève.
マルクス・資本論翻訳委員会訳『資本論』第一部　全四分冊　一九八二〜一九八三　新日本出版社
森重敏『日本文法通論』　一九五九　風間書房
森重敏『日本文法――主語と述語――』　一九六五　武蔵野書院

第三部　『精神現象学』の現在——読みの可能性

日本の『精神現象学』研究鳥瞰

山口誠一

これから、ヘーゲルお好みのミネルバの梟よろしく黄昏《たそがれ》の東京を飛び立ち、日本のヘーゲル研究の来し方を振り返り、そしてニーチェお好みの予言鳥よろしくその行く末へ飛び立たんとする。

まずは、少し以前を振り返って眼下の一昨年春、桜も開花し始めた東京は市ヶ谷の法政大学ボアソナードタワー二六階。そこで『精神現象学』二〇〇年を迎える日独哲学シンポジウムがフンボルト財団後援で二日間に渡って盛大に開催されていた。バッハのブランデンブルク協奏曲で荘厳に開幕し、『精神現象学』発祥の地イェーナからもドイツ人ヘーゲル研究者を迎え、緻密なシンポジウム、講演そして質疑応答がなされた。会期中は、モーツァルト生誕二五〇年にちなんだ曲が休憩時間中に流れ、エンディングテーマは、グノーの歌劇『ファウスト』のワルツであった。(1)

二〇〇年前、イェーナ大学の私講師ヘーゲルが下宿で執筆し、出版した本の思想について、こうしてはるか東アジアの地で国際的な集会が開催されるようになった。それにしても、『精神現象学』二〇〇年という時間はおそらく日本人の想像力を超えている。たとえば、二〇〇年前の江戸城外濠の市ヶ谷門あたりは、加賀藩の武家屋敷が軒を連ねていたそうでヘーゲルとはおよそ何の関係もない。あえてこじつければ、日本最初のヘーゲリアーナの一人清澤満之も加賀藩出身であったことぐらいであろうか。ここでは、歴史の事実を手繰りよせながら、この二〇〇年の時を鳥瞰して、想像力の貧困を補っておく以外に手立てはないのである。

一　日本渡来以前の『精神現象学』

（1）そこで、さらに過去を振り返って、往時のドイツ文化の中心地イェーナは一八〇六年へ飛ぶ。イェーナでの『精神現象学』の誕生は、今紹介したような栄光に満ち整然とした記念行事とは対照的で、まことにスキャンダラスで歴史的混乱に満ち満ちていた。当時、イェーナ自体もナポレオン軍との会戦に向かい大学閉鎖は必至であった。私生活でも、ヘーゲルは、翌年二月に下宿の主人の妻との間に庶子ルートヴィヒをもうけ、(2)四月に『精神現象学』の印刷が完了するという始末である。そして、生活に窮していたヘーゲルにとって『精神現象学』の原稿料は貴重であったらしく支払いをめぐって出版社との間でトラブルとなり、友人ニートハンマーの仲介で原稿全体の半分相当の原稿料を、印刷に先立ってイェーナ会戦直前に手にしたりしている。書名や構成についても執筆途中で変更したため、三種類の書名が混ざった印刷見本ができあがってしまった。(3)刊行後は、大学教授資格取得や私講師就任の面倒をみてくれた友人シェリングに対する皮肉に満ちた批判が序説に書かれていたため、やがて友情も途絶えることになった。そして、ヘーゲルによって後には、哲学体系からはずされたのに、第二版出版が予定され、しかも、それもヘーゲルの急死によって成就しなかった。

これほどスキャンダラスな運命をたどった本が世界各地で執筆刊行二〇〇年の記念行事を催してもらえるというのもまことに不思議である。ともかくも、ヘーゲルが死去した時点でも、『精神現象学』はおよそ氏素性のわからない本でベルリンの大哲学者ヘーゲルには似つかわしくなかった。かてて加えて『精神現象学』第二版を刊行したシュルツェも、意識の経験の学とか学の体系第一部といったタイトルを抹殺した(4)わけだから、体系成立以前の未熟な書ぐらいにしかとらえられなくなってしまった。たとえば、ヘーゲル中央派のシュヴェグラー著『西洋哲学史』（一八六〇年）では、まだ学問的とはいえない探検の書として「ヘーゲルへの移りゆき」の章で解説されている。そしてつぎの章では、エンツュクロペディー体系がヘーゲルの完成された体系として解説されている。だから、当時は、『精神現象学』はヘーゲル哲学の重要著作とは考えられておらず、無視してもよいくらいであったのだ。しかも、日本へ渡来したヘーゲル哲学は、アメリカを経由している。

（Ⅱ）そのようなわけで、一九世紀初頭のアメリカ北部そして南部へ飛ぶ。ヘーゲル哲学のアメリカ移植(5)は、一八〇〇年代前半からE・エヴェレットなどのアメリカ人滞独留学生によって始められていた。ヘーゲルとも親好のあったクーザンの『哲学史序説』英訳(6)が一八三二年に刊行され、エマソンをはじめとする超越論者たちに多大の影響を与えた。その後、奇しくもヘーゲル死去の年一八三一年にドイツから渡ってきたヘーゲル主義者ローチは、アメリカの諸大学で哲学の教鞭をとるとともに、ヘーゲル的実在論の書『心理学』を一八四一年に著した。一八四四年には、マードックの『近世哲学概要』(7)ではヘーゲルは汎神論者として紹介されている。そして、そのいずれでも『論理学』そして『エンツュクロペディー』を中心としていて『精神現象学』に照明が当てられることはなかった。

一八六〇年代になるとアメリカ南部を中心に、セントルイス学派のヘーゲル主義が席巻するようになった。この学派の母体セントルイス哲学協会は、セントルイス在住のブロックマイヤーとW・T・ハリスによって一八六六年に創立された在野の研究団体で、翌年創刊された『思弁哲学雑誌』(8)を中心に活動した。ドイツ人移民ブロックマイヤーは、『論理学』を聖書のように愛読したヘーゲル主義者で雄弁であった。ハリスにもヘーゲルを伝え、後にはミズーリ州の副知事などの要職を務めた。ハリスは、教育者で、一八八〇年にはコンコード哲学学校を創立し、ヘーゲル哲学を講じつづけ『ヘーゲルの論理学』（一八九〇年）という解説書を著している。ハーヴァード大学でボーウェンに学びヘーゲルを日本に移植したフェノロサも、『思弁哲学雑誌』の読者だったようである。[9] こうしてみると西部開拓の地セントルスイスで生まれた在野のヘーゲル哲学運動が、日本の官学の嚆矢東京大学に渡来したことになる。

二　日本における『精神現象学』受容の始動

（Ⅰ）さて、いよいよ明治時代初期の東京大学へ飛ぶ。外国人教師フェノロサは東京大学での哲学史講義でヘーゲルに極まる西洋哲学史を一八七八年から講じた。どうもフェノロサは、ドイツ語ができないのでヘーゲルの原典を読まないで、英訳のシュヴェグラー『西洋哲学史』[10]、リュース『西洋哲学史』[11]そしてボーウェン『近世哲学史』[12]を援用したらしい。ともかくも、フェノロサによれば、当時流行の進化論哲学スペンサーとヘーゲルを総合すると鉄壁の現代哲学となる。このような主張を秀才とはいえ若干二五歳の学生あがりのお雇い外国人教師がオリジナルにできるはずもなく、これは、すでにのべたように当時のアメリカ哲学界のトレンドだった。受講者であった阪谷芳郎や坪内逍遙の筆記録[13]を読んでも『精神現象学』に関する立ち入った紹介はなく、もっぱら『エンツュクロペディー』について解説している。そのことは受講者であった井上円了『哲学要領』（一八八六年）や三宅雪嶺『哲学涓滴《けんてき》』（一八八九年）でもやはり同様であった。ただし、両者とも『精神現象学』についても簡単ながら解説している。

（Ⅱ）そして、おそらくそのような簡単な解説などから、『精神現象学』に焦点を当てたのが意外にも夏目金之助であった。後年の夏目漱石が二五歳のとき、帝国大学文化大学英文科二年生として提出した論文「老子の哲学」（一八九二年）[14]がそれである。当該論文の終わりで、夏目は、老子とヘーゲルをこう比較している。「無法の法、理外の理に叶ふ故に道法自然〔道は自然に法《のっと》る〕と云ひ無為而無不為〔（道の常は）無為にして、而も為さざるは無し〕と云ふ是老子の哲学がヘーゲルと異なる所にして両者共一元論者なれども一〔老子〕は道に意識なしとなし一〔ヘーゲル〕は Absolute Idee が発達して最上の位地に到るときは遂に絶対的に意識を有するとす（両者の差、是のみと云ふにあらず。ヘーゲルの論抔は善く知らざれども気の付たことを丈を比較するなり）。[15]」（〔〕内は筆者の補足）「絶対的に意識を有する」というのは、『精神現象学』の絶対知を指しているのであろう。そして、老子のいう道は無意識だが、ヘーゲルの道は、意識経験の道だということをいおうとしているのであろう。

後に漱石は英国留学の後、『精神現象学』の承認論から生か死かを賭ける争いの記述と重なることを書いていることからしても、敏感に意識の問題を解説書から読み取ったことはありうる。[16] 明治三八・九年ころの断片で、漱石はつぎのような文明論的予言をしている。「現代はパーソナリチーのできるだけ膨張する世なり。しかして自由の世なり。自由は己一人自由といふ意ならず。人々が自由といふ意なり。人々が自己のパーソナリチーを出来得る限り主張する意なり。[17]」漱石は、まずヘーゲルのいう「われわれなるわれ、われなるわれわれ」という次元で自由をとらえ、その自由が、自己意識同士の争いと表裏一体であることを指摘している。「出来るだけ自由に出来得るだけのパーソナリチーを free play に bring する以上は人と人との間には常にテンションあるなり。社会の存在を destroy せざる範囲内にて出来得る限りに我を張らんとするなり。我は既に張り尽してこの先一歩でも進めば人の領分に踏み込んで人と喧嘩をせねばならぬ所まで張りつめてあるなり。[18]」

（Ⅱ）ところで、その後、明治四〇年頃から東京の波多野精一宅で毎週金曜日の夜に『精神現象学』輪読会が催されるようになった。[19] 参会者は、田邊元、阿部次郎、安倍能成、伊藤吉之助、小山鞆絵《ともえ》、田中経太郎、宮本和吉であった。[20]『精神現象学』の原典理解の嚆矢となった輪読会であり、田邊もヘーゲルに接する機縁となったことを明言している。[21] ちなみにこの頃アメリカのヘーゲル主義者ロイスなどによって『精神現象学』へ関心が向けられるようになっている。(22) そして、紀平正美の論文「現象学（Phänomenologie）に就て」（一九二三年）は、それまでの『論理学』中心のヘーゲル研究を『精神現象学』へと転換させようとする画期的宣言であった。紀平は、『エンツュクロペディー』序説の翻訳を通して、その第二五節における『精神現象学』についてのヘーゲルの説明に着目しながら、それをカント主義への回帰の論脈で理解しようとしている。そして、『精神現象学』をヘーゲル哲学体系への入門としてだけではなくて体系そのものと解釈することを宣言している。しかし、この宣言が『精神現象学』の原典精読にもとづいているとはいえないのである。翌年公表された三《み》土《つち》興《きょう》三《ぞう》の「Hegel の Phänomenologie des Geistes」（一九二四年）は、なるほど明らかに原典を精読して理性の章の前書きまでを概説しているが紹介の域を出ない。このように『精神現象学』への関心が高まる中で、三木清と田邊元の『精神現象学』を中心にしたヘーゲル理解が登場したわけである。三木清は、「弁証法における自由と必然」（一九二七年）で『論理学』への導入としての『精神現象学』を認容している。そして、ディルタイやロイスの『精神現象学』理解も参照しながら、『精神現象学』の地盤が歴史的世界であったがゆえに「弁証法の諸範疇は歴史的な生そのもののうちに含まれている概念であり、それ自身歴史的な範疇である」(23) とする。しかし、唯物弁証法と違ってヘーゲルの弁証法は汎神論的前提のために永遠なる諸範疇を意味することになったとする。

三　田邊元による『精神現象学』の原典研究

（Ⅰ）東京から昭和初期の京都大学へ飛ぶ。このような『精神現象学』への関心に支えられながら田邊元の本格的な『精神現象学』論が『ヘーゲル哲学と弁証法』（一九三二年）として公表されることとなった。田邊は、翌年一九三三年から京都大学において定年退官まで演習原典として『精神現象学』を用いた。(24)

第一に田邊は、『精神現象学』独自の弁証法を評価し、それと唯物弁証法を絶対的に媒介することによって、行為の絶対弁証法を提唱しようとした。つまり、『精神現象学』の弁証法は主観に一面化し、唯物弁証法は、客観に一面化しているので、両者の一面化の克服は、主客の区別にもとづく知においてではなくて道徳的行為においてなされるというのである。

第二に、その根拠は、『精神現象学』の描く精神の世界が、行為による表現だからなのである。「精神とは一言でいへば、他に於いて自己を見出し、他を媒介として自己の同一性を自覚する意識に外ならない。自己に対する客観の独立性を承認して而も同時に斯《しか》く自己に対立する客観を媒介とし、之《これ》を通じて自己の同一を自覚する主観は精神の段階に立つ意識でなければならない。而《しこう》して斯かる主観に対応する客観が一般に表現の世界であることは明である。」[25] 田邊は、このことをディルタイの解釈学を『精神現象学』に適用することで主張しようとしているが、ヘーゲル自身がのべている。[26] さらに田邊によれば表現は必然的に人間行為の成果であると同時に個人に対して独立なる存在を有するものである。[27] それが運命となる。

そこで、第三に田邊は炯眼にも『精神現象学』の根源を運命との和解に見る。「運命との和解は単に観想的な忍従でなくして、実践的なる行為に於けるそれの超克、即ちそれを否定的媒介とする絶対普遍の実現としての個別的行でなければならぬ。我々は自己の身体の限定から始めて、凡ての自己に対する否定を運命と観ずるのであるが、同時に行為の合目的性に於いて常に之を超え、否定の否定としての絶対否定の肯定性に於いてこれを超克する。これが道徳的善であって、其反対に運命あるいは自然の否定性に屈従して、自己の本質としての絶対普遍に背くのが悪である。[28]」

ここに田邊の『精神現象学』理解の長所と短所とが集約されている。なるほど、ここでヘーゲルのいう運命が身体行為からまことに精確にとらえられているし、それを『精神現象学』の根源に据えることができたことは炯眼である。しかし、田邊のいう道徳的行為は、絶対無の弁証法を体現しているがゆえに、すでに『精神現象学』の内在的理解を超えている。『精神現象学』では、道徳的行為は、「精神」の章の最後の良心でもっとも深く問われているが、ここで田邊のいう道徳は「精神」の章の始めにある人倫のことである。さらにいえば青年期ヘーゲルの「キリスト教の精神とその運命」でのことである。しかし、青年期でも道徳に田邊がいうほどの高い位置は与えられていないのである。さらに、そもそもその道徳的行為ないし実践が観想ないし知と統合する地平が開かれていない。あるいは同じ問題になるのだが、行為の個別性へ収斂しながらも、その普遍性が顕わではないのである。その原因は、表現行為ということが、『精神現象学』では相互承認と結びついていることを見落としていることにある。承認とは、相互の認知であると同時に相互の表現行為なのである。たとえば、挨拶や握手のように相互に同じ行為を表現し合って始めて相互に承認し合うことができる。

（Ⅱ）田邊がこのような相互承認の見地をまったく抜かしてしまったのは、「絶対者は主体である」という『精神現象学』の根本洞察をとらえそこねたせいである。田邊は、Subjekt を絶対主観と訳してこうのべている。「行為とは我ならぬ客観的存在の発展の方向に我が変化を起して、我の主観が客観を自己の作為せるものに化し、物を我の内容に変ずる動性である。其動性を包みて動かざる根柢となり主観と客観とを媒介する絶対無の普遍が、客観を主観に化する行為主観において、客観を媒介にして自己を否定的に実現する絶対主観として自覚せられる所に哲学の絶対知が成立する。」[30] Subjekt を主観とだけ訳すと我の主観とも行為主観とも絶対主観とも定まらない。そこで田邊は絶対主観と限定する。これは、なるほどヘーゲルの絶対観念論が主観と客観の枠組のなかで主観の側にとどまっているという評価を含んでいる。この認識論的枠組みでは、他者もまず客観であって相互主体という見地は出てこない。むしろ、Subjekt は田邊にあっては本来主体であるにもかかわらず、そのように訳すことをさきほどの評価がさまたげた。主体は他の主体にとって客観ではなくて他者である。そうなったとき主体同士の承認が見えてくる。

しかし『精神現象学』の Subjekt は、主体と訳してもなお十分ではない(31)。なぜならば、『精神現象学』固有の用語では、実体（Substanz）とは同一性であり、主体は実体を動かすものだからである。少なくとも Subjekt の方はアリストテレス以来の基体・実体（ヒュポケイメイノンそしてズプイェクトゥム）の伝統とは切断されている。むしろ、ヘーゲルは、アリストテレスの「不動の動者」と Subjekt を結びつけている。まず、『精神現象学』初版では、こう書かれている。「だが、アリストテレスもまた自然を合目的的働きと規定しているように、目的は、直接的なもの、静止しているものでありながら、自身動かしているのであり、主体である。主体の抽象的な動かす力は、自立存在つまり純粋な否定性である（Allein, wie auch Aristoteles die Natur als das zweckmäßige Tun bestimmt, der Zweck ist das *Unmittelbare,* das Ruhende, welches *selbst bewegend* oder Subjekt ist. Seine abstrakte Kraft, zu bewegen ist das *Fürsichsein* oder die reine Negativität.)。」（一六頁以下）ここでは、アリストテレスの目的論とヘーゲルの否定性との関係は示されているが、不動の動者と否定性との関係は、はっきりとは示されていない。そこで、ヘーゲルは、つぎのように書き換えた。「だが、アリストテレスもまた自然を合目的的働きと規定しているように、目的は、直接的なもの、静止しているもの、不動者でありながら、自身動かしているのである。そのようにして不動者は主体である。主体の抽象的な動かす力は、自立存在つまり純粋な否定性である（Allein, wie auch *Aristoteles* die Natur als das zweckmäßige Tun bestimmt, der Zweck ist das Unmittelbare, *Ruhende*, das Unbewegte, welches selbst bewegend ist; so ist es *Subjekt*. Seine Kraft, zu bewegen, abstrakt genommen, ist das *Fürsichsein* oder die reine Negativität.)。」（一六頁三五行から一七頁一行の脚註）ここでは、不動者が明示され、それと否定性との関係も明らかである。しかも、初版では、主体は、「動かしている（bewegend）」と等置されているかのようであったのを、ヘーゲルは、訂正して、「不動者（das Unbewegte）」と等置したわけである。主体は、目的論的には、不動者であり、それが他のものを動かす力を持っているという点から見ると、純粋な否定性なのである。しかも、ヘーゲルからすれば、他のものとは他者的存在という自己の分身なのであるから、他のものを動かすとは、自己の力で自己を動かし、自己運動することにもなるのである。この点については、啓示宗教の箇所では「自己運動するものこそは精神であり、精神は、運動の主体であり、それと同様に運動の働き自身つまり実体であり、その実体を主体が通り抜けてゆく」(五一三)といわれている。つまり、動かす主体と動かされるものという区別が成立するとき、運動の働きが実体となる。しかし、精神という点から見ると、自己が自己を動かしているのである。これが「精神が運動の主体である」ことの意味である。このようにして、『精神現象学』第二版のための訂正では、アリストテレスの不動の動者との対応がひじょうに明らかである。アリストテレスの不動の動者が実体であるといわれている点からいえば、この Subjekt は「生ける実体」(一四)と呼ばれることになる。しかし、この「生ける実体」は、自己意識ないし我でもあるから主観でもあり、思弁命題の内容の主語でもあるからやはり Subjekt なのである。日本語には、主体と主観と主語を包括する言葉 Subjekt に対応する言葉はない。したがって主体と訳しても主観と訳しても精確な訳語とはならない。

このようにヘーゲルがアリストテレス解釈から Subjekt を考えていることは、当時まだ読み解かれていなかったのである。後に『精神現象学』の全訳と註釈を成し遂げた金子武蔵もこのころは、Subjekt を主観と訳していた。そして、実体を客観と理解し、アリストテレスの実体(ウーシア)から説明している。[32] 戦後になっても樫山欽四郎は『ヘーゲル精神現象学の研究』(一九六一年)で依然として主観と理解し実存的解釈の手がかりにしているが、その前から、金子訳『〈改訳〉精神現象学(上)』(一九五二年)になると、主体と訳されるようになり、ようやく主観-客観の枠組みから解放されはじめた。

四　西田幾多郎の『精神現象学』解釈

（Ⅰ）この点では、西田幾多郎は田邊と違って主観客観の枠組みにとらわれることなく『精神現象学』を解釈した。というのも、西田は、主観客観の枠組みにおける主観としての知的自己から脱却し、主客未分の行為的自己の立場に立ったからである。行為的自己は、はじめから社会的・歴史的であり、個人から出発しない。むしろ、世界が自己に矛盾するかたちで、自己を否定するものとして行為的自己を生むのである。田邊と行為の自己表現性を共有しながらも、西田は、道徳的行為ではなくて制作行為へと向かった。

このような立場からの『精神現象学』解釈を示した論文が「行為的直観」（一九三七年）にほかならない。その掉尾でもつぎのようにして『精神現象学』解釈を提示している。「①弁証法的論理とはもっとも具体的な物の見方である。ゆえに立場なき立場とも考えられ、絶対知とも考えられる。絶対知ということは、対象的に絶対を知るということでない。それは不可能であり、また対象的に知られるものは絶対でもない。具体的実在は自己自身を媒介するものでなければならない、矛盾的自己同一でなければならない。物と物との対立綜合も、かかる立場から見られなければならない。分析というも、かかる立場からの分析でなければならない。しかしてそれはかえってわれわれに日常的な歴史的身体的立場から物を見ることである。真の直接の立場は絶対媒介の立場でなければならない、矛盾的自己同一の立場から物を見ることでなければならない。ヘーゲル『現象学』もかかる立場において理解しうるであろう。②またまったく反対の立場ではあるが、唯物史観的見方においても、それは弁証法的として、『経済学批判』の緒論、方法〕経済現象というものを、分析したものの綜合として考えるのでなく、生きた全体の過程として見るのである。[33]」〔丸数字筆者補足〕

ここで、西田は、知的自己の立場から、①『精神現象学』の絶対知と②唯物史観の経済現象を理解している。『精神現象学』と唯物史観は対立し合うが、絶対弁証法へ向かっていることになる。〈行為的直観〉の〈行為〉の契機を対象の主体的把握として唯物史観から受容し、〈直観〉の契機を絶対知として『精神現象学』から受容した。前者については、別の箇所でこう説明されている。「史的唯物論は対象、現実、感性というごときものが、従来客観または直観の形式の下に捉えられて、感性的・人間的活動、実践として捉えられなかった、主体的に捉えられなかったという。対象とか現実とかいうものを、実践的に、主体的に捉えるということは、行為的直観的に捉えることでなければならない。身体的に物を見るということが行為的直観的に物を見ることである、歴史的形成作用的に物を見ることである。[34]」ここで、西田は史的唯物論の実践概念を深めるようにして、行為を身体による歴史形成作用と捉えたのである。それが経済社会では商品を生産する労働から出発する。「資本主義的経済社会の要素としての商品というものが、使用価値と交換価値との二者闘争的な弁証法的個物と考えられる。資本主義的経済社会の弁証法的発展はここに基づくのである。歴史的実在の世界が矛盾的自己同一的であり、弁証法的に動きゆくというのは、われわれの身体が歴史的身体として行為的直観的に物を見るというところに基づかねばならない。しかして経済社会が弁証法的だというのもここに基礎づけられねばならない。[35]」そして、その行為が直観でもあり、絶対知として学となるとき『精神現象学』が生まれることになる。この点についてはこういわれている。「①ヘーゲルの『現象学』において論ぜられ意識の弁証法的発展の底に働いたものも、行為的直観的なものであったと私は思う。ヘーゲルがしか考えたというのではないが、それは歴史的構成作用的なものであったのでなければならない。②意識というも、それは従来の心理学者の考えるごとき、具体的実在から切り離された抽象的意識ではなく、ガイスト（精神）の意識でなければならない。このゆえに自己自身を否定して具体的な立場に進みゆくのである。③しかしそれがヘーゲルの最後にいうごとき絶対知の立場に達するには、さらに根柢的な深いものでなければならない。それはガイストをも否定する立場でなければならない。ガイスト自身の真の否定はガイストそのものからは出ない。意識は最始から絶対知的であったのでなければならない。④弁証法というのは図式的な考えではない。弁証法とはどこまでも具体的な思惟でなければならない、具体者とともに、いわば絶対とともに歩いてみることでなければならない。自己が物の世界にはいり、物そのものとなって考えることである。ゆえにヘーゲルはかかる弁証法的運動を経験ともいうのである〔『現象学』の緒論において〕。具体的実在そのものの動きが弁証法的なのである。しかして自己自身の中から自己を限定しゆくものは推論式的なのである。ヘーゲルの一般者というのは、形成的なのである、創造的なのである。われわれの自己はその中に含まれていなければならない。⑤対象認識の科学というものは具体的実在から推論式的に媒介せられるといいうるかもしらぬが、哲学は具体的実在そのものの自己媒介から成立する学でなければならない。ヘーゲルはじめてかかる点に着眼した人といいうるであろう。ヘーゲルの学というのはかかる性質のものでなければならない。論理というものが生命の外にあるのではなく、生命自身の自己媒介に基づくものでなければならない。ゆえに弁証法的であるのである。」(35)〔丸数字筆者補足〕ここに西田の『精神現象学』解釈が集約されている。『精神現象学』とは、具体的実在つまり生命自身の自己媒介である。この自己媒介とは、自己自身をその内側から限定してゆく推理である。自己自身を内側から限定するとは、自己が物の世界にはいり、物そのものとなって考える弁証法的運動ないし具体的思惟である。だからこそ、この思惟は『精神現象学』では意識の経験となった。この経験の根柢に行為的直観的ものないし歴史的構成作用的なものがある。それは、絶対媒介から生まれた直接知の行為である。絶対知とは意識の経験という媒介を経た行為的直観である。

（Ⅱ）しかし、『精神現象学』における行為と知の結合は、私見によれば言語行為を通して生まれた。ヘーゲルは、語ることが行為することであると考えていた。たとえば、『精神現象学』の「良心」の箇所で、「良心の信念を断言する」そして、「悪を告白する」「悪を赦す」という言語行為が考察されている。ヘーゲルの良心論は、カントの道徳法則の立場が、具体的行為について何も語りえないことを批判することによって示されている。カント的な道徳的世界観が生ずるのは、人間が個別者でありながら、普遍的であり、道徳的義務を遂行できるからである。しかし、ヘーゲルによれば、カントの世界観は、人間の個別面と普遍面との間の矛盾を免れることができない。

これに対して、ヘーゲルは、個々の場合に、道徳的に行為する精神としての良心、つまり「具体的で道徳的な精神」（四一七）を提出したのである。つまり、良心によって具体的道徳を示した。そして、具体的ということは、さしあたって、行為と言語によって自己を実現することである。良心は、行為者にとっての個々の場合を、直接に知り確信するという態度である。行為者は意図したことを現実に移行させる。良心は、義務にかなう行為をするが、具体的な正しさを知ってそれを行うだけである。自分の個人的な現実、個人の信念にすなおに従いながら、普遍的義務を遂行しようとする。してみれば、個人の信念が、いかにして普遍的なものとして、他人にも承認されるかということが問題となる。

ヘーゲルは、この問題を解決するために言語行為を採用する。第一に、良心的な人が、自分の善い信念を断言し、そして、それを他者が承認する。良心的な人にとっても、自分の断言は自分の良心の完全な表現である。言語を語るということは、「為すことの真の現実態であり、行為が妥当することである」（四二九）とも述べている。つまり、言語による良心の断言とは、良心的行為を真に現実化して、相手から承認を引き出す。

第二に、たしかに、言語によって、己れの信念を断言するといっても、建前だけ相手に伝えて、本音を隠すこともできる。つまり、自分の個人的な信念にもとづいている行為を、何か普遍的な規範に従っているかのように、偽ることもできる。しかし、そのような自分の悪を告白するのも言語によってであり、その告白に応えて　今までその人の偽善を非難していた者が赦すのも、言語によってである。そして、この告白と許しという言語行為によって、相互承認が結果として成立する。

このようにして、言語行為は、相互承認の場面において、個体としての自己を否定しつつ普遍的自己を表現する場合もある。そして、この普遍的自己は、実体としての神の喪失という悲劇を経て主体つまり絶対知となる。このとき、悲劇を表明する言葉は他者と自己に同時に聞き取られることによって承認されて普遍的な自己知となる。西田がいう行為的直観とは『精神現象学』に従うとこのような言語行為なのである。

(Ⅲ)してみれば、西田は、『精神現象学』において行為と直観が結びついて絶対知となることを天才的に発見し、この知の直接性が媒介によることを洞察した。しかし、この媒介の展開を言語行為による相互承認として説明することまではできなかった。行為の歴史的制作性をヘーゲルものべてはいるがそれだけでは絶対知と自己意識との間の展開を説明することはできない。なぜならば、良心の箇所で、歴史的制作的な事象そのもの(Sache selbst)が、普遍的自己意識の言語行為による表現としての自己(Selbst)となり、宗教の章へと展開してゆくからである。[37]

承認の行為が言語行為へと高まっていくという観点は、残念ながら今日まで抜けたままであった。たしかに戦後日本の『精神現象学』研究の中心は承認論にあったがそうなのであった。この観点は、現代日本ではますます重要になっている。現代日本には、ニヒリズムが蔓延しているといわれるが、より精確にはコミュニケーションの断絶が蔓延しているのである。つまり、お互いに認め合うことができないのである。それは、その前提となる自立性が融解し自己が空洞化しているからである。その空洞化した自己を守るのが心の壁なのである。相手の内に自己を認めようとしても自分と相手との間には、心の厚い壁が立ちふさがっていてわかりあうことが不可能になっている。[38] 現代日本を代表する作家村上春樹は、現代日本人の若者たちの厚い壁で覆われた空虚な心を、生活の臭いがしないホテルの部屋に喩えている。その部屋には、出ることのできない入り口と入ることのできない出口だけがある。[39]

このような承認関係の欠如という現代の人間関係を、ラカンは、フロイトの精神分析を『精神現象学』で読み解くことによって説明しようとした。したがってラカンへの『精神現象学』の影響ということが問題となる。それは逆光の承認論なのである。このようなかたちで『精神現象学』の影響を考えることがこれから日本でも促進されるべきである。そのことは「そこからわたしがおまえを見るその場所において、おまえはけっしてわたしをまなざすことはない[40]」というテーゼに凝縮されている。「わたし」は、ラカンによれば他者の欲望が欲望する対象〔対象a〕として存在するが、その他者の欲望が失われているのであれば、「わたし」は存在することができなくなる。ラカンは、『精神現象学』「自己意識」冒頭の〈欲望一般としての自己意識〉で立ち止まり、無意識の方向へといわば縦に掘り下げていったわけである。人間的欲望の欠如によって自立性の実現がすでに不可能になっているとき、まなざしあうという相互行為によって承認しあうことも不可能になる。そのことは語りあい聞きとりあうという関係においても本質的には同様である。

五　『精神現象学』研究の国際化

（Ⅰ）最後に再び現在の東京へ飛ぶ。いま、筆者は、日本の『精神現象学』研究という枠で書いているが、今後は世界へ一層開かれてゆくことになるであろう。日独哲学シンポジウム東京プログラムは、冒頭で紹介したように『精神現象学』二〇〇年であった。日本で複数の両国の研究者が質疑応答を交わすのは、今日の双方向的国際化を一層促進するものであるとともに、国内外における『精神現象学』二〇〇年記念行事のスタートとなった。[41]

日本人研究者は、『精神現象学』の理念や現代哲学との関連といったテーマを扱っていて『精神現象学』全体を問題にしていた。

それに対してドイツ人研究者は、『精神現象学』前半部の特定箇所や表現についての細密な註釈を行っていた。フィーベークは、緒論の「意識自身の反転」（六七）という表現を懐疑主義の観点から説明しようとしていた。コッホは、意識の章から自己意識の章への移行を注釈していた。そして、クヴァンテは、「自己意識」の章の、原典でわずか二頁の部分についての註釈をしていた。たしかに、ドイツでは、すでに『精神現象学』の理念については、ペゲラーやフルダが六〇年代に発言していたので、そのような『精神現象学』全体についての問題設定から、部分についての細密註釈へ進むのが順当ではある。しかし、ペゲラーやフルダが『精神現象学』全体に内在する問題設定を十分明らかにできたとも到底思えない。

ここでは、これまで論じてきた承認論との関連でクヴァンテの講演「ヘーゲル『精神現象学』における承認関係の体系的の意義」(42)を取り上げる。クヴァンテは、『精神現象学』における精神、自己意識そして承認の関係を問題にするのだが、哲学意識の立場で定式化された社会存在論的関連を解明する。そのために、まず精神の概念を解明する。精神の概念が絶対的実体であり、その実体は、実体とは対立するさまざまな自立存在する自己意識が自由であり、自立していることによってそれらの自己意識を統一する。この統一は、「我々なる我、我なる我々」という有名な表現でいいかえられており、これこそが精神の概念なのである。しかし、この表現の意味はまったく自明ではない。それを、自己意識の概念と承認の二方向から解明しようというのである。自己意識の概念は、生命、欲望、そして自己意識の自立を契機とする。クヴァンテは、とりわけ自己意識の自立を、承認関係から明らかにする。承認関係は、ヘーゲルによるわたしたちの分析と、二様の承認関係から解明される。クヴァンテは、炯眼にも承認関係を相互行為から解明する。「各人は、自分が行うことと同じことを相手が行うのを見る」（一二九）という行文にはまさしく相互行為が示されている。

しかし、クヴァンテは、この行為を意図的行為と解釈する。それは、当該箇所を、その後の意識経験から切り離して『法哲学』の序論と解釈するためである。たしかに意図、身体運動、結果が行為の構造的要素をなすが、相互行為にあっては意図の要素が重要になるわけではない。むしろ、身体運動が重要となる。その後の意識経験の道において相互行為の内実が解明されてゆく。それは、欲望にもとづく身体行為なのである。そして、やがて類的カテゴリーとしての我が我を語る言語行為となり、それが聞き取られることによって承認されることになる。クヴァンテは、たしかに自己意識の章の特定箇所の分析をみごとにやってのけた。しかし、『精神現象学』全体を視野にいれていないのである。それが原因となって相互行為を精確に解釈することができなかった。やはり、『精神現象学』の部分註釈は、全体との関連を前提とする。

（Ⅱ）ところで、クヴァンテが精神の概念言及箇所を焦点に据えた箇所（『精神現象学』第一七七節）から、『精神現象学』全体を問題化したのが奇しくもシンポジウム「『精神現象学』の理念」における筆者の提題であった。[43]『精神現象学』全体を「精神とは何か」という根本的問いを中核に据えた書として解釈し、その根本的問いを遂行し、応答する自己意識を再構成することを目指した。私見によれば、『精神現象学』固有の理念は、問い、方法、体系の三つの次元から総括的に解明される。「精神とは何か」という問いを根本にして懐疑的方法がその問いを導くことによって「学の体系第一部」が構築されてゆく。

ところで、『精神現象学』の理念の三つの次元のうちでもっとも根本的なのは問いの次元である。「精神とは何か」という問いは、「意識に対して、さらに生じてくるのは、精神である当のものの経験である〔…〕」（一一七）とあるようにまず経験されるべきこととして語られている。そして、ヘーゲルは、「精神とは何か」という問いを、精神のもろもろの形態を貫く自己意識的精神の働きに根差すものとして提出している。そして、「精神の不完全な諸形態化を征服する労苦」（五二三）が完結してはじめて、「精神とは何か」という問いに、当の自己意識的精神が、応答することができる。しかも、それはたんに「精神である当のものをいい表す」（五二六）ことにとどまらず、さらに「精神が自ら自身について真に知ること」つまり「学」（五二六）でなければならない。

この問いは、つぎの二点で、まさしく「精神現象学の根本的問い」である。第一に、この問いを立てるのに先立って、ヘーゲルは、問いの定礎を自覚的に遂行している。換言すれば、問いの対象が「絶対的実体」（一一七）ないし「精神の実体」（五三〇）であることを解明している。第二に、問いを遂行することによって、実体そのものが主体としてとらえなおされ主客関係を越えるという自己否定的な事態が生じる。すなわち、問いが経験において立てられながら、経験を越えることになる。

そもそも『精神現象学』における自己意識には横軸と縦軸とがある。自己意識の横軸とは、意識の形態の一つであり、承認関係における自己意識、主人と奴隷の自己意識、ストア主義と懐疑主義の自己意識、そして不幸な自己意識である。それに対して、自己意識の縦軸は、二段構えになっている。第一段階は、認識論論的段階である。いうまでもなく、自己意識が我々の内面で、一つの出来事として現象する場合、それは、「我が我自身を知っている」と表現される。そして、そこでは、自己意識は、「区別されないもの〔我〕を区別する働き」（一一八）つまり自己を知る働きとして認識論的段階で理解されている。

つぎに自己意識の存在論的段階がつづくのである。対象を自己として認識する働きからその存在そのものへ向かうのである。そのような存在を精神の現象においてとらえたのが「自己意識は欲望一般である」（一二一）という規定なのである。承認関係における自己意識の存在が「規定された存在」に対応するとすれば、欲望一般としての自己意識は「生成」としての「存在一般」に対応する。しかも、この自己意識には、行為存在であり、他者的存在へ向かう側面と、不変なものへと向かう側面つまり罪責と不幸な意識とがある。

不幸な自己意識は、「非本質的な意識」ともいわれ、「変化しないもの」を己れの本質と思い定め、「〔変化しないものと〕一つであることを達成しようと努める運動」（一四七）であるともいわれている。自己意識の本質への生成とは、より具体的には、意識の経験に従って実体を問うことにほかならなかった。不幸な自己意識こそが、精神とは何かということを問いつづけて、ついに実体としての「神自身が死んでいる」（四九〇・五一二）という苦悶に満ちた表現によって絶対者が主体であることを告げ始めたのである。

（Ⅲ）たしかにあらゆる哲学は現代哲学であるといいうる。つまり、古代哲学も現代の文脈で理解しなおされるのである。しかし、それはいわば応用理解であって、それを基礎づける理解がある。その基礎理解も古代哲学の場合は二五〇〇年以上にわたって、註釈研究として連綿として続けられている。応用理解が効力を失ってくると基礎理解も問いなおされることになる。両者の関係は相補的なのである。『精神現象学』研究も二〇〇年を迎え、註釈研究が国外では始まっている。国内では、金子武蔵氏が、戦前に出隆が主宰した読書会へーゲル会で、古代哲学研究の手法を学んだと述懐している。「当時テキストとしては、へーゲルの『精神現象学』が用いられていたが、私は、学部の、卒業論文にへーゲルを取り扱った大学院学生で、もっとも便利な代用品というわけで、訳さねばならぬことが多かったかと思う。そのさい、先生は、ギリシヤ哲学で鍛錬せられたフィロロギーによって、しばしば卓見を開陳せられた。私が昭和七年六月に岩波書店から『現象学』の訳上巻を公にすることができたのは、ひとえにこの読書会における御指導の賜物である。」(44)

これからの長い年月を通して、へーゲルの伝記は忘却され、かりにも偽ディオニュシオス・アレオパギテース文書のように、著者は不明となり書だけが風雪に耐えて残るならば、『精神現象学』はますます哲学の輝きを放つことであろう。普遍的学知の人へーゲルもそのことを願ったかもしれない。

注

（1） Vgl. Seiichi Yamaguchi, Bericht über die Gründung der Japanischen Hegel-Gesellschaft. In: *Jahrbuch für Hegelforschung*. Hrsg. v. H. Schneider, Bd. 10/11, 2006, Academia Verlag, Sankt Augustin, S.262.

（2） Vgl. F. Wiedmann, *Hegel*. Rowohlt Taschenbuch Verlag, Hamburg, 1965, S. 45f.

（3） Vgl. Georg Wilhelm Hegel, *Gesammelte Werke in Verbindung mit der Deutschen Forschungsgemeinschaft*. Bd.9, Hrsg. v. der Rheinisch-Westfälischen Akademie der Wissenschaften. Felix Meiner Verlag, Hamburg, 1980, S. 469ff.

（4） Vgl. G. W. F. Hegel, *Phänomenologie des Geistes*（G. W. F. Hegel: *Sämtliche Werke*. Bd. 2）. Hrsg. v. J. Schulze, F. Frommann Verlag, Stuttgart/Bad Cannstatt, 1964.

（5） Cf. J. H. Muirhead, How Hegel came to America? In: *The Philosophical Review*. Vol. 37, 1928, pp. 226-240.

（6） Cf. V. Cousin, *Introduction to the History of Philosophy*. Tr. by H. G. Linberg, Hilliard, Gray, Little, & Wilkins, Boston, 1832.

（7） Cf. J. Murdock, *Sketches of Modern Philosophy. Especially among the Germans*. J. C. Wells, Hartford, 1846.

（8） 当該雑誌に掲載された重要論文は、つぎの論集に紹介されている。Cf. *The American Hegelians. An Intellectual Episode in the History of Western America*. Ed. by . W. Goetzmann and Alfred A. Knopf, New York, 1973.

（9） この点については、栗原信一『フェノロサと明治文化』、六芸書房、一九六八年、二〇頁を参照されたい。

（10） Cf. A. Schwegler, *Handbook of the History of Philosophy*. Tr. by J. H. Stirling, Edmonston & Company, Edinburgh, 1877[6].

（11） Cf. G. H. Lewes, *The History of Philosophy from Thales to Comte*. 2 vols., Longmans, Green, and Co., London, 1871[4].

（12） Cf. F. Bowen, A. M., *Modern Philosophy from Descartes to Schopenhauer and Hartmann*. Scribner, Armstrong, & Company, New York, 1877.

（13） 坪内逍遙が筆記した明治一二年度のフェノロサの哲学史講義録は、早稲田大学演劇博物館に所蔵されている。市島謙吉が筆記した明治一二年度のフェノロサの哲学史講義録は、早稲田大学図書館に所蔵されている。阪谷芳郎が筆記した明治一四年度のフェノロサの哲学史講義録は、国立国会図書館憲政資料室に所蔵されている。筆者は、この三つの筆記録を複写し閲読したが、阪谷芳郎のものがもっとも精確であった。目下、この阪谷ノートを解読中である。

(14) この論文についてのさらに立ち入った考察は、三浦雅士『出生の秘密』(講談社、二〇〇五年)三三一以下を参照されたい。

(15) 『漱石全集』第一四巻、岩波書店、一九三六年、九九頁～一〇〇頁。

(16) 漱石は、井上哲次郎の西洋哲学史講義を聴講したほかに前掲のフェノロサが使用した参考書を読む機会はあったであろう。リュースは、『精神現象学』にまったく言及していない。ボーウェンの『精神現象学』解説は絶対知に言及していない。シュヴェグラーの『西洋哲学史』英訳は、絶対知を absolute cognitions と訳し、『精神現象学』の意識の立場について簡略ながら精確に解説している。Cf. A. Schwegler, *op. cit.*, p. 320.

(17)(18) 三好行雄編『漱石文明論集』、岩波文庫、一九九四年、三一五頁。

(19) 田邊は、明治四一年には、この輪読会を早々と抜けている。理由は、諸説あって定かではない。

(20) 宮本和吉「田邊君の思い出」、『田邊元全集』月報一〇、筑摩書房、一九六四年、一頁

(21) 田邊元『ヘーゲル哲学と弁証法』、岩波書店、一九三二年、一三頁。

(22) 一九〇六年には、ホプキンス大学で、ロイスの「近代観念論講義」が行われ、ヘーゲルの全著作の中で『精神現象学』がもっとも独創的であるという評価を与えている。この講義録の邦訳は、一九三二年に白揚社より『カントよりヘーゲルへ』という書名で刊行された。

(23) 『三木清全集』第四巻、岩波書店、一九八四年、一〇九頁。

(24) 辻村公一編・解説『現代日本思想大系二三・田邊元』、筑摩書房、一九七二年、四二三頁。

(25) 田邊元、前掲書、一七頁～一八頁。

(26) 世界が表現行為の結果としての真なる所業(wahres Werk)であることについては、拙著『ヘーゲル哲学の根源―精神現象学の問いの解明―』(法政大学出版局、一九八九年)、二一〇頁以降を参照されたい。

(27) 田邊元、前掲書、二〇頁。

(28) 田邊元、前掲書、五五頁。
(29) 田邊元、前掲書、六四頁以降。
(30) 田邊元、前掲書、六八頁。
(31) 絶対者という意味が依然として主体にはないからである。
(32) 金子武蔵「Substanz から Subjekt へ」、『哲学雑誌』第四七巻第五四二号、一九三二年、三一三頁~三四六頁
(33) 『西田幾多郎全集』第八巻、岩波書店、二〇〇三年、一三八頁。
(34) 前掲書、二三二頁。
(35) 前掲書、二三三頁。
(36) 前掲書、二二三頁~二二四頁。
(37) この点については、拙著『ヘーゲル哲学の根源—精神現象学の問いの解明—』(法政大学出版局、一九八九年)、二四四頁以降を参照されたい。
(38) たとえば、黒沢清監督『大いなる幻影』は、いまにも消えそうな自己でありながら、他者との間に通じ合うものがないという〈弁証法的なコミュニケーションの断絶〉を映像化している。
(39) 村上春樹『ダンス・ダンス・ダンス』(上)、講談社文庫、一九九八年、二四頁~二五頁。
(40) J. Lacan, *Le Séminaire. Livre XI: Les quatre concepts fondamentaux de la psychanalyse (1964)*. Texte établi par Jacques-Alain Miller, Seuil, Paris, 1973, p. 95. ラカンのヘーゲル解釈については、拙論「現代日本と『精神現象学』受容史」、『現代思想』第三五巻第九号、二〇〇七年、三二〇頁以降も参照されたい。
(41) 二〇〇六年六月一七日(土)には、日本ヘーゲル学会第三回研究大会「討論『精神現象学』の自己意識」(於明治大学)が催され、二〇〇七年六月には、日本ヘーゲル学会第五回研究大会「シンポジウム『精神現象学』の否定性」(於名古屋市立大学)が催された。研究誌でも、日本ヘーゲル学会編『ヘーゲル哲学研究』第一二号(二〇〇六年一二月)、第一三号(二〇〇七年一二月)、『理想』(理想社)第六七九号(二〇〇七年八月)などで『精神現象学』二〇〇年特集がな

されている。また、国外では、ドイツのイェーナ市で、二〇〇六年一〇月二三日から二八日にかけて 200 Jahre Hegels *Phänomenologie des Geistes*. Tagung in Jena が開催された。また、二〇〇七年三月二一日から二四日にかけては、ベルリン市で Internationales Symposion zum 200. Jubiläum von Hegels *Phänomenologie des Geistes*. が開催された。

（42） 邦訳は、日本ヘーゲル学会編『ヘーゲル哲学研究』第一三号（二〇〇七年一二月）、七二頁以降に掲載されている。

（43） 当該提題は、『理想』（理想社）第六七九号（二〇〇七年八月）、三〇頁〜三九頁に掲載されている。

（44） 出かず子編『回想 出隆』、回想出版刊行会、一九八二年、八四頁。

［引用文の後の括弧内の漢数字は、G. W. F. Hegel: *Phänomenologie des Geistes*. Hrsg. v. H.-F. Wessels, u. H. Clairmont, Hamburg, 1988. の頁数である。また、原文中の隔字体は本論文では傍点を付けて示した。また、『西田幾多郎全集』からの引用に際しては、表記は現代かなづかに、漢字は新字に改め、より読みやすくするために、適度に漢字をかなに直した。］

発展史、コンステラチオン、エピステモロジー、マルクス そして『精神現象学』――ドイツにおけるヘーゲル研究の現在と展望

大河内泰樹

一　世紀の変わり目におけるヘーゲル研究

六〇年代後半以降、ヘーゲル研究を先導してきた研究者の一人であり、八〇年代から九〇年代にかけて長く国際ヘーゲル連盟の会長を務めていたH・F・フルダは一九九八年、雑誌『インフォルマチオン・フィロゾフィー(哲学インフォメーション)』に「我々の世紀の終わりにおけるヘーゲル研究」①と題した二〇世紀最後の三〇年間のヘーゲル研究を総括する論考を発表している。(1) その中で彼は、この間のヘーゲル研究は「ヘーゲル哲学の批判者(Verachter)、間違った友人、これについて無知であるもの」に対抗する中で形成されてきたと述べている。そこで念頭に置かれているのは例えば、ポパーやハイデガーであり、マルクス主義者であり、(一部を除く)分析哲学者達である。そして今後の研究のあり方については、こうした者たちが、沈黙するに至った今や、研究を駆り立てる挑戦は、これまでのヘーゲル研究からおのずと起こってくるだろうとの診断を与えている。彼はもちろんこれによって分析哲学などの他の哲学的思潮とのヘーゲル研究の対話を否定するわけではないのだが、こうした診断には、一九六五年に『導入としての現象学』(2) で論争を巻き起こして以来、国際ヘーゲル連盟の中心メン

バーとしてこの三〇年間ヘーゲル研究をリードしてきた彼の自負を見て取ることができるだろう。

フルダのこうした診断は、ヘーゲル研究の最盛期を支えた当事者の発言として説得力を持っており、確かに世紀の変わり目までの三〇年の研究の主流をつくってきたのは、それまでのイデオロギー的バイアスからヘーゲルを解放し、現代の文献学の水準による検証を経たテキストを基礎としながら、背景となる思想的時代状況をふまえ、それまでの偏見を排した〈真の〉ヘーゲル像を明らかにしようとする傾向であった。その功績自体は誰も否定することはできない。しかし他方で今ヘーゲル研究は、こうした蓄積をふまえたうえで、次にすすむべき道を模索する時期にさしかかっている。上に見たフルダの見解はこれに対する一つの回答であったといえよう。

本稿に与えられた課題は近年のドイツにおけるヘーゲル研究、特に『精神現象学』の研究動向の紹介である。その際筆者は主にこの七、八年、つまり二〇世紀から二一世紀へ転換期以降の研究に限定することにした。まさにこの間に、一方ではフルダが整理して見せたこの三〇年のヘーゲル研究を担ってきた世代によって総括とも言える研究成果が発表され、他方ではこの前世代の研究を消化した若い世代が研究の幅を広げつつある。

二　ベルリン論争

しかし、一つ確実に言えるのはフルダが一九九八年に二〇世紀のヘーゲル研究を総括したのは少し早すぎたということである。というのも、フルダがまさにこの論考を発表した数ヶ月後にヘーゲル研究の意義そのものを問い直させるような論争がベルリンから起こったからである。実際ヘーゲル研究の新たな世紀はこの論争が提起した問題を未解決のまま引き継いだといってよいだろう。あるいは、この間の研究状況の構図（コンステラチオン）はここで提出された問いをめぐって形作られているともいえる。

論争の発端になったのは、ベルリンのフンボルト大学で開かれた「哲学会議」におけるH・シュネーデルバッハの講演②であった。シュネーデルバッハは、いわゆるヘーゲルプロパーの研究者ではないものの、それまでもしばしばヘーゲルについて論じていた。しかもその後二〇〇〇年にはヘーゲルの主要著作に対する注釈書全三巻を編集し、自らもその中の第二巻『ヘーゲルの実践哲学』③を担当しているほか、第三巻『ヘーゲルの「哲学的諸学のエンツュクロペディ」』④の一部も執筆している。[3]

この講演でシュネーデルバッハは、ヘーゲルがドイツの大学の哲学講座における講義やゼミナールでカントに続いて二番目によく扱われる哲学者であるという調査結果を引きながら、現代においてヘーゲル主義を標榜する者はもはやほとんどいないにもかかわらず、相変わらずヘーゲルにこれだけのゼミナールが割かれていることは驚くべきであり、適切ではないという趣旨の問題提起を行った。

彼のこうした問題提起においては少なくとも二つの問題が絡み合っている。一つは大学における哲学講座の課題という問題である。その場合大学の哲学ゼミナールは哲学史を教えるべきなのか、それとも現在支持可能な哲学を教えるべきなのかが問われることとなるだろう。しかし、ここでヘーゲル研究に即して重要なのは、もう一つの問題、つまりヘーゲル哲学のアクチュアリティーという問題である。シュネーデルバッハは、上の問題提起に反論したP・シュテーケラー＝ヴァイトホーファーに対して答えているように⑥、決してヘーゲルを忘れよと語っているわけではなく、ヘーゲルの体系を歴史的に相対化する必要があると述べているにすぎない。しかし、彼はここで明確にヘーゲル哲学を体系的に支持することは今日不可能であると断じている上、さらにこれまでドイツ哲学の黄金時代と見られていたドイツ観念論を、「ドイツ哲学を国際的な発展から切り離し、思弁的な尊大さで、近代科学から疎遠にした哲学史的不幸」[4]とまで呼ぶ。[5]さらに彼によれば、我々がヘーゲルから学ぶことができるのは、いかにその体系が失敗しているかなのである。

七〇年代に発展史研究を先導してきたR－P・ホルストマンもまたこの会議に出席していたことが報告されているが、彼はこれとは別に一九九九年に英語で発表した論文「何がヘーゲルの遺産なのか、そして我々はこれといかに取り組むべきなのか」⑺で、現在我々が引き継ぐべきヘーゲルの遺産の豊かさを指摘しながらも、ヘーゲルの哲学をゴシック様式の教会建築にたとえ、過去の文化の達成点を示す印象深いドキュメントではあるが、その価値はアクチュアリティーにはなく、我々の課題はこれを可能な限りよい形で保存することであるとしている。

これに対し、むしろカント研究者として知られるV・ゲアハルトは『メルクーア』誌に「ヘーゲルの偉大さ」と題した論考を発表し、ヘーゲルの偉大さを示す八つのテーゼを掲げ、シュネーデルバッハに反論している。しかしそこで示されるのも主にヘーゲルの哲学史的重要性と、ヘーゲルが例えば「自己意識」という問題設定によって、我々の考えるべき問題を切り開いたという先進性である。つまりゲアハルトが主張しているのは、我々が哲学的伝統に取り組むことの重要性であり、他方でヘーゲルが精神を絶対化することによって間違いを犯していることを認めている。

こうした論争が一九九九年に起こったということは、七〇年代以降のヘーゲル研究によって刷新されたヘーゲル像がこの間に定着してきたことと無関係ではないだろう。シュネーデルバッハはこの信頼すべきヘーゲル像を手にして、ではその〈ヘーゲル〉をどう評価すべきかを問うたのである。この問題提起は新たな世紀の新たなヘーゲル研究の方向付けのために一石を投じたと言える。

六八年にはじまったアカデミー版ヘーゲル全集刊行の進行とそれと並行して進んだ文献学的、発展史的研究の成果によって、今日、「神話」から自由な「ヘーゲル」を手にする環境が整ったということができる。特に七〇年代におけるイェナ期研究の発展は、『精神現象学』に至るヘーゲルの思想的発展を極めて詳細に浮き彫りにした。⑹

こうした発展史的研究と全集第一期刊行がおおよそ一段落した中、次の段階として以下の方向性が考えられるだろう。1．発展史研究の成果を体系期ヘーゲル研究にフィードバックすること、2．ある時期のヘーゲルを体系期ヘーゲルから切り離し、その独自性と重要性を強調すること、3．こうして新たに獲得された全体像をもとに、ヘーゲルをより広いコンテキスト、つまりa．広い哲学史的文脈、b．西洋の他の時代および他の西洋以外の地域の哲学者との直接的比較、あるいはc．現代哲学のアクチュアルな議論の中におき、ヘーゲル哲学の意味を明らかにすること。さらにこれは既に発展史研究の中でなされてきたことであるが、d．ヘーゲル同時代の哲学的議論の文脈の中でヘーゲルの位置を明らかにすることである。これらの方向性はそれぞれ明確に分けられるものではなく、実際にこれまでの研究をこれらの方向性のいくつかに同時に分類することも可能であろう。しかしさしあたり、以下に紹介する近年のヘーゲル研究をいささか恣意的に分類すれば、イェシュケ⑪、フルダ⑫、ヴェックヴェルト㉙を1、キンマーレ⑯を2、シュネーデルバッハ⑬、デューシング⑮を3のa、ハイデマン㉛を3のb、ハルビッヒ㉑、シュミット・アム・ブッシュ㉓、ベンシュ㉔を3のc、ヘンリッヒ⑰、ケーラー㉘、フィーヴェーク㉚を3のdに分類することができるだろう。

三　三つのヘーゲル全体像

発展史的研究の成果はこれまでのヘーゲル像を一変させたが、それによりヘーゲルの全体像がその研究に通じた研究者の手で、一つのビジョンに従って描かれることを要求する一つの時代的な要請が生じた。従って、70年代以降のヘーゲル研究を担っていた研究者によって、最近相継いでヘーゲルの入門書や研究の手引き書が執筆されたのは時代の必然であり、今後の研究の発展のためにも必要なことであった。

そうした仕事の中ではまず何よりも、この三〇年間のヘーゲル研究を集大成した、W・イェシュケの『ヘーゲル・ハンドブック』⑪が挙げられなければならない。これはそのタイトルから明らかなようにヘーゲル研究の手引き書として執筆されたものであり、実に二段組みで五〇〇頁を越える大著である。この本について右に言及したフルダは、筆者も出席した数年前のヘーゲルアルヒーフでのコロキウムで、この著作が五〇年前にあったならば、多くのせずにすんだ労力を節約できただろうと語っていた。つまりこれは、ヘーゲル研究の現時点での到達点を総括するものであり、一人の研究者がこれほどヘーゲルのあらゆるテキストとその個別の研究に精通しているということは驚きに値する。今後ヘーゲル研究は全てこの成果を足がかりとして出発しなければならないだろう(8)。

しかし、この『ヘーゲル・ハンドブック』も単なる従来の研究の総括にとどまるものではなく、そこにはいうまでもなくイェシュケ独自の視点が反映されている。例えば、イェシュケがここで典型的に示しているのは、発展史研究をのちの体系期ヘーゲルの理解を深めるものと見る視点である。イェシュケは全てのヘーゲルのテキストについて網羅的に解説を施しながら、同時にヘーゲルの発展史を辿る中で、老ヘーゲルの体系はまさに若きヘーゲルがぶつかった問題を解決する中で成立してきたものであるとみなしている。さらに特徴的なのはホルストマンがこの本への書評で指摘しているように(9)、このところ軽んじられる傾向のあったハイデルベルク・ベルリン期の講義に大きくページ数を割いている点である。これも、多くの講義録テキストの編集にたずさわってきたイェシュケによってはじめて可能だったといえよう。『精神現象学』についていえば、イェシュケは、あらゆる時期のあらゆるテキストに関する幅広い知識を背景に『精神現象学』の、ヘーゲルの思想形成史における独自性を指摘する。イェシュケによれば、イェナ体系構想からニュルンベルク期以降のヘーゲル体系の形成史は、『精神現象学』を考慮に入れなければ、直線的な発展として理解することが可能であり、「ヘーゲル哲学の真の生誕地」

（マルクス）と見なされてきた『精神現象学』は発展史的に見れば特異な位置を占めている。こうした指摘は『精神現象学』というテキストそのものの哲学史的、文化史的価値を貶めるものではない。しかし実際『精神現象学』は、頻繁に議論となってきたコンセプトの独自性はともかくとしても、その時代批判精神、哲学や文学作品への暗示の多さ、さらには文体においても他のテキストからはかけ離れていることは確かであり、このイェシュケの視点は今後『精神現象学』を論ずる際に重要な示唆を含んでいるように思われる。この『精神現象学』＝ヘーゲルから、『精神現象学』におけるヘーゲルの特異性という視点の転換もまた、発展史研究の成果が可能にしたものといえるだろう。

もう一つこの本におけるイェシュケのヘーゲル解釈の独自性として注目すべきは、ベルリンで行われた講義における「歴史性」概念への注目だろう（S. 400ff.）。ヘーゲルの体系の中で世界史は「国家」の中で扱われているが、イェシュケによれば歴史は単なる国家形式の発展の歴史でなく、精神一般の発展と捉えられるべきであり、ヘーゲルにおいて「歴史」は国家形式の発展であることを越えて、「絶対的精神」に属する芸術、宗教、哲学の歴史を含み込む概念になる。この「普遍的世界史」を可能にする、歴史の概念、つまり歴史とは何かという問題にヘーゲルが答えるのは、イェシュケによれば特に一八二〇年の「哲学史講義」のための草稿であり、ヘーゲルはそこで「歴史性」の概念を発見したとされる。単なる客観的な歴史ではない、精神の歴史としてのこの歴史性の概念において、ヘーゲルは単純な単線的時間意識を越えているのである（405f.）。[10]

ちょうどこのイェシュケの『ハンドブック』と同じ時期、フルダの手によるヘーゲルの入門書が出版された⑫。その序文によれば、フルダは八〇年代からこの本の執筆を依頼されていたようであり、実際研究者の間でも長い間その出版が待たれていた[11]。この書は、二章からなる伝記的な部分と、著作と体系の概説、その後世への影響に分けられているが、特に第二章の理論的な部分では、フルダはこの入門書でも、彼の難解な論文さながら、ヘーゲルにあくまで内在的に、かつ彼の独自の言葉でヘーゲルの思考プロセスを再現しようとしており、読解に容易ではない。他方でこれと好対照をなしているのは、一八〇〇年を区切りとして第一章と第三章に分けられた（つまりほぼ三十年ずつの）伝記的な叙述である。詳細さでは既存の伝記に劣るものの、ヘーゲルが大学でポストを得るまでの苦労や、家族との関係などが生々しく描かれており、人間ヘーゲルをうかがわせる文章となっている。

フルダは、特にカント哲学の継承とその批判をめぐる当時の哲学的コンステラチオン（布置）の中でヘーゲルを捉え、どこでヘーゲルがカントを超えたのか明らかにしようとする。そうしたフルダの『精神現象学』解釈で興味深いのは、その構成についての解釈である。周知のようにヘーゲルは『精神現象学』の目次でローマ数字（I, II, III・・・）、アルファベット一文字（A, B, C）とアルファベット二文字（AA, BB, CC, DD）という三種類の章立てを行っているが、フルダはローマ数字を「意識にとってその都度特殊な構造を持ったその内容において真であるものと、意識にとって内容であるものとの［つまり意識にとっての真理と意識内容との］その都度特殊な関係の観点」、A, B, C の分類を「意識が自分とその対象を把握する関係」に従って分けたものとし、さらにAA, BB, CC, DD は「意識が対象を自分自身のものとして知るその関係の観点」において区別され、その限りで「自らの対象を即かつ対自的に存在するものとして知る」C の下位分類であると見る（S. 89ff.）。この『精神現象学』の構成理解には一九六五年の『導入の問題』からの変更が見られる。例えば、フルダはかつてローマ数字の区分を論理学的区分、アルファベットの区分を現象学的区分と呼んでいたが、ローマ数字の区分はここではや論理学的とは見なされておらず、あくまで『精神現象学』プロジェクトの中で理解しようとしているように見受けられる。また、他にも個々の段階の規定について違いが見られ、これはペゲラーと戦わされた論争の経緯との関係において別の機会に詳細に検討されねばならないだろう。

さらに、フルダがヘーゲルの体系の中で最も意義のある成果であり、精神の学に導くという『精神現象学』の課題が（ある程度）果たされていると見るのが「精神哲学」である。フルダはヘーゲルがそこで、近代的な精神の形而上学のアポリアから抜けだし、自然と精神の一方が他方に還元されない一元論を可能にしたと見ている（S. 256f.）。

こうしたあくまでヘーゲルに内在的に、ヘーゲルの積極的な意味を示そうとするフルダの入門書と好対照をなすのが、シュネーデルバッハによる『ヘーゲル入門』[13]である。シュネーデルバッハが上記の問題提起を行ったのは、一九九九年に出版されたこの著作の執筆中、もしくはすでに脱稿していた頃と推測され、つまり上の見解はヘーゲルの全体像を描く中でシュネーデルバッハがその思いを強くした確信であったとみることができる[12]。

しかし、論争の際には基本的には哲学教育のあり方が問題となっていたのに対し、この『ヘーゲル入門』においてはもちろんヘーゲル哲学そのものが扱われており、実際シュネーデルバッハはここで本格的なヘーゲル批判を展開している。つまりこれは、入門すべき対象そのものを批判する——しかも筆者の見るところでは極めて優れた[13]——希有な入門書となっている。実際シュネーデルバッハはこの本で「ヘーゲルの弁証法は、もしかの思弁的な基本形態から理解されるならば、繰り返し主張されてきたように、ナンセンスでも反啓蒙主義でもない、そうではなく、結果としては失敗に終わったにせよ力強い、全く合理的な、思想的格闘の記録なのである」（S. 13）と語っている。一見好意的なこの文章も、ヘーゲルの思想的格闘が結果としては失敗であったとの彼の見解を示しているのは明らかである。

シュネーデルバッハはヘーゲルの失敗を具体的に以下のように指摘している。ヘーゲルは、カントを内在的に批判することで、体系を構築しようとしたが、その際に実は証明することのできない前提を立ててしまっている。つまり、それはホーリスティック（全体論的）な意識の概念であり、その限りではヘーゲルが示すようなカントの有限な理性の立場から絶対精神への展開を、内在的批判のプロセスとして理解することはできない。そしてシュネーデルバッハによれば我々が有限な理性の立場を越えることができないということこそ、今日我々のコンセンサスをなしているのである（特に S. 156）。実際上述の論争のきっかけになった講演でも、シュネーデルバッハは、今日ヘーゲル主義者であることは不可能であるのに対し、カント哲学を支持することは可能であると主張していた(14)。まさにこの点で、シュネーデルバッハは、カントの批判哲学の内在的批判としてヘーゲル哲学を見るフルダの主張に真っ向から対決している(15)。

四　発展史研究世代のその後

上で、この三〇年発達してきた発展史研究の成果をふまえて新たなヘーゲル研究が生まれつつあると述べたが、実際にその隆盛期に発展史研究を担ってきた世代も決して発展史研究それ自身を動機として、研究を残してきたわけではない。キンマーレや、デュージングたちが発表した発展史研究は、彼らの問題意識を論じようとする際に、ヘーゲル研究における新たな資料状況が、手続き上、文献の扱いを確定することを要求したからであり、また発展史的研究方法が適切だと考えられたからであった。彼らの最近の仕事からは、彼らが一貫した問題意識の下で、その必然的な一つのステップとして発展史研究を行っていたことを見て取ることができる。

ヘーゲル論理学が西欧哲学史の中でももっとも説得力を持つ主観性・主体性理論を提示していることを発展史的に明らかにしたK・デュージングの『ヘーゲル論理学における主観性の問題』(16)は出版直後から既にスタンダードとしての地位を確立していたが、そのデュージングは、一九九七年には現象学、社会理論、分析哲学、脳科学などの自己意識理論批判をふまえながらオリジナルな主観性理論の構築を試みる『自己意識モデル』(17)、さらに二〇〇二年にはこれまでのドイツ観念論に関する論文をまとめた『主観性と自由』⑮を発表している。彼はここでも一貫して主観性の問題にこだわりながら、カントからヘーゲルまでのドイツ観念論と現代の議論との架橋を試みている。デュージングは、近代の原理である「主観性」を今日考える際、ドイツ観念論およびヘーゲルが最も先まですすんだ議論を提示していると考えているのである。

キンマーレはイェナ期ヘーゲルの発展史研究である『思惟の完結性の問題』[18]以降、デリダや相互文化哲学などヘーゲル研究から離れた仕事を行っていたが、二〇〇三年には二つの国際ヘーゲル学会の共催として開かれたイェナ期ヘーゲルの体系構想に関する会議を主催し、その成果を『ヘーゲル・イェナ体系構想の独自性』⑯として編集出版している。その冒頭を飾る論文「ヘーゲルの思惟のイェナ初期における哲学と歴史の関係とそのアクチュアルな意味」でキンマーレは、「差違論文」のテキストを詳細に検討するなかで、ヘーゲルの中に他の時代への視線をみいだし、これを地理的文化的差違への視線へと展開することで、ヘーゲルと相互文化哲学との架橋を試みている。彼はそこで、文化の多様性にもかかわらず、哲学そのものは人間の条件としてあらゆる文化に共通して存在するとし、西洋とは異なった哲学の可能性にむけて思考を開くことの重要性を、ヘーゲルを用いて主張している。こうしてキンマーレはイェナ期ヘーゲルが、体系期のヘーゲルとは違った独自の意味を持つことを強調しているのだが、注意すべきは、その限りで彼の以前の発展史研究が単なるヘーゲル研究の枠内にとどまるものではなく、イェナ期のヘーゲルというもう一人のヘーゲルが、体系期ヘーゲルに至る一つの段階としてではなく、哲学そのものにおいて独自な価値を持っていることを明らかにするものであったということである。キンマーレのこの立場が上で見たイェシュケとはっきりとした対照をなしていることは言うまでもない。

狭い意味でのヘーゲル研究の枠内には入らないものの、二〇〇〇年以降の研究状況を見る際に忘れてはならないのはヘンリッヒによる「コンステラチオン」研究の大きな成果である『自我からの基礎付け』⑰である。コンステラチオン研究とは、或る時代の思想状況を複数の哲学者・思想家の関係性の中で把握しようとするものであり、特にヘンリッヒはその当時影響力を持ちながらもその後埋もれてしまった思想家達のテキストを発掘し、著作だけでなく、書評や、書簡などを通じて相互的関係を明らかにすることで、その時代の思想状況を明らかにしようとしている。最近ではヘンリッヒがドイツ観念論研究を通じて確立したこの方法論が、他の時代についての研究や歴史学、文学など人文科学の他の分野でも受容されつつある。[19] ヘンリッヒ自身回顧しているように[20]そもそもこの方法はヘーゲルの発展史にとって重要なカント以降の思想的発展状況を見る際に、既存の哲学的テキストの中では、シェリングやヘーゲルの思想的発展の展開のめまぐるしさを説明できないことから、徐々に確立されてきた方法だった。

『自我からの基礎付け』でヘンリッヒが語っているように、学生ヘーゲルから我々に残されているのはカントなどのテキストへのノートと宗教研究のための準備草稿だけであり、ヘーゲル、ヘルダーリン、シェリング「三人はみな、フィヒテとは違い、筆を手にしてその思想を発展させたわけではなかった」[21]。そこでヘンリッヒはディーツ、ニートハンマー、ジュスキント、エアハルトなどこれまで余り知られていなかったものの、ヘーゲル、シェリング達に強い影響を与えてたと思われる思想家達を検討することによって当時の思想的布置（Konstellation）を再現しようと試みる。一七九〇年から一七九四年までの五年間という期間のドイツ観念論前史を上下二巻で総頁数一七〇〇頁あまりにわたって極めて詳細に明らかにした本書の功績は強調されるべきだろう。[22] また、こうしてヘンリッヒが先鞭をつけたコンステラチオン研究は、まだまだひろい応用可能性を含んでおり、これを引きついだ研究者によってさらに今後発展させられていくことが期待される。[23]

五　エピステモロジーへの関心

九〇年代以降のヘーゲルをめぐる思想状況で興味深いのは、右で見たようにドイツではヘーゲルからの離反が見られるにもかかわらずアメリカの分析哲学とプラグマティズムの伝統の中で思想形成した哲学者達がヘーゲルを評価しはじめたことである。こうしたねじれ現象のなかで、現在ドイツのヘーゲル研究にこうしたアングロサクソンの議論を逆輸入し、発展させようとする動きが生じている。そこで主に論点となっているのも『精神現象学』である。上の挑発的な講演でシュネーデルバッハがヘーゲル主義のアクチュアリティーを否定したとき、一つ念頭にあったのはこうした分析哲学からのヘーゲル再評価の傾向だったと思われる。[24] また上記のホルストマンの論文もアメリカのヘーゲリアン達の論文と並んで、雑誌のヘーゲル特集に掲載されたものであり、現代アメリカのヘーゲル主義に対する反論をなしている。J・ハーバーマスもまた、『真理と正当化』に収録された「カントからヘーゲルへ」及び「脱超越論化の道」で、アメリカにおけるヘーゲル再評価の動きに応えて特にR・ブランダムに対する批評を展開しており、彼のヘーゲル解釈が「絶対知」の位置付けの誤解に基づくものであると批判している。

しかし、ここ数年のドイツのヘーゲル研究で興味深いのは、分析哲学によるヘーゲル・ルネッサンスに対して前世代達がこのように慎重なのに対して、比較的若い世代がこれを積極的に受容しつつあることである。W・ヴェルシュは一九九九年に「ヘーゲルと分析哲学」と題された教授就任講義⑲で、ヘーゲルを切り捨てることからはじまった分析哲学の歴史を辿りながら、「直接性批判」、「ホーリズム」、「言語と現実の相関関係」といった両者の一致点を指摘している。そのヴェルシュが同僚のK・フィーヴェークとともに編集した『思惟の関心』⑳はヘーゲルのイェナ赴任二〇〇年を記念して、ヘンリッヒ、ホルストマン、ジープ、シュネーデルバッハ等のドイツの研究者とともに、R・ローティー、J・マクダウェル、R・ブランダムらアメリカからのゲストを招いて行われた会議とリレー講義をまとめたものである。

しかしアメリカ分析哲学のヘーゲル評価に対するドイツからの応答としてより興味深いのは、ミュンスターのL・ジープのもとで学んだより若い世代による研究である。その中でM・クヴァンテは既に分析哲学の行為論をふまえながら、ヘーゲル『法哲学』を解釈した研究を一九九三年に発表していた。(25) 最近では同じジープの下で学んだ、C・ハルビッヒが二〇〇二年に出版した博士論文『客観的思惟　ヘーゲルの体系における認識論と心の哲学』(21)が大きなインパクトを与えている。

ハルビッヒは、主に『エンチュクロペディー』の「心理学」「理論的精神」と「客観性に対する思惟の三つの態度」に依拠し、ヘーゲルの認識論（エピステモロジー）と「心の哲学」を再構成する。例えば後者に関してはJ・A・フォーダーのモジュール論などと比較しながら、ヘーゲルを積極的に現代の議論の中で位置付けようとしている。ヘーゲルの認識論はハルビッヒによれば、直接的、反表象主義的実在論であり、そこから最後にはヘーゲルの形而上学が隠れた「コモンセンス実在論」的観点に行き着くのではないかという問題提起を行っている。

さらにクヴァンテ、ハルビッヒの二人とかれらの師ジープによって編集された『ヘーゲルの遺産』(22)は、最近では最も興味深い論文集である。これもまたフルダ、イェシュケ等のドイツのヘーゲル研究者とマクダウェル、ブランダム、ピピン等のアメリカ人を招いてミュンスター大学で行われた会議から生まれたものである。ここでは理論哲学、特に認識論（エピステモロジー）をめぐって興味深い議論が展開されており、フルダによる右のハルビッヒに対する応答などが見られる。

この『ヘーゲルの遺産』の中でも特に、編者三人による序文は、この会議の動機となった背景を説明する中で、はじめに見たシュネーデルバッハやホルストマン等のヘーゲル批判に触れている。そこで、この三人は分析哲学からのヘーゲル解釈を受容しながら、ヘーゲルの現代における体系的可能性を完全に否定するのでも、ヘーゲルの核心的な論点を弱めることによって、あるいはヘーゲルをカントに近づけて解釈することによってアクチュアリティーを確保しようとするのでもなく、全体としてヘーゲル哲学の今日における体系的な意義を主張する第三の道の可能性を提示している。そこでクヴァンテラは、アメリカにおけるヘーゲル再評価の動向が、特に『精神現象学』をめぐって行われていることを指摘しながら、ヘーゲルと分析哲学の接点として、1．枠組みと内容の二元論の止揚、2．倫理的プラグマティズム、3．自己意識の社会的把握、4．反科学主義という、右に見たヴェルシュの指摘よりも広い四つの論点を挙げている。

上の論争でシュネーデルバッハに対して激しい批判を向けていたシュテーケラー＝ヴァイトホーファーも最近、ヘーゲル哲学の全体像を描いた著作『自己意識の哲学』を発表している。しかし、ヘーゲルを積極的に擁護するシュテーケラー＝ヴァイトホーファーが描くヘーゲルは、イェシュケやフルダのような「正統」なヘーゲル解釈とは異なっており、異彩を放っている。エアランゲン学派の系列に属する彼は、既に『ヘーゲル論理学における分析哲学』(26)において、ヘーゲル論理学を現代分析哲学と接合する試みを行っていたが、この『自己意識の哲学』では論理学のみならずヘーゲルの体系全体を現代の科学論・文化論の文脈において再構成し、そのアクチュアリティーを示そうとしている。確かに、「ヘーゲル哲学は自己意識の哲学である」というテーゼはそれ自体新しいものではない。しかしこの場合の自己意識が、個人的心理でないのはいうまでもないが、シュテーケラー＝ヴァイトホーファーはこれをゲアハルトのように大きな包括的主体としての自己意識ともみなさない。そうではなく自己意識の哲学とは我々の言語使用の批判だというのである。

こうした彼の主張をここでは物理主義に対する批判においてみておこう。物理主義とは因果関係に基づく自然についての説明の一つのあり方である。こうした見方はカント以前に唯物論において実体化されるに至っていた。それに対しカントはこの実体化を避けようとしたものの、やはり物の本来的客観性は因果法則による物理主義的説明の中にあるとしていた。シュテーケラー＝ヴァイトホーファーによれば、ヘーゲルが示そうとしたのはまさにこうした物理主義的説明の可謬性であり限界である。ヘーゲルは物理主義やカントの認識批判が用いた用語の分析を行い、その限界を示すのだが、この限界を示すということ自体が、ヘーゲルにおいては我々の知の形式についての命題をなしている。その限りでこの物理主義の批判そのものがヘーゲルの「自己意識」の内実をなしており、それは集合的あるいは超歴史的な実体などではないのである。

シュテーケラー＝ヴァイトホーファーによれば、カントは認識論批判を行いながら認識論的な語り方をやめなかった。しかし認識理論の枠内で認識批判は不可能である。認識批判はそれ自身真理についての「語り Rede」がいかにして把握されるかを前提しており、シュテーケラー＝ヴァイトホーファーによればヘーゲルが行ったのはまさにこの「語り」の形式の分析であった。つまり、ヘーゲルが行ったのはこうした意味での批判であり、シュテーケラー＝ヴァイトホーファーはこうした批判こそが哲学であるという。ヘーゲルは西洋哲学の根本問題は絶対者についての「語り」の形式であることを見いだしたのであり、それは絶対者そのものではない。従って形而上学を再生したというしばしばなされるヘーゲル批判は全く当たらないとシュテーケラー＝ヴァイトホーファーは主張する。

さらにこのシュテーケラー＝ヴァイトホーファーの『精神現象学』理解で興味深いのは、「自己意識」章のいわゆる「主人と奴隷の弁証法」の解釈である。彼はこの主人と奴隷の関係を「人格内的 intrapersonal」関係として捉える。[27] そして、主人は身体から切り離された精神の、奴隷は身体に属する感情や傾向性のアレゴリーであると見るのである。[28] こうした見方は主人と奴隷の弁証法をカントの義務論と比較すること可能にし、そこにおける奴隷の勝利はさらにその不可能性を示すものと理解される。つまり彼によれば「主人と奴隷の弁証法」においては、「言語によってなされた計画」、「判断における理論的決断」が実際の「意図 Intention」となるのが、この計画を実現する行為においてなのだということが示されているのである。

確かにフルダやヘンリッヒによってリードされてきた国際ヘーゲル連盟の大会では、すでに七〇年代からアメリカの哲学者との対話が試みられてきたが、それ程生産的な成果を生み出してきたとは言えなかった。しかし現在では、例えばアカデミー社から出版されている、哲学史上の主要テキストの注釈書のシリーズでも、ヘーゲルやカントの著作については、ドイツ人だけでなくアメリカ人、イギリス人の研究者と共同で執筆される傾向が見られ[29]、こうした対話の動きが今後益々生産的となっていくことが期待される[30]。

六　マルクスとの再会

フルダは上記の論考①で、戦後西ドイツにおいて強力だったヘーゲル研究に対するマルクス主義の影響（というよりもマルクスを理解するためにヘーゲルを研究するという傾向）が、形而上学の完成者ヘーゲルというハイデガーによる診断の影響力とともに、七〇年以降に弱体化・消滅し解釈学的、歴史的研究に移行していった過程を（肯定的に）叙述していた。

戦後西ドイツのヘーゲル研究においては、ドイツのおかれた特殊な政治的理由から、ヘーゲル研究をマルクスないしマルクス主義と結びつける研究はフランクフルト学派を除いては周辺に押しやられてきたといえる[31]。ドイツを中心とする国際ヘーゲル学会に現在でも「国際ヘーゲル連盟 Internationale Hegel-Vereinigung」と「国際ヘーゲル協会 Internationale Hegel-Gesellschaft」の二つが存在しているのは、こうしたイデオロギー対立の名残りである。実際、六〇年代以降主流をなし、日本にも次々と輸入されてきた——まさに上で言及した流れを作り出してきた——ヘーゲル研究は政治的には保守的な勢力によって担われてきた。筆者はこうした研究がもたらした成果を否定するわけではないが、戦後西ドイツを規定してきた研究の成果の中に不自然な欠落があることは否定できない。

しかし、ベルリンの壁の崩壊から間もなく三〇年を迎える今日、確かに未だマルクスを正面から扱うことに警戒心が見られるとはいえ、徐々に特に若手のヘーゲル研究者の中から、マルクスを積極的に取り上げる研究者が生まれつつある。

そうした研究者の一人であるH—C・シュミット・アム・ブッシュの『ヘーゲルの労働概念』㉓は『精神現象学』直前の一八〇五／〇六年「イェナ精神哲学」における労働概念を分析する。労働概念はこれまでもルカーチやリーデル等によって取り上げられてきたが、彼はそこにヘーゲルが重視していたはずの「意志」の分析が欠けていたと指摘し、この時期のヘーゲルの労働概念を「意志」の活動として分析することによって、ヘーゲルの労働概念が現代にも有効な市民社会批判を展開していることを明らかにしている。このシュミット・アム・ブッシュの著作に対してはベンシュが雑誌『ヘーゲル研究』の書評の中で極めて厳しい批判を寄せている。(32) 確かに〇五／〇六年の「精神哲学」のテキストだけを検討するこの著作に『ヘーゲルの労働概念』という書名は大仰にすぎたかもしれず、実際の内容はそれよりも控えめなものであるといわざるを得ない。しかし、堅実なテキストの読解の試みとしては評価できるものであり、またここで展開された問題意識の射程は広く、今後が期待される。

シュミット・アム・ブッシュを批判していたH—G・ベンシュもまた、マルクスに関心を持つヘーゲル研究者の一人である。彼の教授資格論文である『意識のパースペクティヴ　ヘーゲル「精神現象学」の始元』は、「(A)

意識」としてくくられる『精神現象学』本文の最初の三つの章「Ⅰ．感覚的確信」、「Ⅱ．知覚」、「Ⅲ．力と悟性」を解釈したものである。ベンシュによれば、『精神現象学』は、彼の直接の先行者達、つまりフィヒテ、シェリング、ヤコービ等の「不十分さに対する応答」（S. 12）であり、その先行者達が不十分な答えしか残さずにヘーゲルに積み残していた問題こそ、「絶対的始元」という問題であった。体系に序文は必要でないと語ったヘーゲルはしかし周知のように多くの「序文」や「導入」を残している。しかし、ベンシュが『精神現象学』において「絶対的始元」の問題を見るのは、「序文」でも「緒論」でもなく「意識」であり、この意識章の「客観性に対する思惟の三つの態度」（『エンツュクロペディー』）との対応関係に注目する。興味深いのは、ベンシュが「Ⅰ．感覚的確信」の冒頭に登場する「直接知」は、「感覚的確信」と同一ではないと指摘していることである。ヘーゲルは『精神現象学』をこの「直接知」ではじめているが、これは『エンチュクロペディー』の「三つの態度」のなかで、ヤコービを扱う三つ目の態度に対応する。このことは「直接知」が歴史的には媒介されて成立してきたことを示している。「歴史的前提を持つ［つまり媒介されている］そのような体系が絶対的な始元をいかにして持つことが出来るのか」がそこで問われているのである。ベンシュはこれを感覚的確信は直接知の一つの意味にすぎず（S. 102）、両者は必ずしも同一でないことを指摘することによって解決しようとしている。ヘーゲルがこの「直接知」から『精神現象学』の叙述をはじめていることは、ヤコービのみならず、知的直観に訴えざるを得なかったフィヒテ、シェリングへの批判をもなしており（S. 28f.）、ベンシュは触れていないが、かつての若きヘーゲル自身に対する決別をも意味するといえるだろう。しかし、感覚的確信が自らの弁証法を自覚するプロセスは、それ自体この直接知の媒介性を意識が自覚するプロセスであり、ベンシュの言うように両者を区別する必要があるのかについては留保しなければならない。

ベンシュのテーゼの中でより興味深いのは、「知の知」を扱う『精神現象学』の、特に社会とは関わらない様に見える「意識」章の社会性に関する指摘である。「認識論のメタクリティーク」（S. 173）をなすこの「意識」の叙述は、「知の知」として、知と対象の一致を示す一方で、「対象としての知」とそれを知る「知」との間に常に差違を生む。この差違の側面にベンシュは個別科学と哲学の裂け目を見ている（S. 26, S. 182）。ベンシュによればこの裂け目が最も先鋭的に現れるのが「悟性章」である。「悟性章」は、「力」や「法則」などのカテゴリーを検討することによって個別自然科学の「メタクリティーク」を行う一方で、道具化可能な、あるいは道具化された自然科学の結果が社会的再生産（精神）に対していかなる意味を持つのかを無視する「観念論的誤謬」を犯しているという（S. 137）。自然科学の社会的機能はヘーゲルの展開しようとする精神の「概念把握された歴史」からこぼれ落ちる。しかし、個別科学の「部分的総体性」に対してヘーゲルは全体性を精神として実体化し、「概念における真理」と「個別科学の正しさ」を区別せざるを得なくなってしまったとベンシュは断じる。この診断がどの程度妥当性を持つのかはテキストに即して検討されなければならないだろう。しかし、これまでのマルクスを中心とした社会分析をふまえてヘーゲルを読もうとするベンシュの姿勢は興味深い。

このベンシュをはじめ、上に述べたクヴァンテやボーフムのC・バウアーらは、大学のゼミでマルクスを取り上げはじめており、ヘーゲル研究者の中でマルクスに対する関心が今後高まっていくと思われる。

七　そして『精神現象学』

右で見たベンシュの他に、『精神現象学』を扱った研究としては、最近二つの注釈書が出版された。ひとつは、D・ケーラーとO・ペゲラーの編集による、アカデミー社の古典的テキストの注釈書シリーズから出版されたもの㉕である。これはドイツだけでなく、アメリカ、イタリア、チリなどの研究者がそれぞれ『精神現象学』の各章を担当し、解説したものであり、すでに版を重ねている。さらに、これにも執筆しているジープは二〇〇〇年に単著として『「精神現象学」の道』と題した「差違論文」と『精神現象学』の注釈書を発表している⑤。特に後者は比較的コンパクトではあるが、ヘーゲル「承認論」研究の泰斗による手堅い注釈書として今後スタンダードとしての地位を占めていくだろう。

二〇〇〇年には『精神現象学』をテーマにした第二三回国際ヘーゲル協会大会がクロアチアのザグレブで開かれた。その成果が『ヘーゲル年誌 Hegel-Jahrbuch』の二〇〇一年号と二〇〇二年号にまとめられている㉖。さらにその編者の一人であったA・アルントとE・ミュラーが編集した論文集『今日のヘーゲル「精神現象学」』㉗も、二〇〇四年に出版されている。

最近の『精神現象学』を扱った単著の中で特に重要なのは、右のコメンタール㉕をペゲラーとともに編集しているケーラーによる『自由と体系』㉘だろう。これは、『精神現象学』以前の思想的影響関係をふまえながら、ヘーゲルとシェリングがその後関係を絶ったとされる時期に属する、『精神現象学』と『人間的自由の本質』という両哲学者の主著を体系的に比較しようとしたものである。その際、ケーラーが下敷きにするのは、シェリングの『自由論』はヘーゲルの『精神現象学』への返答であるとするハイデガーのテーゼである。ハイデガーによればヘーゲルとシェリングはまさに同じ問題に取り組んでいたがために、逆説的に互いを理解し合うことができなかったのだとされる。こうした問題構成に従って、この著作の構成も第一部でヘーゲルの『精神現象学』、第二部でシェリングの『自由論』、第三部で、ハイデガーのヘーゲル論およびシェリング論を扱うものとなっている。

ここでのケーラーの『精神現象学』についての叙述は、非常にコンパクトなものであり、わずか六〇頁足らずの間に、『精神現象学』に至るイェナ期の発展史と、『現象学』そのものの基本構想、方法論、叙述の再構成を詰め込んでいる。しかし、むしろこのようにコンパクトにまとめるには、このヘーゲルの著作そのものに極めてよく通じている必要があり、実際そのことがよく伺える極めて優れた叙述になっている。ケーラーによる『精神現象学』解釈の特徴は、師であるペゲラーがかつて指摘した一八〇五／〇六年『イェナ体系草稿』の精神哲学における「思弁哲学」のスケッチに徹頭徹尾従って、『精神現象学』の構成を理解しようとしている点である。その限りで、ヘーゲルが執筆中に『精神現象学』の構成を変更したとするかつてR・ハイムやT・L・ヘリンクが主張し影響力を持った説を退ける。こうして、あくまで『精神現象学』を一貫した体系的統一性のもとで理解することによって、結論としてヘーゲル『精神現象学』の「閉じた体系」とシェリング『自由論』の「開いた体系」を対照させることが可能になっている。

また、C・ヴェックヴェルトの『現象学としての形而上学』㉙は『精神現象学』の意識の行程を自然な意識の、社会という形態への客観化のプロセスとして捉えている。さらに、懐疑主義とヘーゲル、特に『精神現象学』との関係は、以前から指摘されてきた重要なテーマであるが、フィーヴェークの研究㉚は懐疑主義をめぐって、初期ヘーゲルの発展史研究と、初期ロマン主義サークルのコンステラチオン研究を結びつけている。またヘーゲルのピロン主義との対決から懐疑主義の論駁を試みるハイデマンの教授資格論文『懐疑主義の概念』㉛も注目すべきである。

八　展　望

上でも触れたように、アカデミー版ヘーゲル全集の編集作業はこの一〇年の間に進展をみせ、重要な第二巻が未だ残されているものの、現存するヘーゲル直筆のテキストは基本的に出そろったといっていいだろう。イェシュケは雑誌『ヘーゲル研究』三六号に掲載された報告㉜でヘーゲル全集の編集作業が講義録の編集という第二段階に移ったとしており、これが出そろうまだにはまだしばらくの時間を要することだろう。しかし学生のノートを再構成した講義録の編集・刊行が、前世紀初めのノールによる『神学論集』や六〇年代以降のイェナ期ヘーゲルのテキスト刊行がヘーゲル研究に与えたようなインパクトを与えるとは考えづらい。今後のヘーゲル研究はこうしてほぼ確定したテキストに依拠しながら、個々の研究者の問題意識に従って、研究が積み重ねられていくことになるだろう。

右で見たように既にそうした研究は現れつつある。その際ヘーゲル研究は、ヘーゲルの現代における体系的な可能性について肯定的であるにせよ否定的であるにせよ、また、コンステラチオン研究にせよ、他の哲学者との比較研究にせよ、体系的研究にせよ、ヘーゲル研究の狭い枠組みを超えた知識と問題意識を要求されることになる。いずれにせよ研究というものは、本来個人がその問題関心に基づいて行うものであり、研究傾向というのは、結果的に生じるものである。これまでの、特にドイツのヘーゲル研究の蓄積をふまえることももちろん必要であるが、我々もまた自らがヘーゲルを研究する理由を改めて問い直し、そこから発信していく必要がある。今こそ個々の研究者の問題意識の鋭さとセンスが問われている。

注

（1）以下本稿で特に紹介しようとする最近の文献については末尾の表に付した番号によって指示する。それ以外についてはその都度注にて書誌情報を挙げる。

（2）H. Fr. Fulda, *Das Problem einer Einleitung in Hegels Wissenschaft der Logik*, zweite Auflage, Frankfurt am Main, 1975.（H・Fr・フルダ、久保陽一・高山守訳『導入としての現象学』、法政大学出版局、二〇〇二年）

（3） このシリーズにはさらに第一巻としてジープ『精神現象学の道』⑤が収められており、いずれもヘーゲルの主要著作読解の際に参照すべきコメンタールとして重要である。⑤についてはさらに以下で触れる。

（4） 文献② S. 76. この議論は一九九九年三月二四日のフランクフルター・アルゲマイネ紙（Frankfurter Allgemeine Zeitung）四五面でも取り上げられた。

（5） Ibid., S. 76f.

（6） 多くの研究が存在するがさしあたりここではイェナ期研究の決算といえる次の論文集を挙げておく。D. Henrich und K. Düsing (Hrsg.), *Hegel in Jena. Die Entwicklung des Systems und die Zusammenarbeit mit Schelling*. Hegel-Studien Beiheft 20, Bonn, 1980.

（7） 一九九八年には、既に七〇年代以来議論されていたイエナ時代のテキスト断片を収録した第五巻がようやく出版された⑨。二〇〇六年にはニュルンベルク期のテキストを収録した第十巻も二分冊で刊行されている⑩。フランクフルト期のテキストを収録するはずの第二巻も近々出版されることがヘーゲル・アルヒーフのホームページで予告されている。（http://www.ruhr-uni-bochum.de/philosophy/Hegelarc/homepage.htm） 第二巻も含め、ヘーゲル直筆のテキストの中でまだ出版されていないのは残り三冊となっており、既に講義録を収める第二部の編集作業がはじめられている。

（8） 日本語で読める書評としては、満井裕子「イェシュケ著『ヘーゲル便覧—生涯と作品とその影響について—』メッツラー社、二〇〇三年」日本ヘーゲル学会編『ヘーゲル哲学研究』第12号（二〇〇六年）。この『ヘーゲル・ハンドブック』の翻訳作業が既にはじめられていると聞いており、公刊が待たれる。

（9） R-P. Horstmann, Buchnotizen, in: *Philosophische Rundschau*, 51 (2004), S. 341-342f. またフルダはこの本への書評でこのイェシュケの著作が、かつてローゼンクランツやクノ・フィッシャーの著作が持っていたスタンダードの地位を獲得することになるだろうと述べている。（H. Fr. Fulda, „Walter Jaeschke: Hegel-Handbuch. Leben - Werk - Schule. Stuttgart/Weimar: J. B. Metzler. xiv, 583 S.“, in: *Hegel-Studien*. 38 (2003), S.141）

（10） 右で見たようにフルダはイェシュケの『ヘーゲルハンドブック』に書評を書いているが、イェシュケも以下にフルダの『ヘーゲル』について書評を寄せている。W. Jaeschke: ,,Hans Friedrich Fulda: *Georg Wilhelm Friedrich Hegel*. München: Beck 2003（Becksche Reihe Denker, 565）, 345 Seiten", in: *Archiv für Geschichte der Philosophie* 87（2005）, S.112-116.

（11）ジープによる書評を参照。（L. Siep, ,,Hans Friedrich Fulda: Georg Wilhelm Friedrich Hegel. München: Verlag C. H. Beck 2003. 345 S.（Becksche Reihe Denker）." in: Hegel-Studien 38（2003）: S. 147-52. また日本語の書評として、渋谷繁明「フルダ著『ゲオルグ・ヴィルヘルム・フリードリヒ・ヘーゲル』」日本ヘーゲル学会編『ヘーゲル哲学研究』第11号（二〇〇五年）。

（12）シュネーデルバッハは一九九九年に来日し、ヘーゲルの認識論批判に対して、認識論の必要性を説く「『認識の認識』？」と題する講演を行っている。（H・シュネーデルバッハ、菅沢龍文・大藪敏宏訳「『認識の認識』？ 一つの認識論擁護」ヘーゲル研究会編『ヘーゲル哲学研究』第5号（一九九九年）（H. Schnädelbach, ,,Erkenntnis der Erkenntnis"? - Eine Verteidigung der Erkenntnistheorie, in: derselbe, *Philosophie in der modernen Kultur*, Frankfurt am Main, 2000)

（13）少なくとも入門書としては、この『ヘーゲル入門』の方が、フルダの『ヘーゲル』よりも優れていると言わざるを得ない。

（14）文献① S. 76。『ヘーゲル入門』ではさらに次のようにも言われている。「ヘーゲルの思弁的プログラムは近代の意識において躓かざるを得なかった。カントの批判哲学は、ヘーゲルの思弁的体系よりもずっと忠実にこの近代の意識を代表しているのである」（S. 161f.）。

（15）実際には出版されたのはフルダの『ヘーゲル』の方が数年あとである。

（16）K. Düsing: *Das Problem der Subjektivität in Hegels Logik. Systematische und entwicklungsgeschichtliche Untersuchungen zum Prinzip des Idealismus und zur Dialektik*. Hegel-Studien Beiheft 15, Bonn, 1976.

（17）K. Düsing: *Selbstbewußtseinsmodelle. Moderne Kritiken und systematische Entwürfe zur konkreten Subjektivität*, München, 1997

（18）H. Kimmerle, *Das Problem der Abgeschlossenheit des Denkens. Hegels ,,System der Philosophie" in den Jahren* 1800-1804, Hegel-Studien Beiheft 8, Bonn, 1982

（19）M. Mulsow und M. Stamm（Hrsg.）: *Konstellationsforschung*, Frankfurt am Main, 2005.

（20） D. Henrich: Konstellationsforchung zur klassischen deutschen Philosophie. Motiv - Ergebnis - Probleme - Perspektiven - Begriffsbildung, in: Mulsow/Stamm, 2005.

（21） ⑰, S. 12.

（22） ヘンリッヒと他の研究者によるドイツ観念論のコンステラチオン研究としては、以下の成果がある。D. Henrich: *Konstellationen. Probleme und Debatten am Ursprung der idealistischen Philosophie (1789-1795)*, Stuttgart 1991; Ch. Jamme/O. Pöggeler (Hrsg.) : *Homburg vor der Höhe in der deutschen Geistesgeschichte : Studien zum Freundeskreis um Hegel und Hölderlin*, Stuttgart, 1986.（部分訳：クリストフ・ヤメ、オットー・ペゲラー編著、久保陽一訳『ヘーゲル、ヘルダーリンとその仲間　ドイツ精神史におけるホンブルク』（公論社、一九八五））

（23） 例えばM・フランクの次の著作は初期ロマン主義のコンステラチオン研究の成果である。M. Frank, "*Unendliche Annäherung.*" *Die Anfänge der philosophischen Frühromantik*, Frankfurt am Main 1997.

（24） アメリカでのヘーゲル再評価のきっかけとなったのは、ピピンの『ヘーゲルの観念論』（R. B. Pippin, *Hegel's Idealism. The Satisfactions of Self-Consciousness*, Cambridge University Press, 1989.）であった。ピピン自身は分析哲学者ではないが、この成果を受けて、マクダウェル、ブランダム等分析哲学の伝統の中で哲学的素養を身につけた哲学者達がヘーゲルを評価し始め、一時期二人の所属する大学の名を取って「ピッツバーグ・ネオ・ヘーゲル主義」と呼ばれた。（代表的なものとしては、J. McDowell, *Mind and World*, Cambridge Mass./London, 1996; R. Brandom, *Making It Explicit. Reasoning, Representing, & Discursive Commitment*, Cambridge Mass./London, 1994）シュネーデルバッハは上記の「ヘーゲルをめぐる論争」の中でブランダムの名前を挙げながら「ヘーゲルはプラグマティストではない」と断じている（文献⑥, S. 76）。

（25） M. Quante, *Hegels Begriff der Handlung*, Stuttgart-Bad Cannstatt, 1993.

（26） P. Stekeler-Weithofer: *Hegels Analytische Philosophie. Die Wissenschaft der Logik als Kritische Theorie der Bedeutung*, Berlin, 1992.

（27） 既にマクダウェルが主人と奴隷の「人格内的」解釈を提示している。J. McDowell: „The Apperceptive I and the

Empirical Self. Towards a Heterodox Reading of ‚Lordship and Bondage' in Hegel's Phenomenology", in: *Bulletin of the Hegel Society of Great Britain* 47/48, 2003.

（28） ここでは、精神と感情性の区別が、偽プラトンの『アリキビアデス』に登場する「精神魂 Geisteseele」と「肉体魂 Leibseele」に対応させられている。（S. 407f.）

（29） アカデミー出版の「古典解読 Klassiker auslegen」シリーズ。ヘーゲル『精神現象学』、『法哲学』『大論理学』の他、カントやフィヒテ、シェリングの主要著作に対する注釈書が含まれている。例えば文献㉕を参照。

（30） ヘーゲルのエピステモロジーを扱った注目すべき研究としてさらに、ヴィルデナウアー『自由な思惟のエピステモロジー』がある。（M. Wildenauer: *Epistemologie freien Denkens. Die logische Idee in Hegels Philosophie des endlichen Geistes.* Hamburg, 2004）.

（31） フランクフルト学派に近いはずのシュネーデルバッハも上で触れた講演で、マルクス主義について「ほぼ死んでいる」と語っている。② S. 76.

（32） H.-G. Bensch: „Hans-Christoph Schmidt am Busch: Hegels Begriff der Arbeit. Berlin: Akademie Verlag 2002. 166 S. （Hegel-Forschungen. Herausgegeben von Andreas Arndt, Karol Bal und Henning Ottmann）." in: *Hegel-Studien* 38（2003）: S. 210-216.

紹介文献リスト

① Hans Friedrich Fulda: „Die Hegelforschung am Ende unseres Jahrhunderts. Rückblick und Fazit" in: *Information Philosophie* 1（1998）.

② Herbert Schnädelbach: „Warum Hegel?" in: *Information Philosophie* 4（1999）.

③ Herbert Schnädelbach: *Hegels Praktische Philosophie. Ein Kommentar der Texte in der Reihenfolge ihrer Entstehung. Hegels Philosophie. Kommentare zu den Hauptwerken,* Band 2. Frankfurt am Main, 2000.

④ Hermann Drüe u. a: *Hegels ‚Enzyklopädie der philosophischen Wissenschaften'（1830）. Ein Kommentar zum Systemgrundriß*, hrsg.

von Herbert Schnädelbach, *Hegels Philosophie. Kommentare zu den Hauptwerken,* Band 3, Frankfurt am Main, 2000.

⑤ Ludwig Siep: *Der Weg der Phänomenologie des Geistes. Ein Einführender Kommentar zu Hegels „Differenzschrift“ und „Phänomenologie des Geistes“, Hegels Philosophie. Kommentare zu den Hauptwerken,* Band 1. Frankfurt am Main, 2000.

⑥ Pirmin Stekeler-Weithofer/Herbert Schnädelbach: „Streit um Hegel. Eine Diskussion zwischen Pirmin Stekeler-Weithofer und Herbert Schnädelbach“, in: *Information Philosophie* 5 (2000).

⑦ Rolf-Peter Horstmann: „What is Hegel's Legacy and What Should We Do With It?“, in: *European Journal of Philosophy* 7:2 (1999).

⑧ Volker Gerhardt: „Die Größe Hegels“, in: *Merkur* 602 (1999).

⑨ Georg Wilhelm Friedrich Hegel: *Schriften und Entwürfe* (1799-1808). Unter Mitarbeit von Theodor Ebert herausgegeben von Manfred Baum und Kurt Rainer Meist. Verfasser des Anhangs Kurt R. Meist. *G. W. F. Hegel Gesammelte Werke* (GW) 5. 1998.

⑩ Georg Wilhelm Friedrich Hegel: *Nürnberger Gymnasialkurse und Gymnasialreden* (*1808-1816*). Herausgegeben von Klaus Grotsch. *G. W. F. Hegel, Gesammelte Werke* (GW) 10. Teilbände 1 und 2, 2006.

⑪ Walter Jaeschke: *Hegel-Handbuch. Leben-Werk-Wirkung*. Stuttgart/Weimar, 2003.

⑫ Hans Friedrich Fulda: *Georg Wilhelm Friedrich Hegel*, München, 2003.

⑬ Herbert Schnädelbach: *Hegel zur Einführung*, Hamburg, 1999.

⑭ Pirmin Stekeler-Weithofer: *Philosophie des Selbstbewußtseins. Hegels System als Formanalyse von Wissen und Autonomie*, Frankfurt am Main, 2005.

⑮ Klaus Düsing: *Subjektivität und Freiheit. Untersuchungen zum Idealismus von Kant bis Hegel*, Stuttgart-Bad Cannstatt, 2002.

⑯ Heinz Kimmerle (Hrsg.): *Die Eigenbedeutung der Jenaer Systemkonzeption Hegels. Gemeinsame Tagung der Internationalen Hegel-Gesellschaft und der Internationalen Hegel-Vereinigung, 10. - 12. 04. 2003, Erasmus Universität Rotterdam.* Berlin, 2004.

⑰ Dieter Henrich: *Grundlegung aus dem Ich. Untersuchung zur Vorgeschichte des Idealismus. Tübingen - Jena* (*1790-1794*) (2

Bände), Frankfurt am Main, 2004.

⑱ Jürgen Habermas: *Wahrheit und Rechtfertigung. Philosophische Aufsätze*. Frankfurt am Main, 1999.

⑲ Wolfgang Welsch: „Hegel und die analytische Philosophie“ in: *Information Philosophie* 2(2000).

⑳ Wolfgang Welsch und Klaus Vieweg(Hrsg.): *Das Interesse des Denkens. Hegel aus heutiger Sicht*. München, 2003.

㉑ Christoph Halbig: *Objektives Denken. Erkenntnistheorie und Philosophy of Mind in Hegels System*. Stuttgart, 2002.

㉒ Christoph Halbig/Michael Quante/Ludwig Siep, (Hrsg.): *Hegels Erbe*, Frankfurt am Main, 2004.

㉓ Hans-Christoph Schmidt am Busch: *Hegels Begriff der Arbeit*, Berlin, 2002.

㉔ Hans-Georg Bensch: *Perspektiven des Bewußtseins: Hegels Anfang der Phänomenologie des Geistes*, Würzburg, 2005.

㉕ Dietmar Köhler/Otto Pöggeler: *G. W. F. Hegel, Phänomenologie des Geistes*, Klassiker auslegen, Bd. 16, Berlin, 1998.

㉖ Andreas Arndt/Karol Bal/Henning Ottmann: *Hegel Jahrbuch 2001. Phänomenologie des Geistes. Erster Teil*, Berlin, 2002.

———: *Hegel-Jahrbuch 2002. Phänomenologie des Geistes. Zweiter Teil,* Berlin, 2002.

㉗ Andreas Arndt/Ernst Müller(Hrsg.): *Hegels ‚Phänomenologie des Geistes' heute, Deutsche Zeitschrift für Philosophie. Sonderband 8*, Berlin, 2004.

㉘ Dietmar Köhler: *Freiheit und System im Spannungsfeld von Hegels „Phänomenologie des Geistes“ und Schellings „Freiheitsschrift*“, München, 2006.

㉙ Christine Weckwerth: *Metaphysik als Phänomenologie. Eine Studie zur Entstehung und Struktur der Hegelschen „Phänomenologie des Geistes“*, Würzburg, 2000.

㉚ Klaus Vieweg: *Philosophie des Remis. Der junge Hgel und das ‚Gespenst des Skepticismus'*, München, 1999.

㉛ Dietmar Heidemann: *Begriff des Skeptizismus: Seine systematischen Formen, die pyrrhonische Skepsis und Hegels Herausforderung*, Berlin/New York, 2007.

㉜ Walter Jaeschke: „Eine Neue Phase der Hegel-Edition“, in: Hegel-Studien 36(2001).

アメリカにおけるヘーゲル研究の現況

片山善博

はじめに：アメリカのヘーゲル受容の概要

「アメリカのヘーゲル研究」は、日本ではあまりなじみのないものかもしれない。私自身もアメリカの「ヘーゲル研究」についてあまり関心を持たないできた。とはいえ、アメリカ的ヘーゲル研究については魅かれるものがあった。たとえば、バトラーの書いたものやウイリアムズの承認論の研究などは、面白く読ませてもらった。アメリカのヘーゲル研究は、緻密なテキスト解釈というより、思い切った切り口で、読み込んでいくという印象を持ち続けてきた。

よく知られているように、アメリカでは一九世紀後半からプラグマティズムの哲学が隆盛し、アメリカ哲学を代表するものとなった。しかし、第二次大戦後は、分析哲学がアメリカ哲学を席巻し、さらに今日ではフランス思想なども取り入れ多様な思想が開花するに至っている。では、プラグマティズムや分析哲学はそれぞれヘーゲル哲学とどのような関わりを持っているのであろうか。また、一九七〇年代末以降は、「ヘーゲル・ルネサンス」といえる状況が生まれ、ヘーゲルの文献研究も活発化し、『精神現象学』（以後『現象学』と略記）研究だけでも多くの論文や著書が生まれ、同様に観念論とは何か、主観（主体）性とは何かといった原理的な問題をめぐっての活発な議論も行われている。また分析哲学との関連の研究もなされている。(1) さらに現代思想（フランスポストモダン思想など）との関連でヘーゲルを捉え返していこうとする動きも出ている。

第一節では、プラグマティズムと分析哲学におけるヘーゲル（とくに『現象学』）受容を中心にまとめ、第二節では、現代のヘーゲル研究の主要なテーマについて簡単に見ておきたい。カントとヘーゲルの関係、とくに超越論的観念論や相互主観性の捉え方に関する議論のありかを見定めたい。第三節では、承認論とフェミニズムの観点からヘーゲルを読み解いてみたい。ウイリアムズ、ミルズ、バトラーの議論についてみていこう。

一　プラグマティズム・分析哲学におけるヘーゲル受容（ローティのまとめを中心に）

ローティは二〇世紀アメリカにおけるヘーゲル哲学について次のように述べている。「ヘーゲルは、過去一〇〇年間、合衆国ではほとんど読まれてこなかった。だから『アメリカのヘーゲル』は成果のない課題に見えるかもしれない。ピピン、ピンカード、フォルスターの近年の仕事の以前には、わが国は、ヘーゲルの著作についてほとんど興味を引く注釈を生み出してこなかった。にもかかわらず、数人の重要なアメリカの哲学者は、ヘーゲルの著作の錯綜したもつれからあるより糸を引き出した。そしてそれを彼ら自身の思想の織物へと編みこんでいった。(2)」ローティは四人の哲学者を取り上げている。ジョサイア・ロイス（1855―1916）、ジョン・デューイ（1859―1952）、ウィルフリド・セラーズ（1912―1989）、ロバート・ブランダムである。

さて、ローティの議論に入る前に、簡単に、アメリカにおけるヘーゲル研究の流れを見ておきたい。アメリカでは、一八六六年に「セントルイス哲学協会」が設立され、ドイツ観念論の研究が本格化した。そして、アメリカにおける最初の哲学雑誌『思弁哲学雑誌（Journal of Speculative Philosophy）』（一八六七年から九三年まで）がウイリアム・T・ハリスによって刊行され、そこにパースやロイス、ジェイムズたちが寄稿した。ハリスは、ヘーゲル『論理学』の翻訳などを行いヘーゲルの紹介に努めた。一八八〇年代から九〇年代にかけて、ジョンズ・ホプキンス大学で、ジョージ・ジムベスター・モリスがヘーゲルやカントについて論じたが、デューイによると、それらはヘーゲルを通じてカントを理解するものであったという。[3] アメリカでは、分析哲学が流行し、ラッセル、ムーア、ついでポパーらが活躍する。ところが、一九五〇年代から新プラグマティズムが登場すると、再びヘーゲルに対する注目が高まることになる。さらに七〇年代末には、いわゆる「ヘーゲル・リヴァイバル」、「ヘーゲル・ルネサンス」と呼ばれる状況も生まれた。また、一九六八年に「アメリカヘーゲル学会」が発足し、機関紙として『ミネルヴァのふくろう』も刊行されている。[4]

さて、ローティによると、初期のヘーゲル受容は、「絶対的なもの」に対する着目とカント的二元論の克服にあったという。ローティによると「ロイスが確信していたのは、近代のいわゆる科学的不可知論の欠陥というのはまさに、それが、空間と時間の中にある世界は、…どのように現実の従属的な部分であるのか」を理解できなかったことにあり、この失敗は、宗教的直観をもとうがもつまいが合理的に明らかである」[5]と述べている。ロイスは、二元論を克服することにヘーゲルの課題を見て〈志向性〉においてそれが可能であるとした。つまり絶対的なものを主観の志向性の議論で捉えることができるとし、デューイもその議論を受け入れたとする。若きデューイは、後年、二元論の克服について次のように述べている。「主観と客観、物質と精神、神的なものと人間的なもののヘーゲルの総合は、しかしながら、単なる知的な公式ではなかった。それは、巨大な解放として、自由として作用した。ヘーゲルの人間の文化、制度、芸術の扱いは、硬く強固な壁の分解と同じような解体を含んでいて、私にとって、特別な魅力を持っていたのである。[6]」

ローティによると、「ロイスも若きデューイもともに歴史家としての、つまりヘルダーや世界史のドラマから多くの刺激を受けた思想家としてのヘーゲルにおおくの尊敬を払っていた」(7)という。デューイは後にヘーゲル哲学から決を分かつことになるが、離れてから「あとの四〇年の間、デューイは次の三つの目的のためにだけヘーゲルに共感的に言及する。第一は、ヘーゲルがかつてデューイをカルヴァンからのがれさせてくれたことに対する感謝を表現するために。第二はヘーゲルの観念論を一種のバークリ的な主観主義と混同することでヘーゲルをつまらなくする批判者からヘーゲルを擁護するために。第三に、ヘーゲルが、知識の社会的性格や、個人の道徳的意識が、社会的有機体の過程の中のある段階に過ぎないという事実を強調し、こうして社会科学を理解する道を明確にしたことを賞賛するためである」(8)とローティは述べている。

ミードのヘーゲル解釈についても触れてみたい。プラグマティズムのヘーゲル受容の一つの典型になるのではないかと思われる。ミードは、ヘーゲルをロマン主義者とみなし、ヘーゲルの弁証法のプロセスと生物の進化の過程をパラレルなものと読み込んでいこうとするものである。(9)ミードによると、生物的進化論においては、生命過程があらゆる形態において同一であることと、生命形態そのものが多様であることとの対立は、生起しつつある過程を研究することで克服されるとするが、ヘーゲルも、これに類似した図式を、思考過程、認知の過程、感覚、知覚、志向の過程すべてに適用しているのだという。「…世界は思考の産物である。それは思考過程から生まれる。これが、ヘーゲルによって示された主体―客体関係である。これは自我が自らの世界の中に対立を見出し、総合を通じて、すなわち仮説を通じて世界を再構成し、最終的に新しい関係にすすんでいく関係である。これは、科学の中で、思考の進化の過程の中で、進行する物事を言明したものである。これは、有機体の進化の過程とパラレルな関係にある。(10)」ただし、ミードは次の点で、ヘーゲルの弁証法を退ける。それは、矛盾の捉え方である。ヘーゲルの矛盾は、いわゆる対立(反対)であり普遍に普遍を対置するのであって、普遍から排除された個別との対置ではないとする。これに対して、自然科学における矛盾は、一つの法則として提示された理論と、その法則と正反対の間に生じるのではなく、法則の理論と、その法則に対立する、ある特殊な観察、ある特殊な「事実」との間に、つまり普遍と例外の間に生じるという。(11)そこに根ざすのが真の学問的態度であるという。しかしながら、ミードは、ヘーゲルの方法においても、成功したものがあり、それが国家論であり、制度の歴史の把握であるという。ミードもデューイもヘーゲル哲学を進化論と結びつける形でヘーゲルを受容したが、自然科学優位の立場を保持したため、ヘーゲルの弁証法的方法は、補足的な位置づけになっている。ヘーゲルの積極的な側面は、自然科学でなく、政治社会の領域にあるとするのが特徴だろう。(12)

さて、アメリカでは第二次世界大戦後、実証主義の優位の中で、カントが高く評価され、ヘーゲルは「死んだ犬」として扱われる。プラグマティズムに代わり分析哲学が、アメリカ哲学の中心となる。ローティによると、初期のプラグマティストであるパースが「信念の固定化」に科学の方法を用い、デューイの弟子であるフックがこの方法の重要性を説き、この方法は論理実証主義に生かされていったという。プラグマティズム自体も実証的な面が強調されるようになる。分析哲学では、カルナップ、ヘンペル、ライヘンバッハたちが、哲学の自立性・論証の厳密さを追求し、いわゆる「科学としての哲学」が提唱される。ところが、一九五〇年代以降に、クワイン、グットマン、セラーズたちが、分析哲学に変容を引き起こし、またその文脈で、ヘーゲルが再評価されてきたという。(13)ローティはこの変容を進めた代表者として、セラーズとブランダムを取り上げている。「これら二人の人物（セラーズとブランダム）は、私たちが『分析哲学』と呼ぶ伝統の中で育ってきた。この伝統とは、クワインやウィトゲンシュタインのような人物によってなされた論理的経験主義への自己批判から生まれたものである。両者は、グスタフ・ベルグマンが言うところの『言語論的転換』を採用したたいていの哲学者たち同様、意味論を哲学の中心にすえた。彼らは私たちに、ヘーゲルの言語化された解釈を示した。それはセンテンス間にある語彙的、推論的置換が、精神の自己意識の成長を構成するというものである。」[14] セラーズやブランダムは、知識の出発点を相互主観的な言語の使用能力に見て、究極的な経験の要素を、社会的な実践の事柄として捉えることで、一方では、デューイの「経験と自然」を生物学的にまとめる方法を放棄し、他方では、分析哲学の実証的基礎付けを打ち壊すことで、分析哲学の自己崩壊をもたらしたのだという。[15]

ブランダムによる『現象学』に関する論文は、認識と実在の関係を問い直す試みとして『現象学』を評価し、とくに「直接性」に対する批判と「全体論」の意義を打ち出している。ブランダムによると、「ヘーゲルの『精神現象学』の最初の『意識』章は、私たちを取り囲む物理的世界についての私たちの理解に焦点をあてている。次の章の『自己意識』は、私たちが自身とお互いをどのように理解しているかの考察から始まる。…私たちが『意識』の展開の終わりまでに学んできた原理的な教訓が理解できるのは、認識活動の対象である世界についての最善の概念が、まさにこれらの活動に従事する主体の本性をも考慮する物語の一部としてなのである。この解説的な移行の合理化は、ヘーゲルの観念論の重要なより糸である」[16] という。そして、「直接性の概念は、内容の規定性を前提としているが、それ自身によってそれを規定できない。規定は、素材の不一致な関係によって分節化されなければならない。この実在性は、後にセラーズが、直接性に対する偉大な敵対者であるヘーゲルを援用することから始まる著作の中で『所与の神話』と呼ぶことになるものの核にある意味論的原子論を拒絶することを引き起こす。」[17] この点について、ヴェルシュは、次のように述べている。「分析哲学の領域における感覚データ理論と論理的原子主義への最も鋭い批判は、一九五六年、『経験論と心の哲学』において、ウィルフリド・セラーズによってもたらされた。セラーズによる『所与の神話』への攻撃は、顕著なものとなっている。彼はその中で、『直接性に対する偉大な敵対者』であるヘーゲルのいくつかの議論を、分析的に再定式化している。セラーズの批判が、私には、決定的であるように思える。」[18] そして、この課題を受け継いでいるのが、ブランダムとマクダウェルだという。

ローティ自身のヘーゲル評価についても見よう。ネオプラグマティストであるローティは、デューイ哲学の継承と同時に、デューイにおいて誤って受け止められたとするヘーゲル像を退け、むしろヘーゲル的〈理性の社会性〉に着目する。ローティはいう。「論理経験主義者は、フレーゲとラッセルの助けを借りて、あらゆる古きカント的区別を言語化したのであるが、デューイの考えでは、これらの区別に打ち勝つために、ヘーゲルは役立った。クワインの指導のもと、ネオプラグマティストによってこうした区別が再度解消されるという歴史は、アメリカ哲学が再度プラグマティズム化される――そのようにして脱カント化され再ヘーゲル化される――という過程にほかならない。」(19) ローティは、ダーウィンの進化論にも触れて、進化がつねに新たな種を生み出すように、文化の進化はつねに新しい話し相手を生み出すとして、デューイのプラグマティズムを継承している。(20)

二 『精神現象学』を中心とした文献研究の進展

「はじめに」でも述べたように、一九八〇年前後からアメリカでは、『現象学』を中心に多くの文献研究が進められた。その研究にはいくつかの特徴があるように思われる。ひとつは、超越論的主観性の枠組みをめぐる問題であり、その文脈で、カント、フィヒテ、ヘーゲルの関係を問い直す研究である。もうひとつは、一九九〇年以降とくに研究されることになる相互主観性の問題である。ウェストファルは、一九八九年に『現象学』の現代的課題として、いくつかのテーマを挙げている。「『現象学』の現在の解釈において、まさに最初に問題として現れてくるのが、『感覚的確信』に関する章の、言語についての考察である。そして、その考察は、ときどき現れるのであるが、全体の中でもとくに『精神』章末尾の絶対精神の現象において再現する。身体についての考察へも注意が向けられる。おそらくもっとも顕著なのは、主人と奴隷の弁証法における身体への言及である。しかし、はるかに重要なのは、『現象学』における超越論的主観性の具体化されたものが、政治的宗教的様相を伴った社会的実践の主観（主体）性であることである。……超越論的主観性とは誰か、と問うことは、超越論的主観性を作り上げていく魔術が現れてくる、まさに多くの歴史的に特殊な地平、世界、あるいは視界について問うことである。……要約して言うと、私がヘーゲルの『現象学』の議論の中心に見出す問い、すなわち誰が超越論的主観か、という問いは、次のことの展開を含んでいる。1）超越論的「主観性」が構成されている状態、2）その観点の還元できない多元性、3）その社会的もしくは集団的性質、4）その受動的で匿名的な諸次元である。」[21]ウェストファルが述べているように、とくに『現象学』において中心的テーマとなるのは、超越論的主観性の問題がどのようにヘーゲルによってつかまれ議論されているのかであるように思われる。またこのことは、観念論の理解にも関わっている。こうした問題について、代表的な論者の解釈を挙げておこう。大雑把に分けると、主要な問題は、〈超越論的主観性〉と〈相互主観性〉をめぐる問題であり、前者を強調すると、ヘーゲルは超越論的主観性の問題をいかに継承しているのかを問うということになり、後者を強調すると、超越論的枠組みとは異なる主観（主体）性をどのように示すことができるかということになろう。

前者の立場から見ておこう。ヘーゲルがカントの哲学について、フィヒテを介して理解していることはよく知られている。しかし、ピピンやカインは、これまで認められてきた以上に、カントからの影響を強調する。ピピンは、ヘーゲルの観念論を、カントの超越論哲学の継承として捉えている。ではそこにはどのような継承関係があるのか。また、カント哲学のフィヒテ的なバイアスがあるとすれば、それがどのようなものか。ピピンは、『現象学』「緒論」で「意識の構造」を述べた次の箇所「…意識はそれ自身にとってそれ自身の概念である。したがってそれは、直接的には制限されたものを越えていくことである。なぜなら、制限されたものは、意識に属しているからであり、自己を越えることだからである。」「意識にとって一方は対象の意識であり他方がそれ自身の意識である。」この二つの文章が、カントとフィヒテからの流用であるとピピンは指摘する。[22] つまり対象に関わる知を基礎付ける知（いわゆる知の知、あるいは自己知）をめぐる意識の構造を、カントから、フィヒテを経て、ヘーゲルが受け継いだと見ているのである。また、カントとの継承関係を重視するカインは、「私の意図は、ヘーゲルのカントに対する関係に多くの配慮を払うことである。『精神現象学』の最初の『意識』章の三つの部分をカントの超越論的還元（とくにカントの『純粋理性批判』第一版において展開されている）と捉え、その帰結としての自己意識をカントの「意識の超越論的統一の概念」[23]と捉えるべきと述べる。

こうした解釈は、ヘーゲルが超越論哲学のはらむ〈問題〉の解明をどのように受け継いでいるのかを強調するものであろう。ピピンは、観念論の現代的意義を問う（観念論をどのように理解するか）ことの重要性を述べ、ドイツの研究を踏まえながら観念論の合理的・現代的再解釈を施していく。こうした観念論の哲学的意義が再考は、分析哲学にも、多大の影響を与えている。

ヘーゲルの主観を相互主観性として捉えていく代表者は、ウイリアムズである。「ヘーゲルは、主観に立ち戻ることは受容するが、主観性の基礎付けを行う形而上学は受け入れていない。コギトを基礎として主観を把握することは、他者性を抑圧することであり、他者を同一性に還元することである。他者の存在は認められなければならない。このことは、コギトを脱-絶対化することである。ヘーゲルがデカルト主義から離れるのは、直接的自己意識もしくは自己確信は、自己知と混同されていないという事実の中にある。[24]」ウイリアムズは、フィヒテが、カントの超越論的主観を、相互主観的主体として捉えなおし、それをヘーゲルが継承したとする。こうした見方にローティも賛同している。カインはウイリアムズについて次のように述べている。「ヘーゲルの有名な読解として、ウイリアムズは、ヘーゲルが精神の理論あるいは精神をカントの超越論的自我を直に継続したものと見ており、こうしてヘーゲル哲学を超越論的哲学としてみる見方があることを指摘し、これは、超越論的哲学に対するヘーゲルのいくつかの批判を見過ごすことになる、ひとつの見方であると論じている」[25]。その上で、カインは、「主人と奴隷の弁証法」に現れる主人をカント的自己意識として捉えている。ウイリアムズは、次のように述べる。「私の主張は、フィヒテとヘーゲルが相互主観性の問題を、思想の社会的・歴史的モデルの中へしっかりと移しいれているということである。[26]」またこのことは、他者論の重視にもつながる。ウイリアムズは、これまでアングロサクソンのヘーゲル解釈では、フィンドレイの例のように、他者を真摯に受け入れることがないのであるとし、こうした見方に対して、ウイリアムズは、フィヒテとヘーゲルにとって、他者という視点は、超越論的哲学を、歴史を欠いた超越的哲学から、具体的な、歴史的社会的哲学へと導く重要な役割を持っているとし、さらに承認論は、哲学にとって否定的、副次的ではなく、肯定的、一次的なものだとしている。[27]まさにヘーゲルの哲学が自由の哲学であるとすれば、「…自由は承認を前提とし承認を必要とする。承認は、そこにおいて、そしてそれによって自由が現実的にも倫理的にもなっていくプロセスなのだ。これが、承認論がヘーゲル精神哲学の中心であることの理由だ。[28]」

三 『精神現象学』の現代的意義を問う

承認論をめぐっては、カナダの哲学者Ch・テイラーの「承認をめぐる政治」やジェシカ・ベンジャミンの承認論に対するバトラーの反論、ホネットやナンシー・フレイザーの論争（『承認と再分配』）など、さまざまな議論がある。こうした議論にヘーゲル承認論の解釈が影響を与えている。ドイツでは、ジープやホネットがヘーゲルの承認論に注目しているが、アメリカでは、前節で挙げたウイリアムズがその代表である。このテーマは、哲学的には他者論のテーマと重なり、現代思想の重要な位置を占めている。ウイリアムズは、現代の他者論を念頭におきながら、ヘーゲルの他者論の意義を問い、現代思想の中の重要な思想家として位置づける。ウイリアムズは、レヴィナスの他者論に触れて、ヘーゲルとの比較を行う。「レヴィナスにとって、ヘーゲルは主要な敵対者である。なぜならヘーゲルは、全体性に限りなく従属していると言われているからである。[29]」ここにはヘーゲルを全体性の哲学者とする読み込みがある。しかし、「ヘーゲルは、レヴィナスによる古典的存在論への批判を分かち合うだけでなく、ヘーゲルの精神概念はまた他でありうる社会的存在論を表現するかもしれない[30]」とし、レヴィナス以上にヘーゲルの他者論の中により大きな可能性を見出す。他者論に関して、レヴィナスが批判を向けるのは、哲学は自我論であるという想定である。そこでは存在論は他なるものを同一なものに還元してしまっている。レヴィナスにとっては、ヘーゲルはその代表者なのだが、そこには同一性理解についての誤解があるという。ウイリアムズによると、レヴィナスの主張は、ヘーゲルと同時代人であるヤコービによる観念論批判の仕方と類似しているという。彼らは、同一性を抽象的な同一性と見なしているのである。しかしまさにそれをヘーゲルは批判したのであり、ヘーゲルが主張したのは差異を含んだ具体的同一性なのだという。さらにウイリアムズは、カントからフィヒテを経てヘーゲルへと連なる他者論の系譜を明確化することで、他者論の現代的意義を問い直している。また、ウイリアムズは、『法哲学』における承認論の意義を強調し、そこにリベラリズムとコミュニタリアニズムの対立を乗り越える視点を見出している。[31]

次に、フェミニズム的観点から見たヘーゲル理解のいくつかを見ておこう。幸い『フェミニストによるヘーゲル諸解釈』という本があり、そこにあるいくつかの論文を参考に述べてみたい。『現象学』に関するフェミニズムからの解釈は、二つの箇所に焦点が当てられてきた。ひとつが「自己意識」章の「主人と奴隷の弁証法」であり、もうひとつが「精神」章のギリシア的人倫を扱った箇所の「アンティゴネ」の記述をめぐってである。

ミルズは、ヘーゲルのフェミニズム的解釈の発端は、フランス哲学者のシモン・ド・ボーヴォワールによる『第二の性』にあるとみる。[32] ボーヴォワールは、『現象学』「自己意識」章の「主人と奴隷の弁証法」の箇所に、男性と女性の関係をめぐる弁証法を読み込んでいく。ボーヴォワールによると、西洋の二元論的形而上学において、男性は主体であり、絶対的なもの、表象する精神、超越的なもの、精神なのであり、それに対して、女性は、客体、他者、第二の性、表象するもの、内在的なもの、肉体的なものとされ、女性は、主人である男性にとっての奴隷の意識として、歴史を通じて強いられてきた。その上で、ボーヴォワールは、女性が主体（超越的なもの＝実存）となることが重要であると考える。マルクスが主人と奴隷の弁証法に、資本家と労働者の関係を見出し、労働者の解放の論理としたように、ボーヴォワールは、そこに女性の解放の論理を見出す。ただし、ボーヴォワールは、労働者という階級と、女性という性の次元の違いを見て、女性の連帯を否定する。しかし、女性の解放をこの主人と奴隷の弁証法で解釈すると、解放は、女性の男性化を意味してしまうことになる。したがって、この点をめぐってさまざまな批判も出されている。とくに、一九六〇～七〇年代に女性運動の社会的政治的闘争が出現し、フェミニズム理論が発展するなかで、レズビアン分離主義、婦人団体の政治学などがボーヴォワールに対する批判を行う。それは、女性の間の連帯を除外し、異性愛を不可欠なものとするボーヴォワールの定式への挑戦であったのだという。主人と奴隷の弁証法は、男性と女性の間の相互主体的な関係に適用できない。ヘーゲルにとってあくまで主人と奴隷の弁証法は、男（人間）間の相互主体的関係の発展のモメントなのである。すなわち女性は、奴隷の意識をもたないし持つことはできない。なぜなら、ヘーゲル哲学において女性と奴隷は生、死、労働への根本的に異なった関係を持つものとして把握されているからである。したがって、そこに男性・女性を読み込むことはできない。こうして、女性の抑圧を説明するものとして主人と奴隷の弁証法から離れていく中で、一九八〇～九〇年代のフェミニストたちは、ヘーゲル哲学体系のより包括的なテキスト分析に批判的な注意を集中することになったと見る。

さて、ベンハビブは、フェミニスト理論の「二重化された視点」を提示する。ひとつの視点は、テキストがはっきりと女性について語っているものについて向けられ、もうひとつの視点はテキストが女性について隠しているものについて向けられる。その上で、ベンハビブは、ヘーゲル哲学体系における女性の位置づけについて次のように見る。「…皮肉、悲劇、偶然性を伴った女性たちは、最終的に納得することで終わる和解の見通しをもつヘーゲル弁証法の歴史の進行の犠牲者たちである。[33]」そして、「重要なことは、ヘーゲルが、女性を精神的に異なるものとして考察しようとした観点は、正確には、女性を、より劣った人間存在として定義している見地である[34]」と述べる。

ミルズの解釈についても見ておこう。「私の批評では、女性を『共同体の皮肉』とするこれまでの関心は、ヘーゲル体系において女性を主体性から排除する欲望と承認の関係の説明に組み込まれている。私の論じるのは、ヘーゲルのアンティゴネ解釈は、彼の体系における女性の役割を理解する要であると言うことだ。[35]」ミルズは、共同体の皮肉とされる女性のあり方をアンティゴネの解釈を通じて明らかにしていく。そしてミルズは、アンティゴネの描かれ方から見えてくるヘーゲルの限界に焦点を合わせる。それを、『現象学』と『法哲学』で描かれるアンティゴネ像の違い、アンティゴネの自殺の解釈、妹イスメーネーとの関係、などについての解釈を通じて明らかにしていく。最初のアンティゴネの描かれ方の違いについていえば、『現象学』では、アンティゴネは古代世界の脱性化された存在として描かれているのに対し、『法哲学』では、歴史貫通的な「妻らしい」存在として描かれている。こうした「ヘーゲルのアンティゴネの扱いにおける省略や食い違いは弁証法の定式化の関心を保つために演劇を使用（誤用）したことから生じていると見ることができる。[35]」ミルズは、ベンハビブの「二重化されたフェミニストの視点を通じてなされたヘーゲルのアンティゴネについての私の解釈が明らかにしているのは、弁証法的にすべての対立する『契機』を包含しようとする試みが私たちに提示しているのが、抽象的否定だということである。抽象的否定と言ったのは、存在論的な他者性の原理として定義された女性が、論理的理念において十分に把握できないという『差異』を表現しているからなのだ。[36]」ミルズは、あくまでヘーゲルを同一性の哲学と見ていて、差異に開かれるアドルノの否定弁証法に定位すべきことをいうのであるが、しかし「私の批評は、ヘーゲルが『フェミニストたちに語るべきものを何ももってない』と言うことを主張する否定的なスタンスとして理解されるべきではないという。むしろ私は、ヘーゲル哲学は、『現象学』の中心にある同一性と差異の関係の問題が、自由で平等な社会を創りあげるフェミニストのプロジェクトの核にあることを確信している。すなわちヘーゲルは、彼の分析が性的な差異が『本質的』であり女性が表現するすべてが家族と結びつき『行き過ぎてしまっている』としても、フェミニストが関わっている現代社会の根本的な問題を分節化するのである。[37]」というように、フェミニズムにおけるヘーゲル研究の意義を強調する。

最後に、バトラーによるヘーゲル解釈に触れて稿を閉じることにしよう。[38] バトラーはフーコーやニーチェの権力論とヘーゲルの承認論を媒介し、現代思想の重要な思想家としてヘーゲルを位置づけている。それは、ヘーゲルの「自己意識」の再解釈を基にした承認論の構築である。

バトラーは、『欲望の主体』でこれまで、ヘーゲルに対して批判を加えてきたフランスのヘーゲル受容者たちが『現象学』を欲望論として解釈してきた点に、つまり彼らが、自己意識を欲望として捉え、『現象学』のプロセスを、全体性への欲望の実現過程として捉える点に着目する。彼らは『現象学』の歩み（展開）を個々のプロセスとしては肯定するが、結果として全体性の哲学となってしまっているとし徹底的に批判する。欲望は、自己完結しえないにもかかわらず、『現象学』において自己完結しているのは、自己矛盾ではないかということである。この全体性への拒絶が、ある意味フランスの受容者たちを、全体性を拒絶する差異の哲学へ向かわせたと見ている。しかし、バトラーは、彼らのヘーゲルへの批判そのものがヘーゲルの方法であることを見落としているのだと述べる。つまりこのヘーゲル批判の論理そのものが、じつはヘーゲルの欲望論（さらにいえば承認への欲望とその破綻の論理）そのものなのだ。むしろヘーゲルにおいて問わなくてはいけないのは欲望と承認の関係なのだとバトラーは主張する。[39]

バトラーは、ヘーゲルの〈再解釈〉を基に、自己意識と承認を考察している。「自己意識」と「承認」について、通常のヘーゲル解釈だと、他者を自己に包摂してしまう自己意識であるとか、他者との安定した状態として承認関係を捉えるといったものになるが、バトラーは、別の解釈をする。自己意識の成り立ちについて言えば、「自己意識は他者を取り入れることではなく、他なるものとの取り戻しえない関係の中で自分自身以外のものに移されたものとして自分を見出すことである。この意味で、自己とはこうした他者との関係なの『である』[40]。また「承認とは、かつての私とは異なるものになる過程のことであり、そのようにしてかつての私へ還帰することをできなくする過程のことなのである。そのとき、『私』は承認の行為によって変容させられているがゆえに、承認の過程の中には構造的な喪失が存在するのである」[41]と述べる。そして承認は、自己と他者のアイデンティティ（同一性）をめぐって争われるが、じつは同時に普遍性や規範の同一性をめぐって行われる闘争であるとする。「権力は安定したものでも、静態的なものでもなく、日常生活の中のさまざまな接合点で再形成されている。」[42]バトラーによると、「ヘーゲルは、真のすべてを包摂する普遍に向かって論を組み立てるように見えるが、そうではない。むしろ彼が提示しているのは、それ自身の根底にある否定と切り離せない普遍なのだ。普遍という語が有する全方位的な範域は、それが依存している特定のものを排除することで成り立っているが、まさにそのことのために、綻びが生じてくる」[43]。普遍的なものは実質的には特定の承認された規範として立てられている。したがって、同時に承認されざるさまざまな他者が生み出されることになる。承認がなされる場こそが、権力関係が効力を発する場であるが、しかし同時に権力関係が問い直される場でもある。たとえば人権（自由・平等）は、必然的にある特定の存在を代表する。したがって、人権という名のもとに排除される人々を生み出すが、同時にそうした人々との承認を考えていかざるを得ない尺度となるのも人権なのである。ここに普遍を立てることの意味があるとする。こうした議論は、普遍主義と相対主義、リベラリズムとコミュニタリアニズムの接合を可能とするものと考えられよう。

まとめにかえて

アメリカのヘーゲルについて、プラグマティズム、分析哲学、承認論、フェミニズムなどとの関わりを中心みてきたが、本稿では、紙面の都合や私自身の力量不足もあり、簡単な紹介にとどまり、議論の展開を十分示すことができなかった。主観性の捉え方については、超越論的主観性と相互主観性の議論の内的なつながりについて、すこし立ち入った議論もしたかった。これらは、別稿に期したい。アメリカのヘーゲルの取り上げられ方を見ていると、論争的なかたちで、しかも、時代とのかかわりにおいて捉えていこうとする傾向が強いように思われる。日本においては、そのような形でヘーゲルが取り上げられることがあまりないように思われる。私たち自身の問題を考えていくとき、ヘーゲルをどのように読んでいったらよいのか、なぜいまヘーゲルなのかを真剣に考えなければならないだろう。アメリカで、ヘーゲルがまさに現代思想の論争の中心にあり続けていることは、さまざまな刺激を与えてくれる。私自身、本稿で取り上げた「他者」や「承認」というテーマは現代という時代にとって重要な問題だと確信している。今後も、アメリカのヘーゲルをめぐるさまざまな議論を注視していきたいと思う。

注

(1) ウェストファルは次のようにアメリカのヘーゲル研究の流れを簡潔にまとめている。「第二次世界大戦後の時期に、ドイツの注釈者たちが、ヘーゲルのテキストについて、オリジナルに基づく、正確な、洞察力のある解釈を生み出し始めた。それが、ヘーゲルについてのほとんどの古い神話を覆してきた(このことはこれからも望むことである)とはっきりと言いうる。大雑把に一九七九年から現在までの期間に、そのドイツの議論の種は、ドイツの学識(とフランスの学識の介在)を新しい方向に取り上げる形で登場してきたヘーゲルの新しい解釈を全体として受け入れる形で、英米の世界で花を咲かせ始めてきた。さらに英米哲学の現在の状況は、分析哲学の中で大きく浮かび上がってきた問題群を伴って、おそらく、ヘーゲルを手に負えない古臭いごまかしとして却下しないようになり、そしてよりヘーゲルを新鮮な眼で見ようとする哲学賛同者たちを生み出してきた。」 Merold Westphal, *History and Truth in Hegel's Phenomenology*, Humanities Press International, Inc. New Jersey/London, 1979, p.3.

(2) Richard Rorty, Some American Uses of Hegel, in:Wolfgang Welsch, Klaus Vieweg hers., *Das Interesse des Denkens Hegel aus heutiger Sicht*, Wilhelm Fink Verlag, München 2003, p.33.

(3) デューイ「絶対主義から実験主義へ」『デューイ=ミード著作集1』河村望訳、人間の科学新社、一九九五年、二八七頁を参照。

(4) 一九六八年に「アメリカヘーゲル学会」が設立され、隔年ごとに研究大会が開かれている。最近は「ヘーゲルの主観性論」というテーマで大会が開かれている。機関紙『ミネルヴァのフクロウ』は毎年春と秋に刊行されている。また大会ごとの論文集も刊行されている。そのひとつに、最近翻訳されたR・ウイリアムズ編『リベラリズムとコミュニタリアニズム―ヘーゲル法哲学の研究―』中村・牧野・形野・田中編、文理閣、二〇〇六年がある。イギリス・ヘーゲル学会(一九七九年設立)、国際ヘーゲル学会、ヘーゲル・アルヒーフなどとも連携している(「アメリカヘーゲル学会」のホームページおよび、中村浩爾「アメリカにおける最近のヘーゲル研究」『法の科学』第38号、二〇〇七年を参照)。

（5） Rorty, *Ibid.*, p.34.

（6） Rorty, *Ibid.*, p.35. デューイのヘーゲル受容については亀尾利夫（『デューイの哲学―知識と行為―』勁草書房、一九七五年）が詳しい。初期デューイにおいて「ヘーゲル主義を哲学的な基盤にしていることを示しながら、実験的、生理学的な『新心理学』によって、経験の総体としての生を包括的に捉えよう」という構想が（同六三頁）があったことが述べられている。また「ハリスを中心とする『セントルイス運動』の中でグリーン、ケアード［両者とも一九世紀後半のイギリスの新ヘーゲル主義者］などを媒介として、ドイツ観念論お呼びへ哲学を摂取していく過程において、すでにカントからヘーゲルにいたる『心理学的運動』という受け止め方」（同七三頁）がされていたことを指摘されている（［］内は筆者）。

（7） Rorty, *Ibid.*, p.35.

（8） Rorty, *Ibid.*, p.38.

（9） Herbert Mead, *Movements of Thought in the Nineteenth Century*, edited and with an Introduction by Merritt H.Moore, University of Chicago Press, 1972, p.127.『デューイ＝ミード著作集15』河村望訳、人間の科学新社、二〇〇二年、一五三頁。またこうした進化論とヘーゲル哲学を結び付けようとする解釈は、ソーシャル・エコロジーの提唱者でもあるマレー・ブクチンの見方とも共通するものである。ブクチンは、生物進化のプロセスを弁証法的プロセスとみなすことで、そのことの自覚的遂行こそが共生・共同の社会構想につながると見ている。Murray Bookchin, *The Philosophy of Social Ecology Essays on Dialectical Nationalism*, 2nd ed., rev. Montreal/New York/London, 1996. などを参照のこと。

（10） Mead, *Ibid.* pp.139-140. 同訳、一六七頁

（11） Mead, *Ibid.* pp.132-6. 同訳、一五九-一六三頁

（12） Mead, *Ibid.* pp.145-149. 同訳、一七二-七八頁

（13） ヴェルシュによると、こうした分析哲学の変容は、一九五一年の『経験主義の二つのドグマ』の中でホーリズム的な学的考察が避けられないことを詳述したクワインとともに始まるという。現在、分析哲学を主導する頭脳である、ボブ・ブランダムとジョン・マクダウェルのもとで、ヘーゲルの再評価とともに遂行されているという。（Wolfgang

Welsch,Hegel und die analytichen Philosophie, in:*Information Philosophie*, Felix Meiner Verlag 2000.）ヴェルシュは、分析哲学が、次の三つの理論面において、すなわち直接性への批判、全体論、認識と実在の関係という点において、問い直されているという。「第一の点は、直接性への批判に関わり、そしてそれに立脚しながら、私たちの知を、個々に把握しうる原子命題（ラッセル）、共通感覚の確かさ（ムーア）、経験的に立証しうる基礎命題（カルナップ）に根拠付けることができるというさまざまな希望を打ち砕くことに関わっている。第二の点は、こうした要素主義の挫折にもとづき、学的ホーリズムへの移行に向けられている。第三は、実在性をめぐってなされるべきである。現実性とは何か。私たち思考と言語は、現実性にいかに関与するのか。何ゆえ観念論は正当なのか。ただし、共通感覚がまた正当性を持っているような意味で。」（ibid. S.39.）この三点目については、とくにブランダムの本文でとりあげた『現象学』に関する論文の中で吟味している。また、ソロモンは、『ヘーゲルの精神において』（Robert C.Solomon, *In the Spirit of Hegel*, Oxford University Press, 1983, pp.321-337.）で、『現象学』の「感覚的確信」の分析を通じて、ラッセルへの興味深い反批判を行っている。

（14）Rorty, *Ibid.*, p.39.

（15）Rorty, *Ibid.*, p.46.

（16）Robert Brandom, Holism and Idealism in Hegel's Phenomenology, in:Wolfgang Welsch, Klaus Vieweg hers., *Das Interesse des Denkens Hegel aus heutiger Sicht*, Wilhelm Fink Verlag, München 2003, p.47.

（17）Brandom, *Ibid.*, p.51.

（18）Welsch , *Ibid.*, S.13.

（19）ローティ『リベラス・ユートピアの希望』須藤・渡辺訳、岩波書店、二〇〇二年、九一頁。

（20）同訳、九二頁。

（21）Westphal, *Ibid.*, p.xii-xiv.

（22）Robert B.Pippin, *Hegel's Idealism The Satisfactions of Self-Consciousness*, Cambridge University Press, 1989, p.103. またピピンは、『近代主義としてのイデアリズム：さまざまなヘーゲル主義』（*Idealism as Modernism Hegelian Variations*, Cambridge

University Press, 1997.）で、イデアリズムの現代的意義を説き、ハーバーマスなど現代の社会哲学との接合も試みている。

（23） Philip J.Kain, *Hegel and the Other A Study of the Phenomenology of Spirit*, State University of New York, 2005, p.23. またカインは、「論理学で、ヘーゲルが私たちに主張しているのは、『現象学』は絶対的なものの正統化・還元であるということである。ヘーゲルがここで言っているのは、ヘーゲルが絶対的なものを確立するために用いる議論の仕方は、カントが超越論的還元とし、カテゴリーの正当化を確立するために用いた議論と同一のものあると、私は考える」（ibid. p.5.）と述べて両者の方法論の類似性も強調する。

（24） R, R.Williams, *Recognition Fichte and Hegel on the Other*, State University of New York Press, 1992, p.142.

（25） Kain , *Ibid.*, p.43.

（26） Williams, *Ibid.*, p.6.

（27） Willians, *Ibid.*, p.13.

（28） R, R.Williams, *Hegels Ethics of Recognition*, University of California Press Berkeley/Los Angels/London, 1997, p.6.

（29） Williams, *Recognition Fichte and Hegel on the Other*, p.11.

（30） Williams, *Ibid.*, p.12.

（31） *Beyond Liberalism and Communitarianism Studies in Hegels Philosophy of Right*, edited by R.R.Williams, State University of New York Press, 2001（R・ウイリアムズ編『リベラリズムとコミュニタリアニズム―ヘーゲル法哲学の研究―』中村・牧野・形野・田中編、文理閣、二〇〇六年）

（32） 以下、ミルズによるボーヴォワールの解釈は『フェミニストによるヘーゲル諸解釈』の「序文」（Patricia Jagentowicz Mills, Introduction, in:*Feminist Interpretations of G.W.F.Hegel*, edited by Patricia Jagentowicz Mills, The Pennsylvania State University Press, 1996, pp.1-4.）による。

（33） Seyla Benhabib, On Hegel, Women, and Irony, in:*Feminist Interpretations of G.W.F.Hegel*, edited by Patricia Jagentowicz Mills, The Pennsylvania State University Press, 1996, pp.7-8.

（34） Benhabib, ibid. p.31.
（35） Mills, *Ibid*., p.11.
（36） Mills, Hegels Antigone, in:*Feminist Interpretations of G.W.F.Hegel*, edited by Patricia Jagentowicz Mills, The Pennsylvania State University Press, 1996, p.84.
（37） Mills, *Ibid*., p.85.
（38） バトラーのアンティゴネ解釈は、『アンティゴネの主張』（Judith Butler, *Antigones Claim Kinship between Life and Death*, Columbia University Press New York, 1998.）において詳述されている。そこでは、ベンハビブに対する言及もあるが、本稿では、それには触れず、「承認論」の解釈に限定して取り上げよう。
（39） Judith Butler, *Subjects of Desire Hegelian Reflections in Twentieth-Century France*, Columbia University Press New York, 1987=1999. 参照のこと。
（40） Butler, *Undoing Gender*, Routledge, New York and London, 2004, pp.150-151.
（41） Butler, *Giving an Account of Oneself*, Fordham University Press New York, 2005, pp.27-28.
（42） Butler, Laclau and Zizek, *Contingency, Hegemony, Universarity Contemporary Dialogues on the Left*, Verso London and New York, 2000, p.14. 竹村和子・村山敏勝訳『偶発性・ヘゲモニー・普遍性　新しい対抗政治への対話』青土社、二〇〇二年、二六頁）
（43） Butler, *Ibid*., p.24. 同訳、三九頁。

その他参考文献

The Phenomenology of Spirit Reader Critical and Interpretive Essays, edited by Jon Stewart, State University of New York, 1998.
Terry Pinkard, *Hegel's Phenomenology The Sociality of Reason*, Cambridge University Press, 1994.
Quentin Lauer, S.J., *A Reading of Hegel's Phenomenology of Spirit*, Fordham University Press, 1976.

Jessica Benjamin, *The Bonds of Love Psycoanalysis, Feminism, and the Problem of Domination*, Pantheon Books New York, 1988.

Selected Essays on G.W.F.Hegel, edited by Lawrence S.Stepelevich, Humanities Press New Jersey, 1993.

Michael N.Forster, *Hegel's Idea of a Phenomenolgy of Spirit*, The University of Chicago Press, 1997.

J.Butler, *The Psychic Life of Power Theories in Subjection*, Stanford University Press Stanford, California, 1997.

あとがき

ドイツ南部、旧フランケン地方（今はバイエルン州に属している）にバンベルク（Bamberg）という中世都市の面影を残した瀟洒な町がある。その旧市街地の一角、標柱広場（Pfahlplätzchen）というところに三階建ての“Haus zum Krebs”（「かに座」館）というありきたりなアパートがある。その家の標柱に次のようなことが書かれている。

「この家に一八〇七年から一八〇八年にかけて哲学者ゲオルグ・ヴィルヘルム・フリードリッヒ・ヘーゲルがバンベルク新聞の編集者として住んでいた。そしてここで彼の最初の主著精神現象学を仕上げた」

つまりこのさえないアパートの上階（ヘーゲルは上のほうの階に住んでいたそうである）が、文字通りの意味で『精神現象学』の成稿の地ということになる。

インターネットで入手したバンベルクの案内（http://www.bamberga.da/id69）によれば、一八〇六年一〇月一三日にプロイセンがナポレオン率いるフランス軍との二度の会戦に敗れたため、イエナ大学は閉鎖を余儀なくされ、ヘーゲルは当地に逃れて一八〇七年三月から一八〇八年一一月まで「バンベルク新聞」（Bamberger Zeitung）の編集者を務めることになった。この編集者としての仕事は、彼の政治に対する、また世界的な出来事に対する関心を大いに引いたようであったが、彼の批判的な論評や、ナポレオン寄りの見解への検閲がまた彼の多大な負担になったようである。

結局彼はニュールンベルクのギムナジウムの校長という職を得てこの地を去ることになるのであるが、それはさておき、イエナとバンベルクが『精神現象学』生誕の地という栄誉を担っていることは間違いない。

さてそれでは、昨年その刊行から二〇〇年を迎えた『精神現象学』はどういう状況下で、どういう課題意識を持って書かれたのであろうか。まずその問題構制から窺われるのは、その時代的背景としての一八世紀西欧の歴史的諸事件、諸状況を見据える中で思考され、醸成されてきたのではないかということである。言うまでもなく一八世紀の西欧に顕著なのは「ヨーロッパ革命の時代」（遅塚忠躬『ヨーロッパの革命』講談社）として特徴づけられるそれであろう。一八世紀後半にイギリスで起こった産業革命、八三年のアメリカ合衆国の独立、八九年のフランス革命などなどがこの時代を彩っている。ドイツの台頭はやっと一九世紀になってからではあるが、ヘーゲルの全生涯（一七七〇〜一八三一）はこれらのさなかに当てはまっている。

そして、既成社会のドラスチックな変動はいつも知的世界の動揺と一体となって進行する。ヘーゲルによれば、知がその本性として内的必然性を追い求めるのに対して、偶然性や恣意的な動機を度外視して一般的な仕方で理解される限りでの外的必然性は、内的必然性と同一であり、両者ともに「時代が自己のモメント（契機）の定在を表現する形態の中にある」（S.14）からである。時代の精神が問題にされていると思われる。

そこからまた、課題意識も引き出されてくる。たとえば序文（Vorrede）――この序文は正確には『学の体系』の序文である。当初ヘーゲルは『学の体系第一部』として「精神現象学」を構想し、その後、これを独立論文に膨らませたからである。そのため、『精神現象学』の序文（緒論）として、新たにEinleitung（導入部、緒論）が付け加えられることになったわけである。――には次のように書かれている。

「我々の時代が新しい時代の誕生の時代であり、過渡期であるということは容易に分かる。精神はこれまで存在してきた世界、表象されてきた世界と絶縁し、これを過去に没し去るために概念の中、自己変革の活動の中にとどまる。…しかし、子供（胎児）の場合がそうであるように、（母胎の中での）長い静穏な栄養摂取の後で、その最初の呼吸（産声）がそれまでのゆっくりとした発育の歩みを突然中断する―質的な飛躍―そして今子供

（新生児）は生まれた。

同様に自己形成する精神は、新しい形成に向かってゆっくりと静かに成熟する。そして自分の目の前にある世界の建物を次々に解体していく。世界の動揺はもっぱら二、三の兆候によって暗示されているに過ぎない。存在するものの中に広がる無分別や退屈、未知のものへの不確定な不安は何か別のものが接近中であることの前触れである。

全体の概観を変えることのなかったこの緩慢な剥落は、日の出によって中断される。旭日の一閃が突然新しい世界の形象を据えるのである。」（SS.18-19）

「新しい精神の始まりは（これまでの精神的遺産）の継承およびその拡張から自己内へと還帰した全体であり、形成されたその全体の単一概念である。」（S.19）

ここから次のことが読み取れるように思う。ヘーゲルは新しい時代の到来とともに展開されるであろう新しい知的世界を、学問的に（内的必然性において）体系化するということを自己の課題としたということ。しかも、ヘーゲルにとっては、先に見たように、内的必然性において学問的に体系化することは、すなわち外的必然性の洞察につながることに他ならないのである。彼にとって真理とは、真なる認識にとどまるものではなく、あくまで真なる存在を意味している。とすれば、彼がここにきても依然として若い頃の「革命家たらん」という志操を持ち続けていたと考えるのは穿ち過ぎの解釈であろうか。

いずれにせよ、このような課題を自己に負わせたと考えられるのであるが、この課題の遂行が彼にとってもとんでもなく難行苦行であったことはその文章の端々からも、あるいはヘーゲル自身が自分のことを天才タイプというよりも努力、忍耐の人と考えていたことなどからも窺える。

彼の文章の難解さは普く知られている。それについてのいろいろな原因も推測されている。当時の検閲制度

（政治権力からのみならず、教会による異端審問の可能性すらある状況下であったこと）の網の目を潜り抜けるためには慎重の上にも慎重を期す必要があったため、あのような回りくどい表現になったという説。新しい学説を打ちたてようとする苦労の現われとみなす説。さては、彼の南ドイツ方言（彼は南ドイツのシュトゥットガルト出身である）に起因するという説、等々。普通のドイツ人からすればどう思われるのであろうか。ためしに数人のドイツ人の友人に聞いてみた。確かにコンマがやたらに多用された複雑な文体ではあるが、ドイツ語として「破格の文章」とはいえないそうである。コンマの多用は前文（主文 Hauptsatz）の説明を副文（Nebensatz）として次々に入れることからくるのではないか、とのことであった。また、ある南ドイツ出身の友人は笑いながら、南ドイツ方言の影響はほとんどないよという。ただ、かなり古い言い回しで、今日ではほとんど使われない言葉が使われていることは事実だそうである。そして、ヘーゲルの使用するドイツ語は、決して特殊なドイツ語ではなく、普通にドイツ人が日常的に使用している言語を用いているといわれる。この点、ハイデガーの哲学的ジャーゴン（Jargon）の多用とは異なっている。

たとえば、巷で言う「ヘーゲル用語」なるものも、どちらかというとそれを翻訳する側にこそ問題があるのかもしれないとも思われる。有名な用語では、an sich を即自と、für sich を対自と、そして an und für sich を即且対自的、あるいは絶対的という風に訳すのが通例になっていて、大抵はその言葉を一見しただけで、これはついてゆけないと思わせてしまう。しかし、実際にはドイツ人は今でも日常的にこれらの言葉を使用しているのである。別にドイツ人が皆ヘーゲル主義者というわけでは決してないにもかかわらずである。そして、an und für sich を「絶対的」と訳す（つまり、absolut と同じ意味に取る）のは誤訳に等しいようだ。この言葉の基本的な意味は eigentlich（本来の、真の）に近いといわれる。両者を使い分けるのはドイツ人の慣例的なものが大きいようだ。確かにそうとる方がヘーゲルの真意に近いように私には思えるのだが…。また、序文の中のきわめて有名で、かつ難解な箇所といわれる、「体系自体の叙述によってのみ正当であることがはっきりするに違いない私の見解によれば、一切は次のことにかかっている。真なるものを実体としてではなく、ebensosehr 主体として把握し、表現すること。」（s.s.22-23）この ebensosehr をどう考えるか。これは、現代ドイツ語ではほとんど使われず、genauso か gleich（同様に、全く同様に）と同じ意味に考えられているようだ。

しかし、だからといってヘーゲルの思想が用語解釈（より原文に近い新訳）だけで理解できるというのでは勿論ない。ここではただ解釈上でのドイツ語の語感の重要性を言いたかったまでである。

この辺の事情に関するヘーゲルの考えを知るために、世間のいわゆる知恵（世知）と哲学（学）との関係について、彼が言っていることを見てみよう。

「哲学が良く考え抜かれた経験的知識や法の理性的な現実や素朴な宗教や敬虔さに対して対立しているかのように思うのは、酷い先入見に属する。これらのものは哲学によって承認されているばかりか、自身を正当化されている。思慮はむしろこれらの内実に没入し、自然や歴史や芸術の優れた観念においてと同様に、それらに学び、それらに自己を強く結びつける。というのは、これらの本物の内容は、それが思惟される限りでは、思弁的理念そのものであるからである。この（世知の）立脚点が自分固有の性格から歩み出て、その内容をカテゴリーにおいて理解し、カテゴリーに依存させるとしても、そのカテゴリーを概念にまで導くことがなく、また理念として完成させることがないとき、ただその限りで哲学との衝突が生じるのである。」（Enzyklopädie S.4 Felix Meiner）

つまり、哲学（学）は世知（良識、経験知など）を重んじるが、それらが自己の分限を越えて、自己を普遍的なものと主張するときには哲学（学）との衝突が生じるというのである。哲学（学）は世知を超えて進むのである。世知の世界にとどまる限りでは学には到達しえない。また次のようにも言う。

「一般に良く知られているものは、それがよく知られているからという理由で、認識されているというわけで

はない」（S.35）

ここでは更にはっきりと、熟知することと哲学的な認識の差異が述べられている。そして、後にマルクスが、観念論（ヘーゲル）は、自分の足で大地に立つのではなく、頭で立っているという批判を投げかけるのをとっくに見透かしていたかのように、哲学は世間の人から見れば頭で立っているように思えることであろうともいっているのである。

ヘーゲルにはいまだに未知の魅力が一杯あるように思われる。この『精神現象学』刊行二〇〇年を一つの区切りとして、更なる研究成果が発表されることに期待したい。

最後に、多少ヘーゲルに関心があるというだけで、ずぶの素人に過ぎない私ごときを、責任編集者の一人として抜擢し、共同編集の労をお取りいただいた（実際にはほとんどが彼のご苦労なのだが）法政大学の滝口清栄先生には、日ごろの学恩にいまだ報い得ない不肖の弟子としてお詫び申し上げるとともに、心より感謝致したい。また、編者の一人が素人であることを十分承知の上で、執筆ご協力いただいた宇波彰先生、山口誠一先生など錚々たる執筆人の方々にも衷心より謝意を申し上げたい。

そして、私事に関わることであるが、懶惰な私を叱咤してヘーゲル哲学とドイツ語などへの関心を喚起してくださった故廣松渉先生、長谷川宏先生、竹村喜一郎先生、生方卓先生また今日までお付き合いいただいた多くの先輩や仲間（ここではいちいちのお名前を挙げることは省かせていただくが）に対して、深甚なる謝辞を表したいと思う。

＊（S.12）などの形でページ数のみ書き込んでいる箇所は、ズーアカンプ版ヘーゲル著作集の3.『精神現象学』からの拙訳で、数字はそのページ数です。Suhrkamp : G.W.F.Hegel Werke 3. Phänomenologie des Geistes

尚本書は、当初刊行二〇〇年目に当る二〇〇七年に出版の予定だったため、収録原稿は全て昨年書かれたものです。諸般の事情で刊行が遅れたため、原稿の一部が他の論文集の中に流用されたものもあることをお赦し頂きたい。

二〇〇八・三・一

合澤　清

著者紹介

合澤　清　現代史研究会主宰、サイトちきゅう座運営委員

宇波　彰　評論家、明治学院大学名誉教授

大河内泰樹　京都産業大学文化学部助教

大橋　基　法政大学兼任講師

片山善博　日本福祉大学准教授

川崎　誠　専修大学教授

滝口清栄　法政大学、専修大学、駒澤大学講師（非常勤）

竹村喜一郎　筑波大学教授

槻木克彦　翻訳家

中村勝己　政治学・20世紀イタリア政治思想史専攻

西山雄二　東京大学特任講師、グローバルCOEプログラムマネージャー

野尻英一　早稲田大学社会科学総合学術院助教、早稲田大学法学学術院非常勤講師

山口誠一　法政大学教授

ヘーゲル　現代思想の起点

2008年4月20日　初版第1刷発行

編　者＊滝口清栄・合澤　清

装　幀＊桑谷速人

発行人＊松田健二

発行所＊株式会社社会評論社

東京都文京区本郷2-3-10 お茶の水ビル

☎03(3814)3861　FAX.03(3818)2808

http://www.shahyo.com

印　刷＊株式会社ミツワ

製　本＊株式会社東和製本